李清照

【增订本】

徐培均——著

人民文学出版社

图书在版编目（CIP）数据

李清照 / 徐培均著. -- 增订本. -- 北京：人民文学出版社，2025. -- ISBN 978-7-02-019149-9

Ⅰ. K825.6

中国国家版本馆 CIP 数据核字第 2025ZX5933 号

责任编辑　王一珂　陈　莹
装帧设计　陶　雷
责任印制　王重艺

出版发行　人民文学出版社
社　　址　北京市朝内大街166号
邮政编码　100705

印　　刷　三河市中晟雅豪印务有限公司
经　　销　全国新华书店等

字　　数　193千字
开　　本　850毫米×1168毫米　1/32
印　　张　11.375　插页13
印　　数　1—6000
版　　次　2025年5月北京第1版
印　　次　2025年5月第1次印刷

书　　号　978-7-02-019149-9
定　　价　79.00元

如有印装质量问题，请与本社图书销售中心调换。电话：010-65233595

《李清照像》（四印斋重刻本刊）

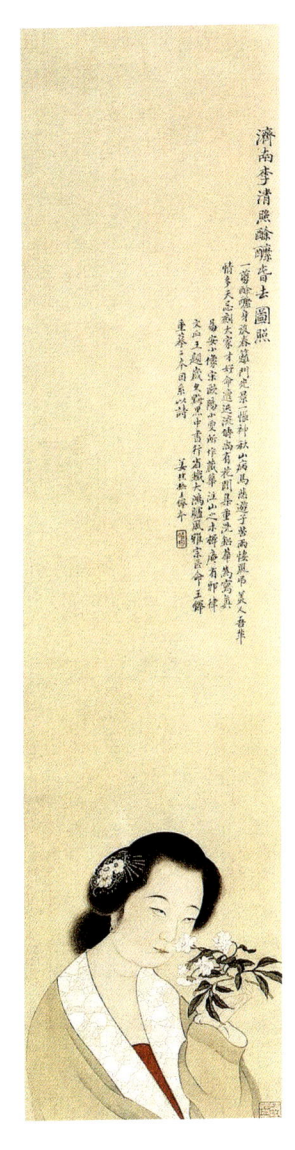

《李清照像》（清 姜壎 绘）

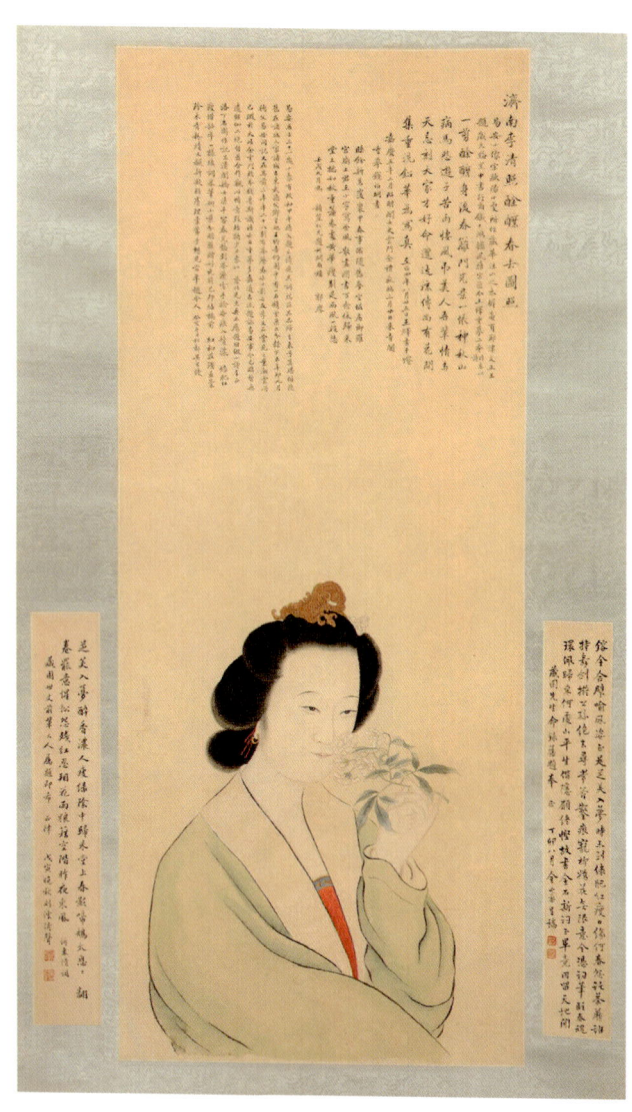

《李清照像》（清 佚名 绘）

《李清照像》（清 崔鏏 绘）

《李清照像》（杨令茀 绘）

《李清照像》（《李易安丛集》刊）

《李清照词意图》（清 王素 绘）

 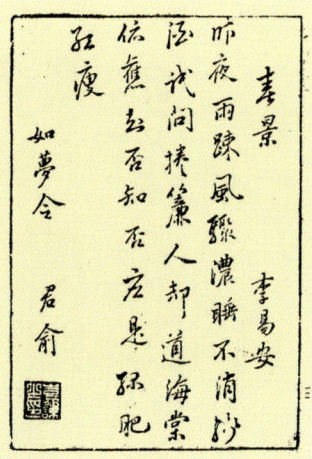

李清照词意图（《诗馀画谱》刊）

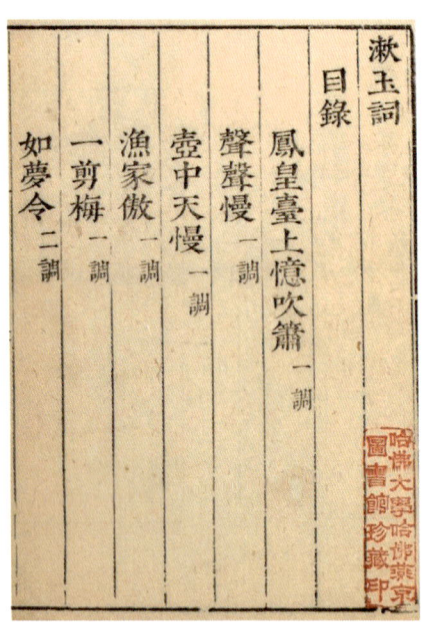

《漱玉词》（汲古阁《诗词杂俎》丛书本）

漱玉詞

宋易安居士李氏清照著

如夢令

昨夜雨疎風驟濃睡不消殘酒試問捲簾人却道海棠依舊知否知否應是綠肥紅瘦

又

常記溪亭日暮沉醉不知歸路興盡晚回舟誤入藕花深處爭渡爭渡驚起一行鷗鷺

點絳唇

寂寞深閨柔腸一寸愁千縷惜春春去幾點催花雨 倚遍

《漱玉詞》（汲古閣未刻詞本）

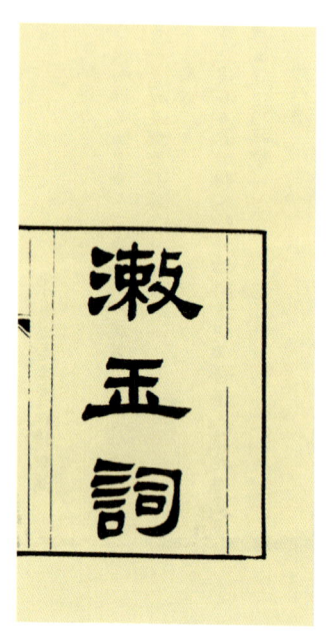

《漱玉词》（四印斋重刻本）

《漱玉集》（梁启超署检，民国十六年北平冷雪庵本）

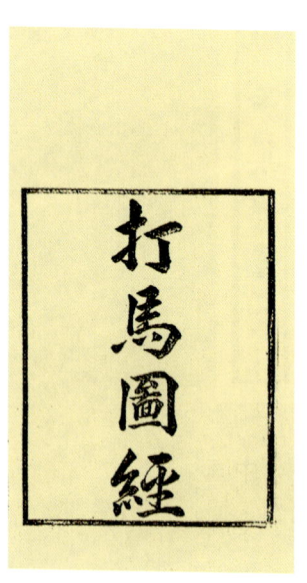

《打马图经》（光绪三十二年九月刻本）

目 录

生平

一 中国文学史上杰出的女词人　　三

二 家庭的教养与环境的涵育　　八

三 南渡之前　　一六

　少女的天真　　一六

　美满的婚姻　　二〇

　海棠黄菊咏离居　　二四

　家庭矛盾与政治斗争　　三〇

　归来堂上的乐趣　　三五

	在莱州和淄州	四二
四	南渡之后	四七
	国破家亡	四七
	丧夫之痛	五五
	奔亡道中	六〇
	深沉的乡思	六七
	改嫁的悲剧	七一
	孤苦凄凉的晚年	七六
五	词"别是一家"	八五
六	易安词的艺术特色	九二
七	诗、散文及其他	九九
八	结语	一〇八

作品

点绛唇（蹴罢秋千）	一一五
怨王孙（湖上风来波浩渺）	一二〇
减字木兰花（卖花担上）	一二七
醉花阴（薄雾浓云愁永昼）	一三三
菩萨蛮（归鸿声断残云碧）	一四四
浣溪沙（髻子伤春懒更梳）	一五二

目 录	
浣溪沙（小院闲窗春色深）	一五九
念奴娇（萧条庭院）	一六七
凤凰台上忆吹箫（香冷金猊）	一七六
渔家傲（天接云涛连晓雾）	一八九
孤雁儿（藤床纸帐朝眠起）	一九八
武陵春（风住尘香花已尽）	二〇六
声声慢（寻寻觅觅）	二一六

史料

宋	二二九
元	二五二
明	二五五
清	二七四

生平

一 中国文学史上杰出的女词人

中国是一个诗歌的国度，中华民族有着悠久的文明历史。三千多年古代文学的长河，有如银汉当空，群星灿烂。许多伟大的诗人、作家以他们卓越的才华为祖国的文化宝库创造了无比珍贵的财富，涵咏百代，彪炳千秋。然而，在这漫长的历史画卷里，女作家却寥若晨星，屈指可数。就中，宋代女词人李清照，可以说是最为杰出的一位。她在诗词创作方面的深厚造诣和杰出成就，是中国封建社会妇女聪明才智的一个重要标志。

李清照，自号易安居士，又署易安室，宋朝历城（今山东省济南市）人[1]。据黄盛璋《赵明诚、李清照夫妇

---

[1] 一说李清照原籍济南章丘明水镇，一九八一年六月十五日《光明日报》于中航《〈廉先生序〉碑与李清照里籍问题》。

年谱》,她生于神宗元丰七年(公元一〇八四年),卒于高宗绍兴二十六年(公元一一五六年)之后,大约活了七十三岁。[1]一生经历表面繁华、危机四伏的北宋末年和动乱不已、偏安江左的南宋初年。从优裕走向苦难的现实生活,酿就了她一颗千回百折的词心。她才调绝伦,著作也相当丰富。《宋史·艺文志》称,有《易安居士文集》七卷,又《易安词》六卷;及至明代,陈第《世善堂藏书目录》也还著录《李易安集》十二卷,可惜今俱不传。现在所能看到的有南宋曾慥所编《乐府雅词》中的《李易安词》二十三首;明末毛晋汲古阁刊出的"诗词杂俎"本《漱玉词》,仅存十七首;晚清王鹏运四印斋刊本《漱玉词》一卷,辑有五十首;近人赵万里的辑本《漱玉词》一卷,共收六十首(其中有十七首作为附录)。中华人民共和国成立后,中华书局上海编辑所编《李清照集》,辑词七十八首(其中存疑三十五首)、诗十五首、文三篇,另有《打马图经》暨赋、序若干篇。人民文学出版社印行的王学初《李清照集校注》,是比较详备的一个集子,对李清照遗留下来的词、诗、文,几已搜罗殆尽。当然,这些远不是李清照当年著作的全豹,但足以说明她是一位多才多艺、成就极高的作家。

---

[1] 拙著《李清照集笺注》五四七页,上海古籍出版社二〇一三年四月版。

李清照作为封建时代的一位女性,竟能取得如此成就,确实难能可贵。她所处的那个社会,二程[1]理学正在盛行,一重重封建礼教,宛如层层蚕茧束缚着妇女的自由,禁锢着她们的个性和创造精神。但李清照却敢于冲破传统观念的束缚,拿起笔来抒写胸中的欢乐和痛苦,表达自己的愿望与理想;敢于提出自己的文艺见解,以《词论》评述前辈作家的长短得失。她在词作中表现的感情,是那么直率、真挚、深厚而又浓烈。她的艺术技巧又是那么的高超,形成了一种独特的风格。李清照的出现,好似冰天雪地里一树寒梅,尽管霜欺雪压,还是疏影横斜,暗香浮动,赢得许多人的赞赏。与她同时代的王灼看了她的作品,说她"才力华赡,逼近前辈,在士大夫中已不多得。若本朝妇人,当推文采第一"。[2]朱熹读了李清照的词作,也极口称赞,说:"本朝妇人能文,只有李易安与魏夫人。"[3]魏夫人即魏玩,是徽宗朝宰相曾布的妻子,曾慥《乐府雅词》中收有她的作品;但魏词风格缠绵绮丽,远远不如易安词风的刻挚深沉。至于易安后期作品深邃感人的艺术境界,魏夫人更是望

---

[1] 二程,指程颢(一〇三二——〇八五)、程颐(一〇三三——一一〇七),北宋时期理学的代表人物。
[2] 王灼《碧鸡漫志》卷二。
[3] 黎靖德编《朱子语类》卷一百四十。

尘莫及了。

李清照的词，不但在宋代女词人中首屈一指，就是同当时许多著名男性作家的词作相比，也毫不逊色。明代杨慎说她："宋人中填词，李易安亦称冠绝。使在衣冠，当与秦七（观）、黄九（庭坚）争雄，不独雄于闺阁也。"[1]清代李调元说，易安"词无一首不工，其炼处可夺梦窗（吴文英）之席，其丽处直参片玉（周邦彦）之班。盖不徒俯视巾帼，直欲压倒须眉"。[2]这里，评论家们从李词的风格气调着眼，以精当的语言，称许了李清照在词作方面的成就，肯定了她在宋代词坛上的地位。清代王士禛则进一步从宋词的流派进行概括："仆谓婉约以易安为宗，豪放惟幼安（辛弃疾）称首。皆吾济南人，难乎为继矣！"[3]他明白地指出李清照属于婉约一派，并且位居这一流派的宗师，后人难以企及。这一结论，基本上获得后世的公认。

出身于封建时代缙绅之家的李清照，没有受到她的阶级地位和时代影响，没有按照封建礼教成为男子的附庸，没有成为饱食终日、无所用心的贵族妇人；相反，她在诗词创作方面突破了时代和地位所加于她的某些局

---

[1]　杨慎《词品》卷二。
[2]　李调元《雨村词话》卷三。
[3]　王士禛《花草蒙拾》。

限,表现出卓越的才华,终于成为流芳百世的女作家。郑振铎先生说:"李清照是宋代最伟大的一位女诗人,也是中国文学史上最伟大的一位女诗人。"[1]中国文学史上能有这样一位杰出的女性,是每一个中国人的骄傲。

---

[1] 郑振铎《插图本中国文学史》五〇五页,人民文学出版社一九五七年十二月版。

二 家庭的教养与环境的涵育

李清照生长于书香门第、仕宦之家。据她后来的回忆："嫠家父祖生齐鲁，位下名高人比数。当年稷下纵谈时，犹记人挥汗成雨。"[1]这些诗句表明：她的祖父和父亲虽然地位不很高，但学识渊博，拥有不少门生，在山东济南一带享有盛名。

她的父亲李格非，字文叔，中过进士，官至礼部员外郎。元祐间，"以文章受知于苏轼"，[2]继黄庭坚、秦观、晁补之、张耒四学士之后，和廖正一、李禧、董荣被称为"后四学士"。徽宗崇宁元年（公元一一〇二年），蔡京专权，打击元祐党人，这时他正"提点京东刑狱，以党籍罢"。[3]崇宁五年（公元一一〇六年）大赦，党人

---

[1]《上枢密韩肖胄诗》。
[2][3]《宋史·李格非传》。

再度叙用，他也终得"与监庙差遣"。[1] 李格非为人孤高耿介，史载他考进士前，"有司方以诗赋取士"，他不以此为敲门砖，而"独用意经学"，[2] 著《礼记说》至数十万言。在郓州做教授时，郡守怜其贫寒，欲使兼任他官，好增加一些薪俸，他却婉言谢绝。做广信军通判时，他曾把一个宣传迷信、蛊惑百姓的道士重责数十大板，然后驱逐出境。这些都可以看出他是一位能够为百姓做些好事的官吏。

李格非还是一位学问深湛的学者，除《礼记说》（一作《礼记精义》，俱佚）外，尚撰有《永洛城记》一卷、《史传辨志》五卷，今俱佚，只有《洛阳名园记》传世。《洛阳名园记》记洛阳名园十九处，记述翔实，行文简洁，富于诗意，有较强的艺术感染力。但它并不是单纯地写景记事，文中还寓有兴亡之感、讽喻之旨。特别在全书的结尾指出："公卿士大夫方进于朝，放乎一己之私自为，而忘天下之治忽。"根据历史记载，徽宗赵佶为了满足荒淫无耻的生活需要，曾经仿照杭州的凤凰山，在东京汴梁营建了周围十余里、峰高九十尺的万岁山。北宋的名公巨卿在西京洛阳、东京汴梁也大都辟有地域广阔的花园。蔡京本已有了一座树木如云的东园，但他贪得

---

[1] 杨仲良编《皇宋通鉴长编纪事本末》卷一百二十四。
[2] 《宋史·李格非传》。

无厌，又毁民房数百间再建一座西园。就是早些时候以俭朴著称的司马光也在洛阳营有"独乐园"。李格非对他们这种逸乐行为，不仅提出了尖锐的批评，而且向他们敲起了警钟："洛阳之盛衰，天下治乱之候也！"他的警告，统治者没有听进，但他的预言，却被历史所证实。果然不久，金人入侵，洛阳名园付之一炬。后人读了这段文字，有的感动得"流涕"，[1] 有的赞叹说："可以信文叔之言为不苟！"[2]

李格非不仅散文写得出色，且有很高的诗词修养。他"苦心工于词章，陵轹直前，无难易可否，笔力不少滞"。[3] 可见他才思敏捷，文笔酣畅，纵横恣肆，气魄宏大。可惜这些作品没有流传下来，但他的文艺思想却有所记载。他提出"诚著"二字作为文学批评的标准，说："文不可以苟作，诚不著焉，则不能工。"[4] 所谓"诚著"，就是诗文要有真情实感，要像从心里掏出来的一样；用他自己的话说，就是"字字如肺肝出"。[5] 他鉴赏古人作品，正是基于这样的标准。在晋人诗文中，他最推崇刘伶的《酒德颂》和陶渊明的《归去来辞》。这两位都是以狂放不羁、傲视一切著称

---

[1] 见李格非《洛阳名园记》附《河南邵博记》。
[2] 见《洛阳名园记》附《幽国张琰序》。
[3][4][5] 《宋史·李格非传》。

的作家，在他们的作品里，敢于直抒胸臆，表达真实的思想。李格非的文风和生活态度，都与他们有相通之处。

李清照的生母，据与李清照同时的庄绰记载，是汉国公王準的孙女，[1]而非《宋史·李格非传》所说的王拱辰的孙女。据宋李清臣《王文恭珪神道碑》，她是神宗朝宰相王珪的长女，早卒。生母死后，李清照鞠育于后母。后母系王拱辰的孙女，很有文化素养。《祖国名媛录》说她"工词翰"。在封建时代，她为李清照所树立的，绝不仅是那种三从四德的"懿范"；在诗词创作方面，一定会给女儿以深刻的影响。

清代陈景云说："李易安……文叔之女也。其文淋漓曲折，笔墨不减乃翁。'中郎有女堪传业'，文叔之谓耶！"[2]这里以蔡文姬继承父亲蔡中郎（邕）的文学事业来比喻李清照与其父李格非的关系，是非常恰当的。李清照生长在文学气氛十分浓厚的家庭里，年轻时不但诵读经史子集、诗词歌赋；而且笔记小说、轶事逸闻，无不浏览。封建时代有条件读书的女子，一般只能读些《女诫》《列女传》之类的书籍；而李清照则在父母的带领下，踏进了广阔的知识领域，从丰厚的历史和文学中吸取营养。观照她的作品和文艺思想，她的确从父母，

---

[1] 见庄绰《鸡肋编》卷中。
[2] 见钱谦益《绛云楼书目》卷四"金石类"陈景云注。

尤其是父亲那里有所继承。她的词作能够揭示内心的奥秘，她的诗篇能够涉及时政，而她的散文又是那样叙事精当，富于情感。各种文体中，无论写景、抒情、状物、叙事，在在都留有父亲的流风遗韵。可以说，李清照所受的家庭教育是相当优越的。

一个文学家的成长，与他所处的环境也是分不开的。李清照的家乡历城，自古以来就是一个风景如画、人文荟萃的所在。那里有著名的千佛山、大明湖，湖光山色，映照全城。又因那是一座古城，所以名胜古迹也特别多。唐朝大诗人杜甫曾陪当年的北海太守、大书法家李邕在历下亭宴饮，并赋诗称赞："海右此亭古，济南名士多。"[1]后人将"海右"两字改为"历下"，作为对联，刻在亭前石上。任宏远《柳絮泉访李易安故宅》诗云："为寻词女舍，却自柳泉行。秋雨黄花瘦，春流漱玉声。"[2]说明李清照的故居就在柳絮泉旁，其地位于历城西南，以"泉沫纷翻，如柳絮飞舞"而得名。后人又在此处添建廊屋，竹木映窗，鸣泉绕砌，南对云山，旁临趵突，成为济南第一佳境。现在它已归入趵突泉公园，李清照故居也成立了纪念堂。

---

[1] 见杨伦《杜诗镜铨》卷一《陪李北海宴历下亭》。
[2] 见任宏远《鹊华山人诗集》，引自中华书局上海编辑所编《李清照集》二九七页。

约在李清照五六岁时，父亲李格非做了京官。元祐四年（公元一〇八九年），官太学正。晁补之作《有竹堂记》云："济南李文叔为太学正，得屋于经衢之西，输直于官而居之，治其南轩地，植竹砌旁，而名其堂曰'有竹'。"[1]其后，李格非迁校书郎、礼部员外郎，当亦赁屋于汴京。李清照幼年，大部分时间固然是在原籍度过的，但也常常随父住在京城。那时候，北宋统治阶级正处于醉生梦死之中，东京汴梁表面上仍极繁荣："垂髫之童，但习歌舞；班白之老，不识干戈。"[2]每逢正月十五元宵节，宋徽宗借口"与民同乐"，往往于岁前"冬至"后，即在"大内"（皇宫）前的御街上搭起山棚，挂灯结彩。一到元宵，"奇术异能，歌舞百戏，鳞鳞相切，乐声嘈杂十余里"。[3]此刻，"京师民有似云浪，尽头上戴着玉梅、雪柳、闹蛾儿，直到鳌山下看灯"。[4]幼年的李清照看到这番热闹景象，印象很深，及至晚年，还常常引起甜蜜的回忆。

有人在瞻仰李清照故居后，曾感慨地说："泉水涌如飞絮，曾居咏絮才人。"[5]"咏絮"是借用东晋谢道韫

---

[1] 晁补之《鸡肋集》卷三十。
[2] 孟元老《东京梦华录·序》。
[3] 孟元老《东京梦华录》卷六。
[4] 《宣和遗事》。
[5] 见王大堉《柳絮泉诗》，引自中华书局上海编辑所编《李清照集》二九八页。

的故事。相传一天大雪，谢安聚集家人赏雪赋诗，谢朗说："撒盐空中差可拟。"谢道韫说："未若柳絮因风起。"[1]她将雪花比作柳絮，既形象又贴切，因而谢道韫有才女之称。这里将李清照比作谢道韫，并说明她的才华同柳絮泉这样的环境有关，很有见地。存在决定意识。一个人的思想性格、兴趣爱好总是在一定的环境中形成的。我国古代的大作家司马迁、李白、杜甫等人，除了受社会生活影响之外，无不遍览祖国的名山大川。李清照是一个士大夫阶层的大家闺秀，不可能像男子一样走出家门，接触整个社会；但她毕竟出身于城市，不像一个乡村女子那样闭塞。她不仅可以饱览纷翻的泉水，临流赋诗，不仅可以划着小船，嬉戏于藕花深处，而且还可以随着家人来到东京街头，观赏奇巧的花灯和繁华的街景。这一切，陶冶了她的性情，丰富了她的精神生活。李清照爱好自然的性格和描摹自然的能力，说明她曾经受过故乡山水的涵育；她在爱情描写上的毫无"顾藉"，显示了都市社会风气和都市文学氛围对她的熏染。即使到了后期，她那种感时伤乱、抚今忆昔的思想感情，也都植根于这一阶段的生活。只要看一看她的作品，便都明白了。

---

[1] 刘义庆《世说新语》卷上《言语》。

最后还要谈谈时代对她的影响——这也是极其重要的。李清照的青年时代是在北宋相对统一的政治局面中度过的。那时生产力有了一定的发展,建筑、印刷、制瓷、制茶、制糖等工业技术都达到了很高的水平,学术文化方面也相应地发达起来。欧阳修创立了金石考古之学,又领导了文学革新运动。随后苏轼兄弟、曾巩、王安石、黄庭坚等大散文家、大诗人,董源、蔡襄、米芾、米友仁等大书法家、大画家相继出现在北宋的文坛。词作方面,更是百花齐放,异彩纷呈。晏殊父子、欧阳修、柳永、秦观、周邦彦等在继承发展唐五代婉约词风之际,各抒所长,自成一家。苏轼则以横放杰出的才华开创了豪放派词风,一新天下耳目。李清照生活在这样一个文化昌盛的时期,得以充分吸取文艺与学术的养料。所有这一切,为她后来成为一个具有高度艺术修养的作家,奠定了坚实的基础。

三 南渡之前

少女的天真

李清照的父亲李格非虽经常在做官，但他孤高耿介，不慕荣利，这一点前文已有所论及。又据李清照自述，她家本是一个"寒族"，日常生活比较"贫俭"[1]，这恐怕是与当时的贵族豪门相比而言的。实际上，她的家庭生活并不艰苦，不过是减些豪奢罢了。

李清照生长在这样的家庭，自幼便过着宦门小姐的生活。她似乎有几个姐妹[2]，还有个弟弟叫李远[3]，平日间在一起读书、游戏，倒也非常相得。李清照比起他们来，似更爱好文艺，闺中闲暇，不是提笔练字，就

---

[1]《金石录后序》："赵、李族寒，素贫俭。"
[2] 李清照《蝶恋花》题下自注："晚止昌乐馆寄姊妹。"
[3]《金石录后序》："有弟远，任敕局删定官。"

是展纸作画;或者吟诗填词,借以抒发青春的怀抱。李清照从小就有好胜心,为了显示、也是为了锻炼自己的才能,她作诗喜押"险韵"——一种韵部很窄、字数较少的韵。艺术是最忌平庸的。李清照幼年所下的这番功夫,为她之后在诗词创作上取得杰出的成就打下了坚实的基础。

年轻时的李清照性格比较开朗、活泼。她喜爱户外活动,有时在花园里荡荡秋千,有时和姐弟们到郊外去欣赏优美的风景。在闺房中,她感到闷倦;在人面前,她显得觍觍。可是一投入大自然的怀抱,她就变得无比天真:

> 湖上风来波浩渺。秋已暮,红稀香少。水光山色与人亲,说不尽,无穷好。 莲子已成荷叶老。清露洗,蘋花汀草。眠沙鸥鹭不回头,似也恨、人归早。
>
> ——《怨王孙》

这是一首情景交融的小词,上半阕写初到湖上的感受,下半阕写归去时的心情。作者把热爱自然的主观意识赋予了客观景物:分明是她爱好"水光山色",却偏说"水光山色"要与人亲近;分明是她舍不得离开沙鸥与白鹭，却偏说沙鸥、白鹭对人有情。词中写的虽是"红稀香少"的晚秋景色，却毫无那种习见的悲秋情绪与迟暮之感。整个艺术境界中充满着热情爽朗的朝气，跃动着青春的活力。

济南城里，每到农历六月，娇艳的荷花盛开在大明湖上，引来成群结队的游人。李清照也常和姐弟们一道，划着游艇，在湖中徜徉。她曾写有一首小词，描述这段生活：

> 常记溪亭日暮，沉醉不知归路。兴尽晚回舟，误入藕花深处。争渡，争渡，惊起一滩鸥鹭。
>
> ——《如梦令》

溪亭为宋时历下名泉之一，靠近历城西北的大明湖。此时湖上荷花盛开，景色令人陶醉；词人游览至日暮，逗足了游兴，始奋力划船，赶着回去。全词截取整个游程中最后一个侧面，只用三十三字，就把环境气氛，人物心理、动作有声有色地描绘出来，显得精练而又生动。值得注意的是，同样是写鸥鹭，上面《怨王孙》中它们是那样依恋游人，这一首中却是被人惊起，鸟儿也被赋予了独特的性格，可见作者年轻时在艺术描写方面就善于掌握不同情境中不同事物的不同特征，极富创造性。

随着年龄的增长，李清照从天真的少女逐渐变成了大家闺秀。青春的情怀、人生的滋味，渐渐潜入她的心头。在一些词章中，她"毫无顾藉"地描写了这时的感情，如：

> 淡荡春光寒食天，玉炉沉水袅残烟，梦回山枕隐花钿。　海燕未来人斗草，江梅已过柳生绵，黄昏疏雨湿秋千。
>
> ——《浣溪沙》

观"海燕未来人斗草"一句，可知此词为李清照少女时作。唐代女孩子有五月五日斗百草的游戏，宋代也有，但时间不同。吴自牧《梦粱录》卷一载："二月朔（初一），谓之中和节……禁中宫女以百草斗戏。"晏殊《破阵子》云："燕子来时新社，梨花落后清明……疑怪昨宵春梦好，原是今朝斗草赢，笑从双脸生。"说的是春分至清明这半个月左右时间。前者讲的是宫女，后者写的是民间。这时春意盎然，女孩子们从闺阁走向园林，搜集奇花异草，相互比赛，借以炫耀自己对于一植物的知识，表达活泼喜悦的心情。李清照这首词不像晏殊那样轻松愉快。上半阕写的是一个少女在这春光淡荡的时刻，幽闺独处，甚感无聊，春梦初回，斜敧山枕，对着香炉里缕缕残烟在出神。下半阕写江梅（一种未经人工培植的野梅）已谢，柳絮初生，燕子虽然还未从海上飞来，但那些天真的女伴已经按捺不住青春的情怀，走出闺门，去做斗百草的游戏。而她自己直到天晚，还是足不出户，默默地看着疏疏落落的细雨打湿空挂着的秋千。词中既写了时令，也写了人物。从上半阕到下半阕，词中的天气由晴转阴，心情也由娇慵转入凄清。"黄昏疏雨湿秋千"是一个很富于意境的句子，前人评价它"可与'丝雨湿流光''波底夕阳红湿''湿'字争胜"。[1] 在这里，一位少女的伤春情怀，仅着一字，而神情毕现。其内心世界，令人可以想见。词人自己也将由天真无邪的少女走向多愁善感的盛年。

美满的婚姻

宋徽宗靖中建国元年（公元一一〇一年），李清照十八岁时，与赵明诚结婚。

赵明诚字德甫，密州诸城（今山东省诸城市）人，长李清照三岁。父赵挺之，字正夫，历官监察御史、太学博士、礼部侍郎、尚书右丞，直至尚书右仆射（丞相）。

---

[1] 黄苏《蓼园词选》。

相传赵明诚幼时,他的父亲将为他择妇,恰巧那天他午睡,梦中读了一本书,醒来只记得三句:"言与司合,安上已脱,芝芙草拔。"赵明诚将其如实告诉了父亲。父亲听后非常高兴,说:"看来你将要娶一个善于文辞的媳妇了!"赵明诚问是什么道理,父亲解释:"言与司合,是'词'字;安上已脱,是'女'字;芝芙草拔,是'之夫'二字。这不是说你是词女之夫吗?"[1]传说很有浪漫色彩,可能出于后人杜撰;但却说明赵、李的姻缘十分美满,词史上一向传为佳话。

事实也正是如此。赵明诚和李清照确是一对志同道合、意趣相投的夫妇。他们都爱好文艺,不但在诗词创作上互相唱和,而且共同整理、研究金石书画。新婚之后,他们的感情尤为浓挚热烈。赵明诚有时陪她到郊外春游,有时带她参加亲朋的宴集。她都有词记述这些活动:"东城边,南陌上,正日烘池馆,竞走香轮。绮筵散日,谁人可继芳尘?更好明光宫殿,几枝先近日边匀。金尊倒,拚了尽烛,不管黄昏。"[2]词中表现了李清照在京都生活的一个侧面,在赏心乐事、娱目骋怀之余,她对那些接近皇帝的人物,也作了轻微的讽喻。还有一些小词,或写赏梅饮酒的乐趣:

[1] 伊世珍《琅嬛记》。
[2]《庆清朝慢》(禁幄低张)。

"共赏金尊沉绿蚁,莫辞醉,此花不与群花比。"[1]或写酒醒后怅然若失的神情:"辟寒金小髻鬟松,醒时空对烛花红。"[2]无不洋溢着活泼的气氛,轻松的情调。又如:

> 卖花担上,买得一枝春欲放。泪染轻匀,犹带彤霞晓露痕。　怕郎猜道,奴面不如花面好。云鬓斜簪,徒要教郎比并看。
>
> ——《减字木兰花》

词的上半阕极写一枝春花的娇艳欲滴,借以烘托女主人公容颜的美丽。过片二句,紧扣上文,把一个新妇在丈夫面前妩媚娇憨的姿态惟妙惟肖地展现了出来,显得清新活泼,犹然不减她少时词作中的天真风韵。

李清照与赵明诚的爱情是建立在共同爱好的基础上的,对金石古器的搜集、整理与研究是他们一生的追求。赵家久富收藏,早在元丰八年(公元一〇八五年),黄庭坚就曾在赵挺之的书斋里,"观古书帖甚富"。[3]赵明诚受到家庭影响,自幼"读书赡博","酷好书画"。他曾说:

---

[1]《渔家傲》(雪里已知春信至)。
[2]《浣溪沙》(莫许杯深琥珀浓)。
[3] 黄庭坚《豫章黄先生集》卷二十五《题乐府〈木兰诗〉后》。

"余自少小喜从当世学士大夫访问前代金石刻词。"[1] 由于不断搜求与钻研,他逐渐对金石便有渊博的知识,成为宋代继欧阳修之后又一著名的金石学家。除金石之外,他还喜欢收藏书籍和字画。刚结婚时,他在京师太学读书,自己没有经济收入;但是每每于初一、十五,用衣服押在"当典",取半千钱,去逛逛大相国寺。大相国寺是北宋汴京最大的庙宇(今河南省开封市尚有相国寺),它和太学都位于御街的东侧,中间只隔一道里城和一座州桥。寺内设有"瓦市",每月开放五次(一说八次),类似今天的集市或庙会,四方来京的商人在这里出售或贩运货物。据说,寺院僧房外面的庭院和两廊可容万人交易。殿后资圣门前,摆满了各种书籍、古玩和图画。赵明诚从太学走到这里不需很长时间,在浏览市场之际,看到中意的碑文和字画,就千方百计把它买回,与李清照"相对展玩咀嚼"。[2] 李清照为了协助丈夫搜集文物,在家庭生活上也尽量节俭,"食去重肉,衣去重彩,首无明珠翡翠之饰,室无涂金刺绣之具"。[3] 在京师时,有人曾拿来一幅南唐著名画家徐熙的《牡丹图》出卖。时人称徐熙"画草木虫鱼,妙夺造化",[4] "尤长于画花竹……

---

[1] 赵明诚《金石录》序。
[2][3]《金石录后序》。
[4]《御制宣和画谱》卷十七。

以墨笔画之，殊草草，略施丹粉而已，神气迥出，别有生动之意"。[1]他的画境淡雅而有骨力，似与李清照词境有相通之处。这幅《牡丹图》当然也是画中精品，售卖者一定要二十万钱才肯出手。二十万，是一个不小的数字，当时虽贵家子弟，一时也不易筹集。李清照夫妇对这幅画把玩不已，爱不释手，留在家中欣赏了一夜，终于因付不起钱又还给了对方。为此，他们怅惘了好几天。

金石书画是高尚的艺术，它们体现了最纯粹的美，也就是所谓"线的美"。这种美最无粘着，最能超脱自然。所以，凡是具有这种美的素养的诗人，他的作品的艺术性必然提高。李清照由于在金石书画堆中，长期地"意会心谋，目注神授"，[2]她的形象思维和审美能力自然受到深刻的影响。这一切，表现在创作中，就帮助她形成了高超的意境和独特的艺术风格。

海棠黄菊咏离居

李清照婚后，除了公媳之间有些龃龉之外，家庭生活基本上是愉快的。在北宋那样的封建社会，理学已开始盛行，女子已开始缠足，进一步成为男子的附庸。李

---

[1]沈括《梦溪笔谈》卷十七《书画》。
[2]《金石录后序》。

清照能够嫁给赵明诚这样一个情投意合、平等相待的丈夫，自然十分幸福。

然而，"人有悲欢离合，月有阴晴圆缺"，[1]夫妻间难免有分离的时刻。婚后两年，赵明诚出仕，少则小别数月，多则一年半载，时间即使比较短暂，也常常牵动李清照的离情别绪。元代伊世珍《琅嬛记》云："易安结缡未久，明诚即负笈远游。易安殊不忍别，觅锦帕书《一剪梅》词以送之。"词曰：

> 红藕香残玉簟秋，轻解罗裳，独上兰舟。云中谁寄锦书来？雁字回时，月满西楼。　花自飘零水自流，一种相思，两处闲愁。此情无计可消除，才下眉头，却上心头。

《琅嬛记》所载轶事，可能是一种传说，但词中所写的离情却是真实的。上半阕写别时情景。起句"红藕香残玉簟秋"七字，把送别时的环境气氛点染了出来，显得萧条、清冷，正好烘托出送别者此时此刻的心境。"云中"一句，写作者由云间翱翔的鸿雁而想及锦书，将苏武雁足传书的典故巧妙地融化于当时情境之中，自然妥

---

[1] 苏轼《东坡乐府·水调歌头》。

帖，细致地刻画了一刹那间的思维过程。下面蝉联"雁字回时"两句，不仅语意缠绵，而且预想中妆楼凝望的神情也暗示了出来，令人回味无穷。

词的下半阕写别后心情。此时词人独倚西楼，回忆着别时的景况，只觉时光流逝，人在天涯，充满无可奈何的意绪。结尾三句，则反复咏叹，刻画了难以排解的相思之苦。宋代范仲淹的《御街行》词也有类似的句子："都来此事，眉间心上，无计相回避。"[1]所写的情绪虽是一样，但李清照却把它融化开来，层层推进，一气呵成，更显得曲折尽意，细腻动人。两两对照，个性何其鲜明。前者完全是一位须眉男子，并且是一位士大夫的口吻；后者所刻画的俨然是一位新婚之后深闺少妇的神情意态。

李清照还有一首小令，也是写思妇的离愁：

> 昨夜雨疏风骤，浓睡不消残酒。试问卷帘人，却道海棠依旧。知否？知否？应是绿肥红瘦。
> ——《如梦令》

开头两句，是写酒醒之后脑海中残留着昨夜的一段

---

[1] 范仲淹《范文正公诗余》。

印象。隔了一夜,残酒未消,说明愁思的深重。我国古典诗词中常有咏雨后落花的名句,唐代孟浩然云:"夜来风雨声,花落知多少。"[1]流露了诗人的伤感。李清照这首词也表达了类似的思想感情。词中写女主人和卷帘人的对话,意味隽永,波澜曲折,深闺少妇内心深处的伤春惜别情怀、小丫鬟天真无邪的神态,栩栩然如在目前。清人黄苏对此评价极高,说是"一问极有情,答以'依旧',答得极淡,跌出'知否'二句来;而'绿肥红瘦',无限凄婉,却又妙在含蓄。短幅中藏无数曲折,自是圣于词者"。[2]词意的确非常含蓄,全词字面上无一"愁"字,而深沉的离愁别恨却渗透在整个艺术形象之间。特别是"绿肥红瘦"一语,以"肥""瘦"二字摹写风雨之后花、叶的外形和意态,极富形象美;它不仅写出了客观上时序的推移,也写出了作者主观上对红颜易老的感触。真是"人工天巧,可称绝唱"![3]

李清照抒写离情别绪的名作还有一阕《醉花阴》,其词曰:

> 薄雾浓云愁永昼,瑞脑销金兽。佳节又重阳,

---

[1] 孟浩然《孟襄阳集·春晓》。
[2] 黄苏《蓼园词选》。
[3] 王士禛《花草蒙拾》。

玉枕纱厨，半夜凉初透。　　东篱把酒黄昏后，有暗香盈袖。莫道不销魂，帘卷西风，人比黄花瘦。

这首词是在重阳节（农历九月初九）填的。据说有年赵明诚出仕在外，李清照独自在家，思念之情，不能自已，遂填《醉花阴》一词寄给丈夫。赵明诚读后，叹赏不止，一面自愧不如，一面又想超过妻子；于是闭门谢客，废寝忘食，写了三天三夜，得词五十阕，杂在李清照的作品里，给友人陆德夫看。陆德夫玩赏再三，最后说："只三句绝佳。"赵明诚问是哪三句，陆德夫说："莫道不销魂，帘卷西风，人比黄花瘦。"[1]恰巧，这三句正是李清照所作。

这首词确有自己的特色，一开头便写出枯寂无聊之感。深秋的天气，薄雾弥漫，浓云笼罩。深闺的人处于这种沉闷的空气中，倍觉烦闷，感到金兽炉中吐出的袅袅轻烟，就像白昼一样悠长。上半阕从白天写到夜晚，具体刻画了深闺思妇独对空帏、怅然若失的精神状态。下半阕写思妇对酒赏菊，本欲借以遣愁，可是一阵暗香袭来，顿生清冷之感。结尾一韵，词人先拎出一个充满激情的句子"莫道不销魂"，令人为之一怔；再写一句"帘

---

[1] 伊世珍《琅嬛记》。

卷西风",景物也处于动态之中。把情绪渲染足了,环境铺叙好了,然后让人物出现。这样的精心设计,好似一组电影镜头,由远到近,最后来一个"特写",从而塑造了一个"人比黄花瘦"的思妇形象。

上一首《如梦令》,用海棠比人,这一首用黄花比人。比喻的运用,都是依环境与情绪而定。黄花是菊花的雅称,在古代文人的心目中象征着高洁;用以比人,自然显出灵魂的美丽。而下一个"瘦"字,既能传达出菊花(海棠也是一样)的风韵,又能把人物的精神风貌凸显出来。前人论诗有"诗眼",论词也有"词眼"。清人刘熙载说:"余谓眼乃神光所聚,故有通体之眼,有数句之眼,前前后后无不待眼光照映。"[1]这"瘦"字正是词中的"通体之眼"。一个"瘦"字凝聚全词的精神,使感情与景物融成一片,抓住了人物性格的主要特征,确是神来之笔。

李清照本应在思想、才能、性格上得到充分的发展,可是那时的社会制度却把她困守在无所事事的狭小天地里。她那满腔的生活热情和亟欲施展才华的愿望,被深深庭院所禁锢,所消磨。"险韵诗成,扶头酒醒,别是闲滋味。"[2]她想把自己的才能用于创作难度甚高的险

---

[1] 刘熙载《艺概》卷四。
[2] 《念奴娇》(萧条庭院)。

韵诗，然而诗写好了，又觉得闲愁犹在，意兴索然。她这种复杂痛苦的内心矛盾，实在难以排解，表现在一些诗词中，便成为怅怅终日、百无聊赖的情绪。这些绝不仅限于爱情上的苦闷，而是反映了一个时代、一个阶层妇女的精神世界。

家庭矛盾与政治斗争

李清照过门不久，北宋王朝内部的政治斗争日趋激烈。她的娘家和夫家，均被卷入政治斗争的漩涡。

北宋自哲宗元祐（公元一○八六——一○九三年）之后，党争时起时伏，新旧两党不断交替执政，社会矛盾日益尖锐，统治阶级的危机日趋深重。徽宗为了挽回这种颓势，企图恢复神宗熙宁年间王安石所推行的新法，特改元崇宁，任用蔡京为相。蔡京曾追随过王安石，但他实际上是个在政治上善于投机的人物。司马光执政时，他积极参与破坏新法。章惇为相后，恢复新法，他又转而依附章惇。后来他被贬居杭州，又因大官僚童贯的援引，得到徽宗赏识，再度起用。这时他已完全篡改和背离了王安石当年所制定的新法中于民有利的部分，而变成打着"新政"旗号、搜括民脂民膏的反动政客。他与童贯、王黼、李彦、梁师成、朱勔相互勾结，形成"六贼集团"，完全控制了朝政。他们不仅打击旧党，而且排斥真正的新党。首先定司马光、文彦博、苏轼以及曾布等一百二十人为元祐奸党，由徽宗书写刻石，称"党人碑"，立于大内的端礼门旁。又将元符末年（公元一一〇〇年）向太后执政时主张维持新法和恢复旧法的臣僚，分为正、邪两类，加以惩处。崇宁三年（公元一一〇四年），更将元祐、元符党人加在一起，达三百零九人，由徽宗亲笔书写，刻石于文德殿东墙。蔡京又照此书写一道，颁行全国。今广西桂林七星岩洞内尚存此碑。真个党祸惨烈，人所谓危。李清照的父亲李格非曾"出东坡（苏轼）之门"，[1] 同苏门四学士中的晁补之、张耒等有通家之谊，平日言谈、作文又往往涉及时政，对蔡京集团"放乎一己之私"的贪暴行为早有反感，加之不肯参与编纂元祐章奏，因而在这场党祸中也遭受沉重打击。他的名字被刻在党人碑上。李清照幼承父训，对父亲李格非怀有深厚的感情，如今父亲名列党籍，她自然感到痛苦。然而，偏偏矛盾的是，她的公公赵挺之却属于蔡京集团。他力排元祐党人，曾经弹劾过苏轼，在政治上也学蔡京的投机，一会儿依附章惇，一会儿倒向蔡京，一会儿又投靠与章惇有分歧的曾布。就是依靠这样的手段，他爬上了

---

[1] 李格非《洛阳名园记》附《河南邵博记》。

尚书右仆射（即右丞相）的高位。李格非虽是他的亲家，但他也照样排斥、打击。赵、李两家在激烈的党争中，实际上已变成了完全对立的两派。李清照就在这样一个错综复杂的环境中生活着。按照当时的情况，她作为一个女子，一个过门不久的媳妇，是不便表态的；但她那耿直的性格以及她对于父亲的深厚感情，迫使她不得不表示明确的态度。她向身居相位的公公上诗救父，全诗虽已不存，但尚留有两句："炙手可热心可寒"，"何况人间父子情"。前一句自杜甫的《丽人行》中化出。当时唐玄宗信用宰相杨国忠，权奸当道，飞扬跋扈，忠谠之士，避而远之。故杜甫作诗云："炙手可热势绝伦，慎勿近前丞相嗔。"李清照化用这样的诗句批评赵挺之，显然有将蔡京集团比作杨国忠一伙的用意。

在这场严峻的政治斗争中，李清照所幸还有一位精神上的知己，那就是赵明诚。他虽然没有明确反对过父亲，但他却用自己的行为和志趣表明了自己的政治倾向。据他的姨父陈师道说："正夫（赵挺之字）有幼子明诚，颇好文义。每遇苏、黄文诗，虽半简数字必录藏，以此失好于父，几如小邢矣！"[1]苏轼、黄庭坚政治上属于旧党，但他们都是著名的文学家。崇宁年间，苏轼虽已

―――

[1] 陈师道《后山居士集·与鲁直书》。

逝世，但他的诗文仍极盛行。史载："朝廷虽尝禁止，赏钱增至八十万，禁愈严而传愈多，往往以多相夸。士大夫不能诵坡诗，便自觉气索。"[1]朝廷还下令毁掉苏、黄所书的碑文。徐州黄楼有一块由苏辙作赋、苏轼手书的石刻，守者不忍毁，把它投在城濠里才得以暂时保存。[2]生活在新党家庭的赵明诚，不顾党禁森严，不顾"失好于父"，敢于一字一句地搜集苏、黄的诗文，不能仅仅理解为出于艺术上的爱好，这行动的本身，就是对蔡京集团的一种抗议；对李清照来说，则是一种精神上的支持。因此，陈师道说他遭受父亲的痛斥，几乎像那个被逼早死的小邢（名居实，邢恕之子，《宋史》称其有"异材"，年十九而卒）一样。

正当宋徽宗刻石立碑，疯狂打击元祐党人的前后（约在崇宁三年），李清照写下《浯溪中兴颂诗和张文潜》，针对当时现实，表露了自己的政治观点。

张文潜就是前面所说的苏门四学士之一的张耒。唐朝诗人元结曾作过《大唐中兴颂》，从安史之乱写到肃宗平定天下，由颜真卿书写，刻在湖南祁阳浯溪石崖上，世称"磨崖碑"。张耒有感于当时的内忧外患与安史乱前的相似，作《读中兴颂碑》一诗，开头即云："玉环（杨

---

[1] 丁传靖辑《宋人轶事汇编》卷十二引《清波杂志》。
[2] 见徐度《却扫编》卷下。

贵妃）妖血无人扫，渔阳马厌长安草。"[1]对唐玄宗（李隆基）的荒淫误国作了尖锐的批判，一时传为佳作，黄庭坚、潘大临等诗人纷纷起来唱和。也许由于父亲李格非的关系，李清照读到了这首诗。她的父亲在政治斗争中是个失败者，她自己也从家庭的角度涉及这场政治斗争。生活的教训，使她对黑暗的现实有了较为清醒的认识。加之，这时北方金、辽的势力在互相消长；宋室江山乱象已呈。这一切不能不使她感到忧虑和激愤，于是借着和张文潜诗的机会，借古喻今，把一腔忧国忧时的感情抒发了出来。

在和张文潜这首诗中，李清照表现了十分进步的历史观。她认为由于唐玄宗的奢侈腐化，玩物丧志，导致了安禄山、史思明的反叛和政府军的溃败，对当时最高统治集团含有深刻的规讽意味。如："五坊供奉斗鸡儿，酒肉堆中不知老。"这是对唐玄宗荒淫失政的辛辣讽刺。"谁令妃子天上来，虢、秦、韩国皆天才。苑桑羯鼓玉方响，春风不敢生尘埃。"这是对杨氏兄妹迷惑君主行为的无情鞭挞。"胡兵忽自天上来，逆胡亦是奸雄才。勤政

---

[1] 见张耒《宛丘集》。按：今中华书局一九九九年七月版《张耒集》未载此诗，拙著《淮海集笺注》下册根据一些原始资料考证，认为此诗乃秦观流放途中作于永州，托名文潜，而张耒生平从未到过此地。见上海古籍出版社"中国古典文学丛书"本一五七五至一五七七页。

楼前走胡马，珠翠踏尽香尘埃。"这是借历史上安禄山突然袭击、马踏长安的事实，说明边患有随时爆发的危险。"夏为殷鉴当深戒，简册汗青今具在。"则进一步提醒统治集团，接受历史教训。她还写道："不知负国有奸雄，但说成功尊国老。"联系到徽宗寄希望、托重任于蔡京之流这一现实，作者的矛头所指是很清楚的。她不仅批判了历史上的权阉、奸相，而且歌颂了历史上的忠臣良将。她说："子仪、光弼不用猜！"希望统治者信任这类保家卫国的将才。她甚至直截了当地说："作碑铭德真陋哉！"即使在"去天五尺抱瓮峰，峰头凿出'开元'字"，时移势异，也只堪哀。隐藏在这些诗句中的深意，结合当时形势，人们是不难领会的。

鲁迅在评价陶渊明时，说他"并非整天整夜的飘飘然"，也有"'金刚怒目'式"[1]的一面。同样，李清照这位深闺少妇，也并非完全沉浸在甜蜜的爱情生活中。她那忠奸分明的思想、爱国主义的感情，常常渗透在她的诗篇里。这首和《浯溪中兴颂》便是一个有利的证明。

归来堂上的乐趣

崇宁五年（公元一一〇六年），宋徽宗大赦天下，毁

---

[1] 鲁迅《且介亭杂文二集·"题未定"草》。

元祐党人碑。随着党禁的开放,李清照夫家与娘家的矛盾自然得到了缓和。可是她的公公赵挺之与蔡京的矛盾却急剧上升了。赵挺之在徽宗面前,虽"屡陈其奸恶",然而蔡京是个老奸巨猾、权倾君主的人物,赵挺之毕竟心有余悸,于是上了一道辞呈,告老还乡,"乞归青州"(今山东省青州市)。在他将要上殿辞行之际,恰巧天空出现彗星。崇尚道教、相信鬼神的宋徽宗以为是不祥之兆,下诏停止"新法",罢免蔡京,并召见赵挺之说:"京所为,一如卿言。"[1]仍旧让赵挺之做宰相。

可是,处于动荡中的北宋王朝,它的政策也和政局一样动荡不定。不到一年,蔡京复职,为尚书左仆射;赵挺之罢官,授了一个"特进观文殿大学士佑神观使"的空衔,拿些干薪——当时叫"祠禄",实际上是过着退休一般的生活,没有多久,便死在京师。

赵挺之一死,好比房屋断了大梁,种种不幸便落到赵家门上。朝廷先是追夺赠官,接着兴办大狱,将赵氏一家以及在京的"亲戚使臣"统统逮捕,罪名是"挺之身为元祐大臣(哲宗朝宰相刘挚)所荐,力庇元祐奸党"。[2]然而查来查去,"皆无实事",只好把他们释放出来。可是自此以后,赵明诚兄弟再想立足于政治舞台,暂时已

---

[1]《宋史·赵挺之传》。
[2] 徐自明《宋宰辅编年录》卷十一。

属不可能了。

赵明诚官场上既已息影,滞留京师再没有必要,于是在徽宗大观元年(公元一一〇七年)七月,带着李清照一起屏居乡里。夫妇二人离开风波险恶的京师,回到青州故第,恰如晋代的陶渊明辞去县令奔向田园一样,感到无比的轻松愉快。他们从陶渊明"归去来兮"和"审容膝之易安"[1]两句话中受到启发,把他们的书房称作"归来堂",把内室称作"易安室"。又从女以男为家、男以女为室这一古老概念出发,以"易安室"作为李清照诗词创作的专用署名。这是他们夫妇又一次新生活的开始。后来,李清照在《金石录后序》中回忆:"后屏居乡里十年,仰取俯拾,衣食有余。"由于赵明诚曾经出仕,又由于公公的余荫,他们经济上当然比较宽裕。这时候赵明诚集中精力搜集金石书画,李清照协助整理校勘,"皆是正讹谬,去取褒贬","摩玩舒卷,指摘疵病"。白天时间不够,晚上继续工作,常以"夜尽一烛为率"。[2]在此期间,他们曾收藏北宋书法家蔡襄所写的《进谢御赐诗卷》、南唐徐铉所写的《小篆千字文》真迹;赵明诚还登上泰山,摹下《唐登封纪号文》两碑。收集既多,便在归来堂上设置书库大橱,将一篇篇金文、石刻汇编成

---

[1] 见陶渊明《陶渊明集·归去来辞》。
[2] 《金石录后序》。

册，簿为甲乙，有秩序地放在里面。十年之间，所收金石书画、文物古籍，竟达十余屋之多。

这阶段的生活，既没有离居的惆怅，也没有都市的繁嚣；既没有家庭里的纠葛，也没有政治上的干扰，他们感到非常愉快、充实而有意义。平日整理好图书，夫妇二人便饮茶逗趣，或诗词唱和。她这样记述当时的生活："余性偶强记，每饭罢，坐归来堂烹茶，指堆积书史，言某事在某书某卷第几叶第几行，以中否角胜负，为饮茶先后。中即举杯大笑，至茶倾覆怀中，反不得饮而起。甘心老是乡矣！"[1]至于诗词，李清照这一阶段遗留下来的作品不多；但据她后来回忆，当时确实与赵明诚一起赏过花、赋过诗。[2]今天所能见到的尚有几首，如：

> 雪里已知春信至，寒梅点缀琼枝腻。香脸半开娇旖旎，当庭际，玉人浴出新妆洗。　造化可能偏有意，故教明月玲珑地。共赏金尊沉绿蚁，莫辞醉，此花不与群花比。
>
> ——《渔家傲》

―――――――

[1]《金石录后序》。
[2] 赵明诚死后数年，李清照有《偶成》诗云："十五年前花月底，相从曾赋赏花诗。"(见《永乐大典》八百八十九册第十八页)上溯十五年，约在此时。

此词乃咏蜡梅，宋时京洛间多植于庭院。词云"此花不与群花比"，大有苏轼所谓"似花还似非花"的意味。兹做一解释。黄庭坚《山谷内集》卷五《戏咏蜡梅二首》，宋人任渊注云："京洛间有一种花，香气似梅花，亦五出，而不能晶明，类女功撚蜡所成。京洛人因谓蜡梅。"李清照夫妇既归青州，当有闲情逸致，把这种植梅赏花的习惯延续至青州。

李清照二十四岁之后开始屏居乡里，当时年纪正轻，心情又特别舒畅。在这首词中，词人以愉快的笔调描摹了梅花的风韵，抒写了自己的感情。上半阕中，词人写雪里寒梅，枝头缀满碎玉一般的花萼，亭亭玉立，娇羞怯怯，有如美人出浴，新妆初罢。以花拟人，亦以人比花，显得十分生动活泼，充满了青春的活力和蓬勃的朝气。下半阕则淋漓酣畅地抒写词人对月赏花的感情，说是大自然（造化）偏偏多情，故意让玲珑的明月普照人寰。对此良宵佳卉，何不同举金樽，一醉方休？词中流露了及时行乐的思想，却并不消极颓废。"共赏金尊"三句，于豪放超迈之中带有某种娇姿憨态。一个狂放不羁的妇女形象，几乎呼之欲出。如果说她的大多数词作是含蓄蕴藉的话，那么这首《渔家傲》则表现得明朗、显豁，别具一种特色。

现存李清照集中，还有近十首咏梅和提到梅花的词作。其中约六首已被收入同时代人黄大舆编纂的《梅苑》。从数量上看，在全集中占有较大比重，似乎词人对梅花的爱好已远远胜过海棠、菊花和梨花。例如，她以梅花比喻少女的春情："柳眼梅腮，已觉春心动。"[1] 以梅花象征自己感情的索寞："睡起觉微寒，梅花鬓上残。"[2] 有时春醒初醒，"梅萼插残枝"；[3] 有时心情慵懒，"挼尽梅花无好意"。[4] 词人之所以如此爱好梅花，是因为她对梅花："从来知韵胜，难堪雨藉，不耐风揉。"[5] 故而把自己的品格、韵调，以至一喜一愠，都托之于梅花。

此外，李清照还有一些题咏桂花的词作。有时她把桂花的品格甚至提到她一向所喜爱的梅花之上。例如："梅蕊重重何俗甚！"[6] "终日向人多酝藉，木犀花！"[7] 为什么会特别推崇起桂花来？"暗淡轻黄体性柔，情疏迹远只香留。"[8] 似乎透露了个中消息。此时词人和她的丈夫远离争名于朝、争利于市的汴京，居

---

[1]《蝶恋花》（暖雨晴风初破冻）。
[2]《菩萨蛮》（风柔日薄春犹早）。
[3]《诉衷情》（夜来沉醉卸妆迟）。
[4]《清平乐》（年年雪里）。
[5]《满庭芳》（小阁藏春）。
[6]《摊破浣溪沙》（揉破黄金万点轻）。
[7]《摊破浣溪沙》（病起萧萧两鬓华）。
[8]《鹧鸪天》（暗淡轻黄体性柔）。

| 生 平 |

住在渤海一隅的青州，爱其所爱，乐其所乐，过着清闲的生活，保持了高洁的品格，像桂花似的不需浅碧轻红，只留清幽香韵，自使梅花见而生妒，菊花闻而含羞。由此可以想见，词人在桂花身上，寓有无穷的深意。

十年左右屏居乡里的生活，在词人一生中留下了难忘的印象。政和四年（公元一一一四年），李清照曾在归来堂上绘有肖像一帧，以资纪念。这帧肖像形容清瘦，风度娴雅，右手持菊花[1]一枝，状似沉思，画上题有"易安居士三十一岁之照"字样。赵明诚题词其旁，曰："清丽其词，端庄其品。归去来兮，真堪偕隐。"落款是"政和甲午新秋德父题于归来堂"。[2]有人怀疑可能出于后人附会，[3]但就其精神实质而言，它确实描绘了李清照的品格与词风，符合赵、李二人之间的关系以及归来堂这段生活。我们还应将其作为了解李清照生平的一个重要参考。

---

[1] 一说为兰花。
[2] 这帧画像收在晚清王鹏运《四印斋所刻词》本《漱玉词》内。
[3] 王学初《李清照集校注》附录《李清照事迹编年》二二九页谓："邓之诚先生曾见告：'世传清照画像，所衣非宋人服装，乃后人所作。'邓先生所云后人之作，如非四印斋所刻，当即为刊于一九五七年《文学研究》第三期之另一幅。今邓先生已归道山，无从请益析疑。"

在莱州和淄州

大约在徽宗宣和三年(公元一一二一年),十年屏居乡里的生活,开始告一段落。

这年秋天,赵明诚出守莱州(今山东莱州市),李清照随往。从青州到莱州,不过数百里之遥;可是乡居多日,亲友们时相过从,一旦离去,不觉又是难分难舍。李清照的姐妹送她一程又一程,好容易才分手;直到在昌乐(今山东省昌乐县)的馆驿中驻下,彼此心中还是充满着惜别伤离的情绪。秋雨潇潇,敲打着窗棂,她再也不能入睡,于是把笔填词:

> 泪湿罗衣脂粉满,四叠阳关,唱到千千遍。人道山长山又断,潇潇微雨闻孤馆。　惜别伤离方寸乱,忘了临行,酒盏深和浅。好把音书凭过雁,东莱不似蓬莱远。
>
> ——《蝶恋花》

此词与以往不同:不是写缠绵悱恻的爱情,而是写深挚浓厚的姐妹之情。开头即以"顿入"的笔法,一下子揭示人物当时的情绪:姐妹们要分手了,两眶泪水,止不住潸潸而下。在我国古典诗词中,送别的情怀,依据人物关系的不同有各种各样的写法。柳永的《雨霖铃》写他与所爱之人分别是"执手相看泪眼,竟无语凝噎",[1]让两眶泪水含在眼里,千言万语咽进胸中。而这里李清照所告别的是姐妹,因此感情则写得比较放纵。为了进一步强调不忍遽别的心情,她还用极其夸张的笔法写"四叠阳关",不是唱了三遍四遍,而是"唱到千千遍"。然后笔锋一转,又通过连绵不断的山峰,写依依不舍、频频回首的情景,并用冷雨敲窗的环境气氛烘托出一个离人深夜无眠的心境。词的下半阕又深入一层挖掘人物内心的苦痛,以连续饮酒、忘记酒盏的深浅,极写心绪的凌乱,笔触细腻,语意深沉。短短一首小词,把别时的情绪、途中的怀念以及别后的希冀委婉写来,一层深似一层,使读者受到深刻的艺术感染。

宣和三年(公元一一二一年)旧历八月初十,李清照夫妇到达莱州。赵明诚初到任上,忙于职务的接替。李清照独处一室,觉得无所事事。平日所搜集的文物古籍,又大都不在身边,只是几案上还放着一部《礼韵》[2],烦闷之际,她信手翻开,"约以所开为韵作诗",偶然得了

---

[1] 柳永《乐章集》。
[2] 即《礼部韵略》,宋代官颁韵书,考试必须以此为据。书凡五卷,条式一卷。

一个"于"字,遂以为韵,作了一首《感怀》诗,借以抒发寂寥寡欢的情致。

在莱州安顿下来以后,公余之暇,赵明诚仍从事文物的搜集和整理。李清照在《金石录后序》中写道:"因忆侯(赵明诚)在东莱静治堂,装卷初就,芸签缥带,束十卷作一帙。每日晚更散,辄校勘二卷,跋题一卷。此二千卷,有题跋者五百二卷耳。"毫无疑问,在这项工作中,李清照是丈夫得力的助手。他们的工作是何等的勤奋,经过前后二十年的辛勤劳动,一部记载着我国古代丰富历史文物的著作——《金石录》,终于在这个阶段大体上完成了(当然,后来李清照也作了一定的补充)。它是祖国文献中一份珍贵的遗产。

宋代官制,三年为一秩。赵明诚在莱州做了三年知州,秩满后调任淄州(在今山东省淄博市南)。李清照这次亦随同前往。这是宋徽宗宣和七年(公元一一二五年),一场袭击宋室江山的暴风雨已经在酝酿中了。

暴风雨前夕,有时会出现一时短暂的沉寂,尤其是距离敌人较远的地方。由于交通闭塞,处于淄州任上的赵明诚夫妇对当前的时局并不怎么了解。他们公余之暇,还是继续搜求文物。一天,赵明诚从邢氏村庄得到一本白居易手书的《楞严经》,那端丽隽爽的笔迹令他无比兴奋。他连夜跨马,奔驰到家;时已二鼓,还同李清照两人烹上一壶"小龙团"茶叶,"相对展玩,狂喜不支"[1]。那种情趣,犹然不减当年。

然而,暴风雨终究威胁着北宋。处在混同江(今黑龙江省境内)畔的金人贵族,自公元一一一五年建立起奴隶制政权后,不断南侵。起初,宋徽宗为了利用它的力量消灭近在边陲的辽国,曾向它屡贡"岁币"。可是,金人灭辽以后,又把侵略的矛头指向宋朝。宣和七年(公元一一二五年),金太宗发兵,从太原、燕京两路向东京进犯。宋徽宗吓得气塞昏迷,跌倒在御床前,于是传位给钦宗赵桓,明年(公元一一二六年)改元靖康。靖康元年十一月,金人围东京,消息传到淄州,赵明诚和李清照立即感到紧张不安。《金石录后序》记载:"至靖康丙午岁,侯(赵明诚)守淄川,闻金寇犯京师,四顾茫然,盈箱溢箧,且恋恋,且怅怅,知其必不为己物矣。"作为金石爱好者,赵明诚和李清照始终埋头于整理文物,对国事不甚关心;及至战火烧到东京,他们才猛然惊醒。可是,这时他们所考虑的首先不是自身的安全,而是身边的文物。他们在紧张惶恐的气氛中好容易度过了一个寒冷的冬天。翌年三月,赵明诚的母亲于金陵逝世。噩耗传来,赵明诚随即奔

---

[1] 缪荃荪《云自在龛笔记》卷二引赵明诚"题跋"。

丧。为了安全,临走时,他带了十五车文物至江宁(今江苏省南京市)。

赵明诚奔丧南去,青州"尚锁书册什物,用屋十余间";李清照暂时留下,准备明年将这些东西运到江南。她在孤独和离乱中度过了又一个年头。这期间,她应该有所创作,但却没有保存下来,不能不说是一个缺憾。

四 南渡之后

国破家亡

宋钦宗靖康二年（公元一一二七年），是历史上称为"靖康之难"的一年。这年秋天，青州发生兵变；十二月，金兵攻陷青州。赵家十余屋书籍什物，全部毁于战火。李清照在家乡终于待不下去，只得逃难南下。当她辗转到达江宁时，已是高宗建炎二年（公元一一二八年）的春天了。这时，她的丈夫赵明诚正做江宁知府。

初到江南，惊魂甫定，李清照虽没有留下描写这一方面心情的词作，但却写过诗篇抒述当时的感受。"南来尚觉吴江冷，北狩应知易水寒"，好像是到达江宁不久的作品。这两句诗非常集中地概括了一个爱国的流亡者的心情。吴江，原指吴淞江，俗称苏州河，源出太湖，东北流入黄浦江。但李清照并不是具体指这条江，而是泛指江南地区。所谓"吴江冷"，也不是指的自然气候，而是指的政治形势：除了说人地生疏、世情冷淡而外，还令人隐约感到江南地方弥漫着一股消极抗战的气氛。"北狩"是说徽、钦二帝被掳北去。"易水寒"表面是借用荆轲入秦的故事，具体所指乃是北中国辽阔的土地。作者以"吴江冷"作"易水寒"的对比和衬托，不仅突出了二帝"北狩"的艰难困苦的处境，而且对只管南逃、不思北进的赵构集团提出了尖锐的批评。一腔爱国之情，溢于言表。

在战乱的年头，凡是逃难到异乡的人，总是希望及早反攻，收复故土。李清照当时也抱着这样的希望。可是她在金陵住了一个时期，一切都令她失望。于是她作诗述怀：

南渡衣冠少王导，北来消息欠刘琨。

王导是东晋南渡之后的丞相。南朝刘义庆《世说新语·言语》记载："过江诸人，每至美日，辄相邀新亭，藉卉（坐在草地上）饮宴，周侯（周𫖮）中坐而叹，曰：'风景不殊，正自有山河之异！'皆相视流泪。惟王丞相（王导）愀然变色曰：'当共勠力王室，克复神州，何至作楚囚相对？'"后来，王导劝说握有兵权的王敦共同"匡济"，保住了东晋的半壁江山。刘琨是晋朝一位爱国志士。当时他在山西太原一带招募流亡，组成义军，在反抗斗争中，常常给入侵的匈奴贵族以重创。宋室南渡，有如东晋。李清照在这两句诗中，表示了对王导、刘琨的怀念，语带惋惜，其中既含有对现状的不满，也抱有对未来的希望——她希望内有辅佐王室、赞助中兴的重臣，外有坚持敌后浴血抗战的将领。寓批判于咏史，借古事以鉴今。可惜这些珍贵的诗篇留存无多，只能从断简残篇作些管中窥豹了。

宋高宗赵构自靖康二年（公元一一二七年）五月即位于南京（今河南省商丘市）、改元建炎之后，就不断南徙，驻跸扬州。当时，一些主战派大臣据理力争，要求乘金人暂时北撤的机会，挥师北上，收复汴京。可是赵构为了一己之利，竟置大片失地于不顾，一味向南逃跑。到了建炎三年（公元一一二九年）二月，金兵再次南侵，进逼淮扬，他更是不顾遗民死活，仓皇南渡，成了一个名副其实的孤家寡人。

在这个历史阶段，李清照写了一首《夏日绝句》：

生当作人杰，死亦为鬼雄。
至今思项羽，不肯过江东！

宋高宗建炎三年（公元一一二九年）三月，赵明诚罢守建康，具舟上芜湖，入姑熟（今安徽当涂），将卜居赣水上。约在四月间，经过乌江。这是楚霸王兵败自刎的地方，后人建有霸王祠来纪念他。一向爱好收集文物的赵明诚趁路过之时，特意上岸去考察。他在《金石录》卷七著录道："唐《西楚霸王颂》，贺芝进明撰，贺兰诚书。"可证他曾登岸拜谒霸王祠。李清照当亦同去，她有感而发，写下了这首笔力万钧的千古名诗，表面看来是在咏史，实质是在讽刺现实。项羽曾经是一个叱咤风云的人物，在垓下之围中，他被刘邦的军队所击溃，逃至乌江，感到无颜见江东父老，拔剑自刎。李清照赞扬他活着是个人杰，死了是个鬼雄，完全是有感而发的。

身处江宁期间，李清照还在一些词作中抒发了对故乡的忆念和客居异地的郁闷。局势稍为稳定的时候，她也表现了一些词客骚人的闲情逸兴。

《漱玉集》中有一首《蝶恋花》，题下小注为"上巳召亲族"。"上巳"是旧历三月三日。李清照系建炎二年（公元一一二八年）春抵江宁，翌年三月"具舟上芜湖"，不可能在行色匆匆的情况下宴聚亲族。由此，推断这里的上巳日应在建炎二年。上巳是古代文人修禊——祓除不祥的节日，晋朝的王羲之曾经在这一天与谢安、孙绰等人会于山阴之兰亭,历史上传为佳话。李清照也许因为死里逃生初到江宁,所以特地在这一天备办酒宴,邀集亲族。估计前来参加的人,可能有赵明诚的长兄赵存诚[1]以及他们的妹婿[2]、李清照的弟弟李迒[3]。赵明诚的中表谢克家和他的儿子谢伋[4]此时正在南方做官,也可能前来。亲戚族人,他乡宴集,固然是件幸事;然而酒阑人散,终觉伤感。于是李清照写了这首《蝶恋花》:

> 永夜恹恹欢意少。空梦长安,认取长安道。为报今年春色好,花光月影宜相照。　　随意杯盘虽草草。酒美梅酸,恰称人怀抱。醉莫插花花莫笑,可怜春似人将老。

词的上半阕,写词人到达江宁之后的情怀。第一句

---

[1] 黄盛璋《李清照年谱》谓:"按明诚长兄存诚政和二年已出官秘书少监,建炎元年除广东安抚使,知广州,盖南渡之前,已在江南。……明诚之母初盖依存诚官于金陵……"故可推知存诚家人犹在金陵。
[2]《金石录后序》谓:"侯有妹婿任兵部侍郎",建炎三年七月随隆佑太后发建康往洪州。是时谅亦在金陵。此人即李擢序。
[3]《金石录后序》谓:建炎二年"有弟迒,任敕定局删定官"。此时谅亦在金陵。
[4] 王学初《李清照集校注》附录《李清照事迹编年》谓:建炎二年,"谢伋携唐阎立本画《萧翼赚兰亭图》过江宁,明诚借去不归"。

说自己整夜怏怏，郁郁寡欢。按理，夫妇二人久别重逢，应该感到高兴。可是饱经丧乱的词人这时的感情已经超出家庭范围，故国的存亡一直占据着她的心魂。紧接着"空梦长安，认取长安道"二句，便点出了"永夜怏怏"的实质所在。长安（今陕西省西安市）本是汉唐故都，古代诗人常常用它表示故国。这里李清照以长安代汴京，句中有两层意思：一层是夜夜做梦都回到故国，走着往日所熟悉、今日有些陌生的道路；一层是梦醒之后依然身在客地，感到无穷的怅惘。五、六两句笔锋一转，词人想到今年春天能到江宁，总算万幸，强似留在暗无天日的沦陷区，情绪由惆怅寡欢转为聊以自慰。"为报今年春色好，花光月影宜相照"，于庆幸良辰美景之中，包含着对形势的乐观分析，流露出恢复故土的希望，情绪为之一扬，但也不像昔日在历下和汴梁时那样炽热，语中犹带凄清。这种感情完全是符合客中流人的身份的。

　　词的下半阕正面描写宴集亲族的情景。由于是在客地，又是在战争的年代，所以只是草具杯盘。但能这样聚会，已属不易，所以说"酒美梅酸"，倒也足以使人消愁解闷，称心满意。然而，词人最后还是抑制不住满腔的感慨，提醒自己："醉莫插花花莫笑"，不要纵情欢乐。为什么？因为"可怜春似人将老"了。上巳是在暮春之初，容易勾起诗人的伤春情怀。但李清照这里不完全是伤春，而多半是伤时感事。这时她已四十五岁，从年龄上讲，是像暮春一样"将老"了；然而更重要的是国事堪忧，"忧愁令人老"，那颗日夜为故乡的沦陷而焦灼的心，怎能不催人衰老呢？这最后一韵正好与首句相应，进一步刻画了词人郁郁寡欢的精神状态，突出了怀念故乡的主题思想。

但李清照毕竟出身于士大夫家庭，在环境较为安适的情况下，她也表现了一些士大夫阶层特有的情趣。宋人周煇说："顷见易安族人，言明诚在建康日，易安每值天大雪，即顶笠披蓑，循城远览以寻诗，得句必邀其夫赓和。明诚每苦之也。"[1]时间可能是在建炎二年冬和建炎三年初。那时局势稍为平缓，李清照又产生了少年时期的豪情雅兴，不顾天寒地冻，踏雪寻诗。赵明诚那种苦于"赓和"的情状，不禁又使人想起当年他闭门三日填写《醉花阴》的轶事。

这是他们夫妇生活中最后一段幸福的时光。

和平的岁月匆匆易逝，战争的日子分外难捱。李清照身居建康（建炎三年五月八日，高宗改江宁府为建康府），心念故土，更觉度日如年。心情郁闷的时候，她常常以前人的诗词排遣。就中，她特别喜欢词风和自己

---

[1] 周煇《清波杂志》卷八。

相近的欧阳修的《六一词》。一次，她读到欧阳修的《蝶恋花》，[1]开头"庭院深深深几许"一句，便被深深地吸引，她写道："予酷爱之，用其语作'庭院深深'数阕"，[2]词牌用的是《临江仙》，今存两阕，兹录其一：

> 庭院深深深几许？云窗雾阁常扃。柳梢梅萼渐分明。春归秣陵树，人老建康城。　　感月吟风多少事，如今老去无成。谁怜憔悴更凋零。试灯无意思，踏雪没心情。

观其词意，不似初到之作，大约作于来到建康次年。高墙深宅，与外界隔绝，这庭院是够幽深的了。帘幕重重，门窗紧闭，已经十分幽暗；再加上云封雾锁，密不通风，更令人增添烦闷。词人偶尔登上楼头，推窗眺望，只见柳梢绽出新芽，梅枝缀满花萼。刹那间的喜悦过后，又是一番惆怅：春天已回到秣陵，而人却愈来愈老了，语中带有无限凄凉。以下又抓住一个"老"字，进

---

[1] 欧阳修《蝶恋花》词云："庭院深深深几许？杨柳堆烟，帘幕无重数。玉勒雕鞍游冶处，楼高不见章台路。　　雨横风狂三月暮。门掩黄昏，无计留春住。泪眼问花花不语，乱红飞过秋千去。"此词有人疑为南唐冯延巳作，未知孰是。
[2] 《临江仙》题下小序。

一步开掘。词人想起早年"感月吟风多少事"——其中既有诗词创作，也包括金石搜集，如今年纪老了，一事无成，于是发出一声浩叹："谁怜憔悴更凋零？"顿觉意绪茫然。值得注意的是：这里虽然写了百无聊赖、了无意趣的心情，但同年轻时所写的"玉阑干慵倚""髻子伤春懒更梳"的娇慵情态，已经迥然不同。那时她处于深闺，只能写些闺情春怨；而今身经离乱之苦，所抒发的感情已开始带有更多的社会意义。

然而，建康时期的李清照，毕竟还是初次流亡，她的丈夫也还在世，尽管词中带有一些时代的悲愁，也还未深刻透骨。随着时间的推移、境遇的变迁，她的作品愈发表现出深邃的思想内容。

丧夫之痛

李清照在建康整整住了一年时间。到了建炎三年（公元一一二九年）二月，建康城中突然发生了御营统制官王亦[1]所发动的一起兵变。即将改任湖州知府的赵明诚听到消息，也不组织抗击，却和通判毋丘绛、观察推官汤允恭半夜缒城逃走。事后，毋丘绛和汤允恭都受

---

[1] 王亦，孙觌《鸿庆居士集》卷三十五《宋故左中大夫真宝文阁致仕李公墓志铭》作王𪣻。

了处分，赵明诚也许因为失职被罢了官。三月间，他带领李清照离开建康，雇船经当涂，上芜湖，准备到赣水流域找一个安全的地方定居。

建炎三年（公元一一二九年）五月，高宗驻跸建康，遣使向金朝觍颜求和，遭到拒绝；与此同时，向赵明诚发了一道圣旨，仍旧任命他为湖州知府。这时赵明诚已经到达池阳（今安徽省池州市贵池区）。因为皇帝等着他到建康"过阙上殿"，赵明诚只好草草安排一下，让李清照暂时住下。本想夫妇二人离乱之中相依为命，却不料中途又要分手，李清照不禁为今后的处境担起心来；加之身在池阳，举目无亲，所以倍觉凄凉。转眼到了七月七日，她想到天上的牛郎织女今夜尚能相逢，而人间的夫妇此刻犹分居两地。离情别绪和对时局的担心交织在一起，构成了一阕凄婉动人的新词：

> 草际鸣蛩，惊落梧桐，正人间天上愁浓。云阶月地，关锁千重。纵浮槎来，浮槎去，不相逢。　　星桥鹊驾，经年才见，想离情别恨难穷。牵牛织女，莫是离中？甚霎儿晴，霎儿雨，霎儿风。
>
> ——《行香子》

本篇《历代诗余》题作"七夕"，可能写于池阳。这时沿江一带有兵防守，江东宣抚使刘光世驻扎江州（今江西省九江市），从东京逃出后又投降金人的杜充正镇守建康。词中"关锁千重"一句，天上指的是银河阻隔，地上应是指这一带江防而言。这时词人面对浩浩东流的长江，看着来来往往的船只，由牛郎织女隔河相望想到远在建康的赵明诚，为不能相逢而忧虑。"正人间天上愁浓"一句，恰好把这种幻想的境界与现实世界联系起来。下半阕中，词人进一步运用牛郎织女的传说，抒发了现实中的离愁。最后，词人通过阴晴不定的天气变化，抒发了如怨如诉的感情；其中似也隐含着对局势多变的担忧。

赵明诚抵达建康不久，即以书报病。原来，他从池阳走后，正值烈日当空、酷热异常的三伏天气，一路奔驰，劳累不堪，来到"行在"，得了疟疾。李清照看完信，又是惊愕，又是悲苦。她怀着满腹忧虑，匆匆解舟东下，一个昼夜赶到建康。这时，赵明诚已病入膏肓，危在旦夕。李清照整日哭泣，心慌意乱，但不忍问其身后事。

八月十八日，赵明诚扶病写了一首绝笔诗，便与世长辞了，终年四十九岁。李清照将他的遗体入殓，并以无比悲痛的心情写了一篇祭文，[1] 内云："白日正中，

---

[1] 见宋人谢伋《四六谈麈》。

叹庞翁之机捷；[1]坚城自堕，怜杞妇[2]之悲深！"对亡夫表达了深切的哀悼。

赵明诚的去世，对李清照是个沉重的打击，也是她人生道路上的一大转折。从此，她一身承受国破家亡的双重痛苦，流落江南，"漂零遂与流入伍"[3]，开始了孤苦凄凉的晚年生活。这对她本人来说，当然是极其不幸的；但也由于有了这段惨痛的经历，她的艺术才能得到了进一步的施展，她个人的命运与时代脉搏也进一步结合起来，从而写出了许多血泪凝成的诗词。

赵明诚死后，由于精神上受到沉重打击，李清照那本来就很瘦弱的身体又生了一场重病。当时金人又要南下，长江即将禁渡，朝廷忙于作疏散和逃亡的准备。高宗让自己的伯母隆佑太后[4]率宗室六宫，奉祖宗神主，

---

[1] 庞翁，指唐人庞蕴。宋代释道源《景德传灯录》卷八说：庞蕴将入灭，叫女儿出门看天时。至午，女儿进屋报告："日已中矣！"庞蕴随即出门观看，回来时女儿已在他的座位上，合掌坐亡，因而笑曰："我女锋捷矣。"锋捷，即机捷，禅语；快速的意思。李清照用此典故，说明自己不能先明诚而死。

[2] 杞妇，即杞梁妻，后世传为孟姜女。《古列女传》卷四《齐杞梁妻传》说：杞梁殖在攻击莒国的战斗中身死，其妻枕尸而哭，"十日而城为之崩"。

[3]《上枢密韩肖胄诗》。

[4] 隆佑太后，宋哲宗赵煦之妻孟氏，靖康二年东京后宫中惟一未被北掳之人。

奔赴江西。赵明诚的妹婿任兵部侍郎,将随同前往洪州(今江西省南昌市)。这时,李清照尚有书二万卷,金石刻二千卷,以及大量器皿茵褥。她自己因病不能走,便托赵明诚的妹婿李擢带去。可是到了十一月,金人陷洪州,隆佑太后逃往虔州(今江西省赣州市),从卫涣散,这些东西便都散失了。

亲戚们疏散之后,李清照拖着病体,孤苦伶仃,无限凄凉。病中思念亲人,心潮翻滚,常常借助诗词寄托自己的哀思。一首《孤雁儿》(又名《御街行》),就是作于赵明诚死后的岁月里,其词云:

> 藤床纸帐朝眠起,说不尽无佳思。沉香断续玉炉寒,伴我情怀如水。笛声三弄,梅心惊破,多少春情意! 小风疏雨萧萧地,又催下千行泪。吹箫人去玉楼空,肠断与谁同倚。一枝折得,人间天上,没个人堪寄。

词人在题下"小序"中写道:"世人作梅词,下笔便俗。予试作一篇,乃知前言不妄耳。"似乎专为咏梅而作,其实却充满了对丈夫的悼念之情。上半阕中,词人首先展现了一个冷落孤寂的环境。屋里陈设着清凉的藤椅和空空洞洞的"纸帐",词人早上迟迟起床,心中有说不尽的凄苦。室中再无他人，惟有一炉沉香时断时续地吐着氤氲。偶尔窗外送来一阵悠扬的笛声——笛子奏的是《梅花落》旧曲。于是她从曲子想到梅花，好像笛子一声，催绽一树梅花，带来春天的讯息。"梅心惊破"，想象奇警，不仅说明词人在语言的运用上卓具才华，而且显示出她在感情上曾被激起一刹那的波澜。接着下半阕又通过环境的渲染，深入一层描写内心的痛苦。门外细雨潇潇，下个不停；门内词人枯坐，泪下千行。以雨催泪，也是以雨衬泪，显得非常形象而又感人。"吹箫"二句是写词人从笛声想到吹箫，又从"吹箫人去"的故事想到丈夫去世，不禁怅然若失，愁肠寸断。末了，词人又想模仿陆凯折梅赠友的故事，折得一枝梅花，可寻遍人间天上，四处茫茫，没有一人可以寄赠。词人就是这样抓住特定情境中特定人物的心理，层层描写，步步开掘，抒发了对丈夫的深沉怀念，从而塑造了一个有血有肉、内心无限凄苦的孀妇形象。

奔亡道中

南宋小朝廷逃到江南，立足未稳，金人于秋高马肥之际，又发动凌厉的攻势。长江天堑终于不能阻挡金人的铁蹄。建炎三年（公元一一二九年）冬十一月戊午，金人陷洪州,十三天后又陷建康。城陷之前,李清照又打算第二次逃难。本来她准备沿江而上,可是一听说金人陷洪州,她立即意识到"上江既不可往,又虏势叵测",[1]便改变主意,"有弟迒,任敕局删定官,遂往依之"。[2]

李清照依靠弟弟、追随"行在",还有一个重要的原因。原来,在赵明诚病殁前曾有一位张飞卿学士携一玉壶来访;其实那不是真玉,而是珉(玉石)做成的。不料后来竟有谣传,说他们将玉壶送给金人,并风闻有司将要议罪。事涉通敌之嫌,李清照听到这个消息,惶恐异常,不敢讲也不甘罢休。于是,"尽将家中所有铜器等物,欲赴外庭投进",[3]希望把事情真相表白清楚。因此,高宗向东南逃跑的路线,基本上也是李清照奔亡的道路。

李清照从建康出发,先逃到杭州,再赶到越州(今浙江省绍兴市)。但这时的赵构已如丧家之犬、漏网之鱼,跑得非常之快。等到李清照抵越,他已于十二月二日"移幸四明(今浙江省宁波市,宋时称明州)";十二月十九日又乘船至昌国县(今浙江省舟山市定海区);二十六日后,移舟至温州和台州(今浙江省临海市)。

---

[1][2][3]《金石录后序》。

翌年正月初三日至章安镇，一直住到十八日方才离去。嗣后停泊于青陬门、温州等港口。三月十八日从温州出发，由海道复经章安、台州，二十八日抵定海（今浙江省宁波市镇海区），四月初三日到达明州城外，十二日驻跸越州。李清照心急如火，一路跟踪。据她自己说："到台，台守已遁；之剡（今浙江省嵊州市），出睦（今浙江省建德市），又弃衣被走黄岩，雇舟入海，奔行朝，时驻跸章安。从御舟海道之温，又之越。"[1]其中除"出睦"不合外（因在浙西），其余路线都是正确的。看来词人一直追到章安镇才赶上高宗，然后跟随御舟，经过三月十八日至二十八日整整十天的海上航行，才重新登岸，回到越州。

三个多月中，词人跋山涉水，历尽千辛万苦，走过约三千里的路程。这对一个贵族出身的妇女来说，确是一次艰苦的磨炼。她集子中的有些词章，可能作于奔亡道中：

> 年年雪里，常插梅花醉。按尽梅花无好意，赢得满衣清泪。　　今年海角天涯，萧萧两鬓生华。看取晚来风势，故应难看梅花。
>
> ——《清平乐》

---

[1]《金石录后序》。

李清照这次避乱,恰值建炎三年(公元一一二九年)冬季,一路行来,漫天大雪。要是在往年,她总是与赵明诚对雪赏梅,然而此番却是孤身在外,心情分外悲伤。词的上半阕即是写此时此际的遭遇和感慨。"挼尽梅花无好意"二句,深刻地表现了她在奔亡道中纷乱凄苦的心境。这一细节极富形象性。古代仕女一般在心情烦躁时,常常挼花——将花放在手中搓摩。南唐冯延巳《谒金门》词有"手挼红杏蕊"[1]之句,李清照《诉衷情》词有"更挼残蕊,更燃余香"之句,表达的都是这种情绪。然而,这里却显得更加凄婉感人,因为它以愉快的往事和幽美的景色烘托了一个孀妇的流离之苦。正如清人王夫之《姜斋诗话》所云:"以乐事衬哀情,一倍增其哀乐。"

词的下半阕直接点明流亡生活。这时词人四十六岁,还是中年,由于战争岁月的折磨,却过早地衰老:萧萧两鬓,已生华发。"今年海角天涯"二句,虽是写的词人的处境和外貌,但于仆仆风尘之中,可以想见其内心的酸楚。"看取晚来风势",寓政治气候于自然气候之中:晚来北风愈刮愈猛,令人倍觉严寒;而北方来的金人此刻也正在疯狂地进攻,更使人不寒而栗。整首词就是通过这样细致的外形描写和内心刻画,表现了一个兵荒马

---

[1] 见冯延巳《阳春集》,四印斋印本。

乱中逃难者的形象，其中同时还渗透着一个孀妇的寂寞与悲哀，读来让人具体地感受到那个动乱年代的一个横断面。

《漱玉集》中有一阕风格独特的《渔家傲》，看来也是写于这一时期：

> 天接云涛连晓雾，星河欲转千帆舞。仿佛梦魂归帝所，闻天语，殷勤问我归何处。　我报路长嗟日暮，学诗漫有惊人句。九万里风鹏正举，风休住，蓬舟吹取三山去。

此词当作于宋高宗建炎三年岁暮，追随御舟漂流海上期间。词一开头，便以磅礴的气势，展现了一幅海上航行的图画，阔大、动荡、宏伟、壮美，给人以深刻的艺术感受。接着词人从这种现实的境界出发，展开想象，描绘了一个神奇的梦境。在现实生活中，她看到的是腐朽黑暗的政治，是投降卖国的奸臣和置人民于水火、畏敌寇如虎狼的皇帝。因此，在幻想的境界中，她塑造了一个态度温和、关心民瘼的天帝，借以寄托美好的理想。

词的下半阕，词人通过对天帝的回答，抒写了身经国破家亡之痛，备极颠沛流离之苦，而前路茫茫，渺无归宿，不得不兴"路长日暮"之叹。"学诗漫有惊人句"，写出了词人对才能的自信和怀才不遇的愤慨。接着又从"千帆舞"的现实展开想象，说大鹏正振起一飞九万里的双翅，飞向辽阔的天宇。大鹏是古代传说中的神鸟，庄子在《逍遥游》中，阮籍在《大鹏赞》中，李白在《大鹏赋》和《上李邕》诗中，都对其作了热情的歌颂。李清照用以自况，完全是为了表示对黑暗现实的深恶痛绝和对美好理想的热烈追求。

这首词是一首浪漫主义杰作。它以《楚辞》中《离骚》《远游》的感情注入篇章，不但五代词中所无，北宋词中亦极罕见。特别像大海这样的题材，前代词人根本没有写过。这是因为词人有过怀才不遇的遭际，有过追随御舟航行海上的生活体验，故而才能写出这种蔚为奇观的作品。清人黄苏说："此似不甚经意之作，却浑成大雅，无一毫脂粉气，自是北宋风格。"[1]评价极其恰当。把这种意境开阔、想象奇伟的作品纳入北宋苏轼一类的豪放派词中，是毫不逊色的。

高宗驻跸越州的时候，金人正在江淮之间游动，时刻准备卷土重来。为了预防金人再次来犯，高宗决定临时遣散政府机构。建炎四年（公元一一三〇年）十一月，"诏放散行在百司，除侍从台谏官外……余令从便寄居，

---

[1] 黄苏《蓼园词选》。

候春暖赴行在"。[1]这时李清照也随弟弟李迒从越州迁到衢州（今浙江省衢州市），直到次年三月才回到越州。

绍兴二年（公元一一三二年）正月，赵构打起"中兴"的旗号，迁都杭州，正式建立起南宋小朝廷的统治，控制着中国的半壁江山。三月间，南渡以来的第一次开科取士举行，张九成得进士第一人。殿试时，张九成在对策中说："澄江泻练，夜桂飘香，陛下享此乐，必曰：西风凄动，两宫得无忧乎？"[2]李清照此时也到杭州居住，心情略为安定，听到这个对策，作诗嘲讽："露花倒影柳三变，桂子飘香张九成。"其实张九成的话并不错，他的用意无非是讽喻处于杭州安逸环境中的宋高宗，还应系念身陷敌营的徽、钦二帝。这一点同李清照的"南来尚觉吴江冷，北狩应知易水寒"，没有太大的出入。问题可能在于文章的气格。从前，苏东坡曾戏秦少游云："山抹微云秦学士，露华倒影柳屯田。"[3]是因为他们的文章气格不高。如今，堂堂的新科状元张九成在殿试对策这样严肃的场合，也用这样柔媚的语句，所以李清照要作一点无伤大雅的嘲讽了。

---

[1] 李心传《建炎以来系年要录》卷三十九。
[2] 朱熹《名臣言行录》别集卷九。
[3] 叶梦得《石林避暑录话》卷三。

到了这时,李清照的逃难生活,大体上又告了一个段落。

深沉的乡思

经过几个月山海奔逃的李清照,初到杭州定居,长途跋涉的疲劳渐渐消失,心情开始趋于平静。这首《菩萨蛮》词似作于这年春天:

> 风柔日薄春犹早,夹衫乍著心情好。睡起觉微寒,梅花鬓上残。　故乡何处是?忘了除非醉。沉水卧时烧,香消酒未消。

词的上半阕,是写早春时节的一个清晨。词人昨天到园中赏梅,顺手掐了几朵梅花插在鬓旁。晚上饮了几杯酒,醉入梦乡。一早起来,柔和的春风吹进卧房,淡淡的阳光洒进院内。词人换上夹衫,感到异常轻松愉快,但又略带一些寒意。接着她对镜梳妆,忽然发觉鬓边的梅花已经凋残。委婉写来,笔致轻灵,细腻入微,使人仿佛看到她在早起时的一段生活。可是,这种美好的心情瞬息即逝,下半阕一跌,转入对故乡的思念。为了解除思乡之苦,她常常饮酒。只有当精神处于麻醉状态，她才会暂时忘却故乡。一炉沉水香是昨晚临睡时烧着的，可是直到沉香燃尽，酒意依然未消。这说明她夜里睡得很长，同时也映带上文，那梅花之所以会在鬓旁过夜，是因为酒饮醉了，忘记卸下。这里以香消形容卧久，以醉深烘托愁重，感情非常沉痛。一腔深邃的乡思，以浅近通俗的语言写出，不假雕饰，而神情毕现。这样的境界，词人从前也写过："夜来沉醉卸妆迟，梅萼插残枝。酒醒熏破春睡，梦远不成归。"[1]同样是醉酒，同样是忘记卸下鬓上的梅花，但那是写年轻时对远人（丈夫）的怀念，情致比较缠绵；而这首则刻挚深沉得多了。

这首词还有一个特点：它从早起时心情的幽闲忽然写到乡思的沉重，忽喜忽悲，乍近乍远，感情跌宕，结构跳跃，看似无甚联系，实则血脉贯通。可以说，前半阕是后半阕的铺垫和烘托，因而后半阕的思乡情绪更加突出，更加深沉。这种笔法，前人称赞说："亦宕开，亦束住，何等酝藉！"[2]就是说，能放能收，不拘常格，脱尽黏滞，而蕴含深远，令人回味无穷。

宋高宗赵构自从迁都临安，便一心一意经营自己的小朝廷，不顾人民死活，修建明堂和太庙。一些有恢复之志的大臣渐渐失望，说他是以临安为久居之地，不复

---

[1]《诉衷情》(夜来沉醉卸妆迟)。
[2] 况周颐《漱玉词笺》引俞仲茅语。

有意中原。而更多的是从北方南来的贵族，此刻也逐渐麻痹，不再有"新亭"之叹。有的是纵情享乐，过着纸醉金迷的生活。"一勺西湖水，渡江来，百年歌舞，百年酣醉"[1]，就开始于这个时候。

李清照住在临安，目睹着这一切，感慨颇深。一次元宵节，太阳刚刚落山，灿烂的晚霞映照全城，大街小巷，到处是火树银花，笙箫管笛。几个平日和李清照在一起饮酒赋诗的女友，坐着香车宝马，兴致勃勃地前来邀她观灯。可她这时毫无兴味，婉言谢绝，然后填了一首词记述这桩事情和自己的心情：

> 落日镕金，暮云合璧，人在何处？染柳烟浓，吹梅笛怨，春意知几许？元宵佳节，融和天气，次第岂无风雨。来相召，香车宝马，谢他酒朋诗侣。　　中州盛日，闺门多暇，记得偏重三五。铺翠冠儿，撚金雪柳，簇带争济楚。如今憔悴，风鬟雾鬓，怕见夜间出去。不如向，帘儿底下，听人笑语。
> ——《永遇乐》

这是一首抚今追昔的慢词，通过对眼前繁华景象的描绘和对当年汴京热闹场面的回忆，表现了物是人非、

---

[1] 文及翁《贺新凉·游西湖有感》。

今不如昔的深切感受。上半阕一开头，词人就抒写了对亡夫赵明诚的忆念。"人在何处"一语，透露了这位老年孀妇内心的悲凉。接着写她抬头望见柳梢发青，听到笛声哀怨，不禁陷入深深的沉思。"元宵"三句，词人跳出个人的哀愁，从眼前的融和天气，想到"次第岂无风雨"。字面上像是说自然界，实质上却是在说政治形势。李清照历尽沧桑之后，对一切事物都感到变幻莫测和顾虑重重，此时虽已定居临安，但对当前形势仍感担心。因此，她再没有心情去赏灯。"来相召"三句虽是写的实况，但其意义不限于词人身边的女友，而是概括了南宋的上层人物。他们在国难方殷的日子里仍旧呼朋唤侣，纵情游乐，词人看不惯这一切，于是予以婉谢。

北宋的元宵，如前所述，是一个十分隆重的节日。李清照早年躬逢其盛，印象很深；此刻流落江南，自会触景生情。在这首词的下半阕，词人一连用六个短句，追述当年情景。"铺翠冠儿，撚金雪柳"，都是当时妇女的饰物。词人通过这些细节的描绘，表达了对旧日家园的怀念，在感情上与广大人民是相通的。从"如今憔悴"几句中，我们可以透过词人饱经风雨、憔悴衰老的外形，窥见她无限痛楚的内心。"风鬟雾鬓"同昔日的"簇带争济楚"、眼前的"香车宝马"，是个强烈的对照。相形之下，如今自己是如何的失意与颓唐。词人早年在汴京直至建康期间,住的都是高楼深院,而今只身流寓临安,住的却是如同一般居民的临街小宅,开门见人。因此她坐在帘子后面便听得出街上行人的笑语。帘儿外面,人们笑语盈盈;帘儿底下,词人含悲枯坐。那笑声语声,几乎像针一样扎在她心上。一帘之隔,两种感情,写得多么深刻!

这种抚今忆昔之作,易安集中还有一些。如:"当年曾胜赏,生香薰袖,活火分茶。忽忽龙骄马,流水轻车。""如今也,不成怀抱,得似旧时那!"[1]

词中表现了对往昔闺房之乐和都市繁华的忆念,抒发了旅居客地的苦闷情怀;但它的艺术感染力,则比《永遇乐》稍逊一筹。

改嫁的悲剧

绍兴二年(公元一一三二年),词人生活中发生过一次很大的波折,那就是改嫁张汝舟。

自从赵明诚死后,李清照过了将近三年的寡居生活。在封建社会里,一个妇女失去丈夫,其困难是不堪想象

---

[1] 见《转调满庭芳》(芳草池塘)。"忽忽龙骄马",四库全书本《乐府雅词》作"忽回忽龙骄马",多出一字,于律不合。我意第一字应为去声领格字,拟作"忽忽龙骄马",聊备一说。

的。李清照自小生于宦门，长于深闺，在家依靠父母，婚后依靠丈夫。赵明诚一死，她便流荡无依，茫无归宿。随后连年战争，灾难接踵而来。她孤身一人，尝尽了颠沛流离之苦。绍兴二年，她到了杭州，虽说得到暂时的喘息，可她历尽千难万险的身躯，已经十分虚弱，不久就病倒了。丧夫、离乱，此时又加上疾病，她的境况陷于无限的凄凉。这时，张汝舟频频致意，殷勤通问，处于病中的李清照，十分感激。后来张汝舟又一再遣媒说合，李清照也就勉强答应了这桩婚事。

但张汝舟是个势利之徒。根据已知的史料，他又字飞卿，可能就是在建康期间赵明诚病殁前携一"玉壶"来访的那个张飞卿学士。当他娶李清照时，正以右承奉郎的头衔，在池州为监诸军审计司，职务是管理军队的财务。任职期间，他"妄增举数入官"，[1] 贪赃枉法，中饱私囊。他娶李清照这个年近半百的寡妇，不是爱她的才貌，而是爱她的财产。一旦钱财到手，他便露出狰狞面目，对李清照肆意凌辱，"日加殴击"。[2] 李清照不堪虐待，到处申诉，请求"外援"，终于惊动了皇帝，将这个案件"付之廷尉"。[3] 这时，李清照只求解除夫妻关系，并不指望退回被侵吞的财产，一场

---

[1] 李心传《建炎以来系年要录》卷五十八。
[2][3] 见《投内翰綦公崇礼启》。

官司打下来，有司判了张汝舟的罪，遣至"柳州编管"。[1]但按照宋朝法律，妻子告丈夫，纵然情节属实，也得判徒刑两年。因而李清照也系于囹圄。幸亏她有个亲戚綦崇礼（赵明诚姑母之子），这时正在朝中做翰林学士，在他的营救下，李清照的两年徒刑才改为九天。获释之后，她怀着无比感激的心情，特地给綦崇礼写了一道"谢启"。

李清照自绍兴二年（公元一一三二年）夏天改嫁，至同年九月离异，历时约一百天，精神上受尽了折磨。这对她来说，是继青州南逃、明诚病故、山海奔窜之后又一次沉重的打击。一提及此事，她就无限伤心。她有一些词章悲喜交织，情绪复杂，可能与这一段生活有关。如：

> 窗前谁种芭蕉树？阴满中庭，阴满中庭，叶叶心心，舒卷有余情。　　伤心枕上三更雨，点滴霖霪，点滴霖霪，愁损北人，不惯起来听。
>
> ——《添字采桑子》

上半阕写窗前芭蕉生机旺盛，舒卷自如，词人充满欣羡之情。下半阕来一个跌宕，写她深夜欹枕，谛听着打在芭蕉叶上一点一滴的雨声，心中愁思翻滚，悲苦万

---

[1] 见李心传《建炎以来系年要录》卷五十八。

分，一种流落他乡之感，油然而生。另外还有一首，感情更加深挚沉痛：

> 天上星河转，人间帘幕垂。凉生枕簟泪痕滋，起解罗衣、聊问夜何其。　　翠贴莲蓬小，金销藕叶稀。旧时天气旧时衣，只有情怀、不似旧家时。
>
> ——《南歌子》

这首词抒发了词人伤今忆昔的情怀。上半阕写夏夜帘幕低垂，卧房内显得格外宁静和幽暗。词人抚枕悲泣，泪水浸湿枕席。她再也不能入睡，披起罗衣，徘徊中庭，仰望天空，星移斗转，于是叹息着发问：夜啊，到了什么时候了？这句话表达了长夜难眠的心境，前面所说的"凉生枕簟"，实质上也是由这种心境产生出来的一种感觉。下半阕写罗衣上饰有镶金贴翠的莲蓬和藕叶，此刻已显得破旧。词人以此显示时间的推移和境遇的变迁，从而寄托了一种无可奈何的情绪。最后两句一连用了三个"旧"字，以旧时天气、旧时罗衣衬托此刻的情怀，就是说天气、衣裳都一样，惟独情怀不似从前。这里所说的从前的情怀，自然是指和赵明诚一起猜书斗茶、观灯赴宴、踏雪寻诗，或在一起鉴赏文物，"狂喜不支"。如今赵明诚已经不在，改嫁的丈夫张汝舟又是一个贪鄙的小人，和这样的人生活在一起，不但兴趣、爱好都不一致，而且备受欺凌虐待。如此，她的情怀自然不似"旧家时"了。

关于李清照是否改嫁的问题，前人曾有不同意见的争论。在宋人的记载中，如胡仔的《苕溪渔隐丛话》、王灼的《碧鸡漫志》、晁公武的《郡斋读书志》、洪适的《隶释》、赵彦卫的《云麓漫钞》、李心传的《建炎以来系年要录》、陈振孙的《直斋书录解题》，对此是确认无疑的。其中，《建炎以来系年要录》的记载尤为具体；《云麓漫钞》还收有李清照的《投内翰綦公崇礼启》。但自明、清以来，就不断有人提出怀疑和异议。明代徐燉的《笔精》首先提出，此时李清照已老，而且出身宦门，必无更嫁之理。以后黄溥的《闲中今古录》、瞿佑的《香台集》、朱彝尊的《明诗综》、王士禛的《分甘余话》，都为李清照"辨诬"，但论点没有超出徐氏。清代的俞正燮更以编年方法排比李清照行实，写了一篇很有分量的考证文章——《易安居士事辑》，[1]竭力为李清照辩护，在学术界颇有影响。嗣后，陆心源的《仪顾堂题跋》、李慈铭的《越缦堂乙集》又就俞氏的说法加以补充和修正。直至近代，李清照的改嫁问题似乎已被否定。中华人民共和国成立以来，黄盛璋先生的《李清照事迹考辨》特辟

---

[1] 见俞正燮《癸巳类稿》卷十五。

专节，广泛占有资料，进行了深入的考察、分析，判别真伪，弄清是非，得出了李清照确曾改嫁的结论。目前看来，这个结论基本上是合理的、可靠的。

孤苦凄凉的晚年

绍兴四年（公元一一三四年）秋，金人又纠合伪齐刘豫，发兵南侵。这年，李清照写完了《金石录后序》，听到金人南侵的消息，又开始第三次避难。她在《打马图序》中记录了这段生活："今年冬十月朔（初一），闻淮上警报。江、浙之人，自东走西，自南走北，居山林者谋入城市，居城市者谋入山林，旁午络绎，莫卜所之。易安居士亦自临安溯流，涉严滩之险，抵金华，卜居陈氏第。乍释舟楫而见轩窗，意颇适然。"当她乘船沿富春江而上，夜间经过严子陵钓台时，赋了一首诗，对严子陵不慕荣利、归隐林泉的行为表示由衷的钦敬。到达金华之后，她登临有名的八咏楼，题诗曰：

> 千古风流八咏楼，江山留与后人愁。
> 水通南国三千里，气压江城十四州。

诗作歌颂了雄伟壮丽的祖国山河，抒写了热烈的爱国情怀，语言流利，一气呵成，十分感人。

在金华期间，她闲暇无事，就作"打马"之戏，并编写了《打马图经》和《打马赋》。"打马"是一种宋时流行的博弈，类似后世的着围棋或下象棋，其法今已不传。她做这种游戏，并不全为消遣取乐。她说："夫博者，无他，争先术耳。"[1] 虽至晚年，犹存进取之心。她还幻想能有千百万如"打马图"中的骁骑，冲过淮水，横扫金兵，收复失地，重度昔日的安居生活。这种思想，她在《打马赋》中表达得最为明确："佛狸定见卯年死，贵贱纷纷尚流徙。满眼骅骝杂骁駓，时危安得真致此？老矣谁能志千里，但愿相将过淮水。"后人看到这里，深为她的爱国思想所感动，作诗称道："国破家亡感慨多，中兴汗马久蹉跎。可怜淮水终难渡，遗恨还同说'过河'。"[2] 史载，南宋忠臣宗泽力求光复，临死前还大呼三声"过河"。这首诗说李清照的思想感情与宗泽有相通之处，基本上是正确的。

在金华期间，处于流荡无依生活中的李清照，当更长烛明、良夜凄清的时刻，固然可以和同来避难的人们作一些"深闺之雅戏"，聊寄复国之遐思；而当风和日丽、

---

[1]《打马图序》。
[2] 李汉章《黄檗山人诗集·题李易安〈打马图〉》，见中华书局上海编辑所编《李清照集》三〇七页。

草长莺飞的日子，那种未亡人的孤寂之感，又会潜上心头。绍兴五年（公元一一三五年），暮春三月的一天，金华的名胜双溪落英缤纷，碧波荡漾，一对对游人划着小船，在溪上追逐嬉戏。面对此情此景，词人欲游又止，感慨万端，于无可奈何之中，含着两眶清泪，低吟了一首哀感绝伦的新词：

> 风住尘香花已尽，日晚倦梳头。物是人非事事休，欲语泪先流。　　闻说双溪春尚好，也拟泛轻舟。只恐双溪舴艋舟，载不动许多愁。
>
> ——《武陵春》

这首词以缓慢顿挫的节奏，回肠荡气的韵律，抒写了词人深重的忧愁。开头两句说百花凋谢，春事已尽，而自己意兴萧索，神情倦怠，恰到好处地表现了一位老年孀妇无比凄苦的心境。"物是人非事事休"一语，既反映了个人的遭遇，也概括了国运的变迁。此词作于靖康事变之后八年、赵明诚死后六年。数年之间，词人似从千仞峰巅跌入万丈深渊，心灵上留下了不可磨灭的创伤。"欲语泪先流"，说明词人饮下的人生苦酒，都化作一腔辛酸的泪水。这里，她不是用语言表达内心的苦痛，而是用眼泪叙说自己的感情，委婉缠绵，意在言外，具有感人心脾的艺术魅力。我们知道，词人素有游山玩水的雅兴，而在此时则更有借游览以排遣苦闷的必要。所以，一听说双溪有着秀丽动人的阳春景色，她便马上激起泛舟出游的兴致；但顷刻之间，游兴又被那深沉的忧愁淹没了。意思似已写完，然而词人笔锋一转，又说："只恐双溪舴艋舟，载不动许多愁。"在这想游又不愿出游的反复咏叹中，词人心中那股太深太重而又难以排解的忧愁，被表现得淋漓尽致。

词人的愁之所以如此深重，是因为这个"愁"字是由国家的破碎、身世的漂泊、孀居的寂寞、晚景的凄凉……这一切凝聚而成的。为了突出"愁"字的深重，词人用极小极小的"舴艋舟"（从蚱蜢取义），作了一个绝妙的比喻。舟轻愁重，用笔精审，使得她内心深处不能明言、难以排解的抽象的愁绪，顿时变成可以捉摸的形象。这种手法一直为后人所赞扬和继承。金代董解元《西厢记诸宫调·仙吕点绛唇缠令》说："休问离愁轻重，向个马儿上驮也驮不动。"他把"愁"字从船中搬出来，驮在马背上。到了元代王实甫，则在《西厢记》杂剧《秋暮离怀》中说："遍人间烦恼填胸臆，量这些大小车儿如何载得起？"又把愁字从马背上卸下来，装到车子上去。这种使抽象感情具体化、形象化的手法，不断变化，日益发展，很值得我们今天学习。然而推其原始，不能不说是李清照的一种创造。

李清照在金华避乱，一直住到绍兴五年（公元一一三五年）五月之后，不久就回到杭州。

李清照晚年定居杭州这段时期，是南宋历史上最黑暗反动的时期。本来在主战派的努力作战下，抗金斗争连连取得胜利；而大奸秦桧却尽力撺掇高宗，于绍兴十一年（公元一一四一年）签订屈辱的绍兴和议，甘心对金称臣纳贡，并以淮水为界，将北方大片土地出卖给金人。民族英雄岳飞率领的军队，已经打到距离汴京不远的朱仙镇，当他正欲"直捣黄龙，与诸君痛饮"之际，高宗于一日之内连下十二道金牌，迫令退兵，以"莫须有"的罪名，在风波亭上将岳飞、岳云处死。抗敌有罪，卖国有功，许多爱国志士每当谈到国家前途的时候，莫不痛哭流涕，食不下咽。

处于这种令人窒息的环境中，李清照的心情是无限凄凉的。她的政治遭遇自不同于上层社会的男子。当时的社会制度不容许她参加重大的政治活动，不容许她置身于和战两派的冲突之中，也不容许她突破个人的生活领域和精神领域。她的创作思想和艺术才能只能向深处发展，而不可能向广处扩张，这就愈来愈把她带向思想痛苦的深渊。在这一时期，她虽曾受世俗的影响，在绍兴十三年（公元一一四三年）的端午节向皇帝、后妃进

| 生 平 |

过一些歌功颂德的《帖子词》；她也曾于绍兴二十一年（公元一一五一年）后写表上报《金石录》于朝廷。但她的精神世界仍然摆脱不了时代气氛加之于她的压抑。她在痛苦中挣扎，低吟。有时她登上层楼，即萌故国之思："秋已尽，日犹长，仲宣怀远更凄凉。"[1] 早年夫妇分离，她曾对雨后海棠抒发相思的苦闷；如今每见风扫落花，就又"长记海棠开后，正是伤春时节"。[2] 她悲叹年华的易逝："病起萧萧两鬓华。"[3] 但是，痛苦并没有将李清照压倒，她也没有对人生表现出绝望。怀念旧家故国的感情，就像一根红线，一直或隐或显地贯穿在她的作品当中。其中特别值得注意的是《声声慢》：

> 寻寻觅觅，冷冷清清，凄凄惨惨戚戚。乍暖还寒时候，最难将息。三杯两盏淡酒，怎敌他、晚来风急。雁过也，正伤心，却是旧时相识。　满地黄花堆积，憔悴损，如今有谁堪摘？守着窗儿，独自怎生得黑。梧桐更兼细雨，到黄昏、点点滴滴。这次第，怎一个愁字了得！

这是李清照后期词章中最杰出的作品，有些刊本题

---

[1]《鹧鸪天》（寒日萧萧上琐窗）。
[2]《好事近》（风定落花深）。
[3]《摊破浣溪沙》（病起萧萧两鬓华）。

作"秋情"。整个词中只是写了一个短暂的秋日黄昏，在寥寥九十七个字中，词人以惊人的艺术手段，概括了她南渡之后的生活特征和精神面貌。词的开头，作者就在凄风苦雨的黄昏时分，到处寻寻觅觅：似在找寻昔日蹴过的秋千，理过的笙簧；似在找寻归来堂上猜书斗茶的乐趣，和她志同道合、一起研治金石文物的亲人。然而，这一切都消逝了，眼前只是冷冷清清的环境、凄凄惨惨的气氛。天晚了，她该休息，可是忽暖忽寒的气候，又不允许她入睡。她只好像往日一样，以酒消愁。但一阵寒风吹来，又将她从微醉中吹醒。这时，长空一声雁鸣，引起她无限伤心。雁本是她旧时的相识，但此刻雁从北国飞来，带来的消息却令人失望——因为广大的北方已被投降派出卖了。与李清照同时的一位词人朱敦儒有一首《临江仙》，其中写道："年年看塞雁，一十四番回。"反映了复国无望的苦闷。李清照这里也表达了同样的心情。南宋张端义曾以《声声慢》和《永遇乐》为例，说她"南渡以来，常怀京洛旧事"。[1] 从这个评价中可以看出，这首词反映的不是所谓"贵妇人的哀鸣"，而是蕴藏着极其深沉的爱国思想。

词的下半阕感情更加深化，诚如前人所说："后幅一

---

[1] 张端义《贵耳集》卷上。

片神行，愈唱愈妙。"[1]这时，词人俯看窗前，只见遭受风吹雨打的菊花，凌乱地堆积了一地。这又使她想起从前曾将自己比作黄花，作《一剪梅》词寄赠赵明诚的过往。如今花已憔悴，寄赠无人，心情倍感忧伤，时间更觉悠长。她谛听着这点点滴滴的细雨，仿佛不是打在梧桐叶上，而是打在词人充满忧思的心弦。晚唐词人温庭筠有句："梧桐树，三更雨，不道离情正苦。一叶叶，一声声，空阶滴到明。"[2]写离人通宵不寐的愁苦，可算是达到绘声绘形的地步。李清照继承了这种手法，把时间缩短到一个黄昏，在声音上更加纤细，更加清晰，更加凄惨。

《声声慢》是一首著名的抒情之作，但其感情深度与艺术手法，却与南渡之前不同。如果说南渡前，词人在自然景物的描绘和个人感情的抒发上，涂有一层淡淡哀愁的色彩，那么南渡之后，她就用涂满浓重忧伤的词句，去描绘周围的景物，抒发自己的感情。例如，同样借西风、黄花、酒来抒情，她的后期作品就不同于前期，《声声慢》就不同于《一剪梅》与《醉花阴》。推其原因，是词人已走出"深深庭院"，到达离乱的江南；已由思想比较单纯的深闺少妇，变为感情已复杂得多

---

[1]　陈廷焯《云韶集》卷十。
[2]　温庭筠《更漏子》，见赵崇祚编《花间集》。

的暮年孀妇。因此，她的作品也相应地发生变化：由清空隽永变为沉郁悲凉，由潇洒疏落变为低回窈眇。而《声声慢》，正可作为李清照后期作品的一个突出例子。

五 词"别是一家"

李清照不仅是一位杰出的女词人，而且是一位著名的词论家。她在词的创作实践中积累了丰富的经验，把它上升为理论，写了一篇《词论》，留存于《苕溪渔隐丛话》《词苑丛谈》和《诗人玉屑》中。像这样独抒己见的词论，在她之前的宋代词坛和文学史上，还没有见过。比她较早的晁补之、李之仪，以及比她略晚的王灼，虽也评过词，但都不及她的全面和系统。尤其在我国古代女性作家中，她可以算是撰写文学批评专论的第一人。

这篇词论可能作于早期。文章开头叙述了唐代开元、天宝间李八郎唱歌的一段承平逸事[1]，当中又写

[1] 李肇《国史补》卷下云："李衮善歌，初于江外，而名动京师。崔昭入朝，密载而至。乃邀宾客，请第一部乐及京邑之名倡，以为盛会。绐言（假称）表弟，请登末座，令衮弊衣以出，合座嗤笑。顷命酒，昭曰：'欲请表弟歌。'座中又笑。又转喉一发，乐人皆大惊，曰：'此必李八郎也。'遂罗拜阶下。"此处所说，可能就是《词论》中的李八郎。

道:"逮至本朝,礼乐文武大备,又涵养百余年……"北宋自太祖建隆元年(公元九六〇年)至钦宗靖康二年(公元一一二七年),共一百六十七年。所谓"涵养百余年",当指靖康事变以前。且《词论》中无一语涉及靖康之难及其以后词人。由此推断,它的写作年代似在南渡之前。

《词论》的特点是史论结合,夹叙夹议,在概括词的发展历史的同时,阐述了作者对词特点的认识。她首先举出李八郎"能歌擅天下",意在说明词这种文学体裁的产生是和歌唱艺术有关的。词是一种倚声之学,它必须合乐才能歌唱。《旧唐书·音乐志》说:"又自开(元)、天(宝)以来,歌者杂用胡夷里巷之曲。"李八郎所唱的可能就是依据这种民间乐曲填上文人歌词的歌曲。《词论》中所举的《菩萨蛮》传为李白所作,《春光好》为唐玄宗李隆基制曲,《梦江南》为李德裕制曲。至如刘禹锡、白居易等人,则更留心于民间文艺和新兴乐曲。他们开始依声填词,出现了《竹枝词》《忆江南》等作品,从而使词逐渐成为文人涉足的独特文学样式。《词论》说:"自后郑、卫之声日炽,流靡之变日烦。"主要是指晚唐温庭筠而下,那些"花间派"词人的"侧艳之词"。这种词风盛行于五代。那是一个军阀混战、封建割据的时代,六十多年间,五次改朝换代,中原人民经常处于动荡不安的生活之中,而西蜀、江南一带的独立王国却苟安一隅。那些沉醉在安乐窝中的小皇帝和臣僚们，终年寄情声色，剪翠裁红，写出了不少淫靡秾艳的词章。李清照对此是颇为不满的。她痛心地说："五代干戈，四海瓜分豆剖，斯文道熄！"其中，她对南唐李璟、李煜和冯延巳的词比较欣赏，认为"独江南李氏君臣尚文雅"。李氏君臣的词风在本质上是和李清照比较接近的。尤其是李煜，他能以白描的手法，传达自己的真情实感，许多表现哀愁悲伤的诗句富有美学意味，并且摆脱了"花间派"狭窄、虚浮的藩篱，发展了词在表现生活、抒发情感方面的功能。正是在这一点上，李清照予以肯定；但是，他后期的作品多写亡国之后的隐痛，情绪非常感伤，甚至有些颓废，所以李清照又批评说："语虽奇甚，所谓亡国之音哀以思者也。"

李清照的《词论》着重评述了本朝——北宋的词人。她列举了柳屯田（永）、张子野（先）、宋子京（祁）兄弟、沈唐、元绛、晁次膺（端礼）、晏元献（殊）、欧阳永叔（修）、苏子瞻（轼）、王介甫（安石）、曾子固（鞏）、晏叔原（幾道）、贺方回（铸）、秦少游（观）、黄鲁直（庭坚）等人，一一加以评骘。在评骘中，她提出了六条标准：（一）高雅，（二）浑成，（三）协律，（四）典重，（五）铺叙，（六）故实。她认为，柳永"变旧声为新声"，词能"协音律"，是他的长处；但"词语尘下"，风格绮靡，有伤高雅。张先等人的作品"时时有妙语，而破碎何足名家"，就是说他们词中不乏佳句，然而不够"浑成"，缺乏艺术的完整性。她对于晏殊、欧阳修、苏轼的博学多才是衷心敬佩的，说他们"学际天人，作为小歌词，直如酌蠡水于大海"。但她认为他们（主要指苏轼）并不了解词的特点，因此作品"皆句读不葺（不齐）之诗尔，又往往不协音律"。也就是时人所指责的是"以诗为词"，"词似诗"，"虽极天下之工，要非本色"。[1] 晏幾道的《小山词》中小令较多，长调慢词较少，语言比较自然凝练，但不善铺陈叙写，长调甚少，所以李清照说他"苦无铺叙"。至于秦观，他是一位善于抒情的词人，在作品中描写了凄迷的景色，创造了清丽优美的艺术形象，表达了婉转深挚的感情，在艺术上有很高的成就，但他风格柔弱，情调流于伤感，又不喜用典。所以李清照说他"专主情致，而少故实，譬如贫家美女，虽极妍丽丰逸，而终乏富贵态"。

在六条论词标准中，是以协律为主要的一条。她主张歌词必须与音乐密切配合，严格区分五音[2]五声[3]

---

[1] 陈师道《后山诗话》。
[2] 五音，即宫、商、角、徵、羽，加上变宫、变徵，就是今天的C、D、E、F、G、A、B七调。
[3] 五声，指阴平、阳平、上、去、入五种声调。

六律[1]和清浊、轻重。这里概括了唐、宋以来文人词在声律方面的一些特点。李清照之后，南宋的张炎对此更为精审。他在《词源》中论述他父亲张枢填词时写道："先人晓畅音律……每作一词，必使歌者按之，稍有不协，随即改正。"以其《惜花阴》为例，说词中的"琐窗深"，"深"字不协，改为"幽"字，又不协，再改为"明"字，歌之始协。总结其中的经验，他说："盖五音有唇、齿、喉、舌、鼻，所以有轻、清、重、浊之分。"这种从发音部位来研究声律的做法，有利于掌握作为歌唱文学的词的特性，但弄得不好，又往往以辞害义，让艺术形式限制了思想内容的表达。词史上另一种做法却不是这样按谱填词，死抠字音；而是先行作词，然后谱曲，其中比较突出的一位，就是南宋的姜夔。他作词时"初率意为长短句，然后协以律"。[2]故其词旁，常常缀以音谱。这种做法能使形式服从内容，达到内容形式的相对统一。因而他的作品连十分讲究音律的张炎也极口称许，说："姜白石词如野云孤飞，去留无迹。"[3]李清照的主张，基本上和张炎、姜夔一致，但在具体做法上却更接近张炎。她对于音律方面过于苛求，因而容易束缚词的

---

[1] 六律，即黄钟、太簇、姑洗、蕤宾、夷则、无射。
[2] 姜夔《白石道人诗集歌曲》卷四《长亭怨慢》小序。
[3] 《词源》"清空"条。

发展。可是，她个人的创作实践却并非处处受到音律的束缚，尤其到了晚年，多少还有一些突破。这说明，南渡前后社会发生剧变，为了如实地反映生活，直抒胸臆，她再没有心情去细细推敲音律了。

《词论》中一个核心问题，是关于诗词分野的争论。李清照从词必须协律这一特点出发，提出词"别是一家"，认为诗词应该分清疆界。比她稍晚的词论家沈义父也持这种观点："词之作难于诗，盖音律欲其协，不协则成长短之诗。"[1]李清照批评苏轼等人的作品，正是根据同样的理由。其实，也正是在这一点上，暴露了李清照文艺思想上保守的一面。词自"花间"以来，一直走着狭窄的路子，世人目为"艳科"，如不改革，势必像昔日的齐、梁宫体诗一样走上没落的道路。到了北宋，出现了柳永和苏轼两家：一个是从民间汲取养料，一个是用作诗的方法填词，从词的内容和形式上打破原来的框框，开拓了广阔的道路。尤其是苏轼，他"不喜裁剪以就声律"，[2]善用高昂激越的音调表现横放杰出的豪情，开创了一代词风。这一创举是很有进步意义的。宋人王灼说："东坡先生非心醉于音律者，偶尔作歌，指出向上一路，新天下耳目，弄笔者始知自振。"[3]随后张

---

[1] 沈义父《乐府指迷》。
[2] 陆游《老学庵笔记》卷五。
[3] 王灼《碧鸡漫志》卷二。

元幹、张孝祥、辛弃疾等人循着这一道路，慷慨悲歌，创作了许多反映现实斗争的词章，使豪放派在词的发展中独树一帜。李清照主张词"别是一家"，不准诗来侵犯词的领地，无疑是站到了他们的对立面。之所以会这样，一方面是因为她创作《词论》时年纪尚轻，又正处于深闺之中，不可能预料到后来词的发展趋向；另一方面，她可能受到当时在词坛上占统治地位的大晟乐府提倡声律的影响，强调"尊体"之说，力求保持婉约派的传统风格。正因为这样，即使到了晚年，她的词在反映现实方面虽较深刻，但仍不如诗那样直截和明快。

总之，李清照的《词论》，既有独到的见解，也有保守的一面。它以简短的文字概括了词的发展历史，阐述了词的特点，评价了许多词人，但也存在片面之处。如对北宋词人多摘其短，未免失之苛求；在音律方面，也未免强调过分。其实，就拿李清照自己来说，在声律方面的成就，也不一定赶上北宋早期的柳永和北宋末年的周邦彦。我们对于《词论》中的观点，应批判地予以继承。

六 易安词的艺术特色

李清照熟悉词的创作规律，以娴熟的艺术技巧写出了许多艺术性很高的词作。一般说来，它有如下特色：

（一）语言的通俗优美。李清照在《词论》中虽竭力强调作词要讲究"故实""典重"，要讲究"富贵态"，但她现存词中除一篇《多丽》用了一大串典故外，绝大多数都是以俗为雅、以故为新、通俗自然、明白如话的。她擅长白描，善用口语，既浅近又不俗气，既工丽又不艰深，在词家中独具一格。如：

> 休休！这回去也，千万遍《阳关》，也则难留。
> ——《凤凰台上忆吹箫》

又如：

> 一枝折得，人间天上，没个人堪寄。
>
> ——《孤雁儿》

这些语言，都来自现实生活，直到今天，还是一看就懂。词中有些语言，本来比较凝滞，可是经她点化，马上就活起来。像"不如随分尊前醉，莫负东篱菊蕊黄"；[1]"不知酝藉几多香，但见包藏无限意"。[2]句子开头加上一些生活中常用的虚词或转语词，就显得自然活泼，轻灵流利。她还善于运用叠字叠句。叠字最突出的例子是《声声慢》，另外像"渐一番风，一番雨，一番凉"；[3]"甚霎儿晴，霎儿雨，霎儿风"，[4]都富于口语化、形象化的特点。至于古典诗词中常用的对偶句，一般文人都细心雕琢，刻意求工，但李清照却是若不经意，用得非常自然。如："秋已尽，日犹长"；[5]"试灯无意思，踏雪没心情"；[6]"枕上诗书闲处好，门前风景雨来佳"；[7]不

---

[1]《鹧鸪天》(寒日萧萧上琐窗)。
[2]《玉楼春》(红酥肯放琼苞碎)。
[3]《行香子》(天与秋光)。
[4]《行香子》(草际鸣蛩)。
[5]《鹧鸪天》(寒日萧萧上琐窗)。
[6]《临江仙》(庭院深深几许)。
[7]《摊破浣溪沙》(病起萧萧两鬓华)。

仅平仄协调，属对工整，而且自然朴素，和美流转，累累如贯珠。

古人评价易安词，多从语言着眼。有的着重于句子，如清代王士禛说："绿肥红瘦""宠柳娇花"是"人工天巧，可称绝唱"。[1]清代彭孙遹说："李易安'被冷香消新梦觉，不许愁人不起'……皆用浅俗之语，发清新之思，词意并工。"[2]有的着重于用字，如清代黄苏说：李词《浣溪沙》中"'黄昏疏雨湿秋千'，可与'丝雨湿流光''波底夕阳红湿''湿'字争胜"。[3]清代陈廷焯说："独自怎生得黑"的"黑"字，"不许第二人押"。[4]这些评论都指出了李清照在运用语言上的创造性以及口语化的深度。

（二）音律的和谐妥溜。词是配合音乐以供歌唱的文学，因此李清照特别强调"协律"，要求词的声调必须抑扬顿挫，带有节奏美，富于音乐性。现在词的音律虽已失传，可是善于读词的人仍能抑扬高下，念出声调之美。由于声调稔熟，意思又酝酿好了，及至握笔填词，声响往往会随文字流出笔端，自然而然地合乎词的格律。李清照就是这样。她善于掌握声调韵律错综变化的不同

---

[1] 王士禛《花草蒙拾》。
[2] 彭孙遹《金粟词话》。
[3] 黄苏《蓼园词选》。
[4] 陈廷焯《白雨斋词话》卷七。

节奏，以适应自己思想感情的起伏变化。因此，我们读她的词，觉得旋律优美，富于感情和韵味。例如《声声慢》，一开头连下十四个叠字，其中"寻寻觅觅"四字是由舒徐的音调转入急促的音调，"冷冷清清，凄凄惨惨戚戚"十个字，又由舒徐转入急促，从而形成高下起伏、抑扬顿挫的节奏，把人物感情上的波澜恰到好处地表现出来。从整首词讲，九十七个字中，舌声字和齿声字多至五十七个，看来作者是特意运用这种吞啮抽泣的音调描写忧郁惝恍的心情；同时让这种音调渲染出一种冷落凄清的气氛，以烘托这种心情。真可算是深谙音律之妙。

李清照词中所用的声韵，许多表面上是俚俗的语言、自然的音响，实际上是经过慎重推敲、精心安排的。有些声韵，看似容易，然而要把它押好，却非易事。清代沈雄说她是"以易为险，以故为新"[1]，确是懂得她在创作上所下的功夫。由于功夫下得很深，所以她能随心所欲、运用自如地驱遣文字，驾驭音律，变化万端而能合乎法度，精心锤炼又无斧凿痕迹。因此，她在当时的词坛上就赢得了"公孙大娘舞剑手"[2]的赞誉。

（三）比、兴手法的巧妙运用。我国古典诗词除了特别精于音律和谐之外，它的表现手法总不出赋、比、兴

---

[1] 沈雄《古今词话》。
[2] 张端义《贵耳集》卷上。

三种，而比、兴两法用得更多。刘勰在《文心雕龙·辨骚》中写道："虬龙以喻君子，云蜺以譬谗邪，比、兴之义也。"李清照继承了古典诗歌中传统的比、兴手法，在她的词里塑造了鲜明生动的艺术形象。她以海棠和黄花比喻人物形容的消瘦，显得异常高雅而富于美学意味。一个"瘦"字，不仅描绘了人物的外貌，而且挖掘了人物的内心，显示了长时间的相思之苦，不说破情而情愈深。她还用白菊来比喻性格的高洁："微风起，清芬酝藉，不减酴醾。"[1]用梅花来象征女性的婀娜："香脸半开娇旖旎，当庭际，玉人浴出新妆洗。"[2]自然界的景物，哪怕是一花一草，都可信手拈来，为抒发感情、刻画人物服务。这类例子，在她的词中是随处可见。

比、兴手法易于体现"言在此而意在彼"的内蕴，也就是言近旨远，含蓄蕴藉。这一点在李清照词中最为突出。她常常运用比、兴手法表达她那"幽约怨悱、不能自言之情，低回要眇，以喻其致"[3]。如："新来瘦，非干病酒，不是悲秋。"[4]明明是因舍不得丈夫离开而致消瘦，却婉转地说，不是为了病酒，也不是为了悲秋；究竟是为了什么，留给读者去想。又说："惟有楼前流水，

---

[1]《多丽》（小楼寒）。
[2]《渔家傲》（雪里已知春信至）。
[3] 张惠言《词选序》。
[4]《凤凰台上忆吹箫》（香冷金猊）。

应念我、终日凝眸。凝眸处,从今又添、一段新愁。"[1]

她不直说自己在痴情地盼望远出的丈夫,也不说无人理解她家居的寂寞,而是把楼前流水拟人化,说是惟有它在怜念自己。委婉含蓄,曲折幽深,富于言外之意、弦外之音,给人留下无限想象和思考的余地。

(四)意境的幽美深远。意境就是表现在诗歌、戏剧、小说、绘画、音乐等文学艺术作品中的一种富于思想感情的艺术境界。中国古典诗词在艺术上的最大特点就是创造意境。近人王国维说:"词以境界为上。""言气质、言神韵,不如言境界。"又说:"古今词人格调之高,无如白石(姜夔),惜不于意境上用力,故觉无言外之味,弦外之响,终落第二手。""意境"这个词,须讲究含蓄蕴藉,有"言外之味,弦外之响",为词中高格。他认为词人除了要有高格调而外,还应"于意境上用力"[2]。李清照可以称得上是这样一位追求意境深永的作家。她善于把自己的思想感情和客观景物熔铸在一起,在词中创造出诗情浓郁、画意盎然的意境,非常细腻地传达出人物心灵深处的奥秘。例如《念奴娇》:

萧条庭院,又斜风细雨,重门须闭。宠柳娇花

---
[1]《凤凰台上忆吹箫》(香冷金猊)。
[2] 王国维《人间词话》。

寒食近，种种恼人天气。险韵诗成，扶头酒醒，别是闲滋味。征鸿过尽，万千心事难寄。　　楼上几日春寒，帘垂四面，玉阑干慵倚。被冷香消新梦觉，不许愁人不起。清露晨流，新桐初引，多少游春意。日高烟敛，更看今日晴未？

这首词写的是春情。细雨绵绵的晚春时节，天气潮湿，令人烦闷。词人整日关着房门，欲倚阑远眺却没有心情，想出外游春也无意趣。词中把寂寞无聊的情绪与重门紧闭的环境、斜风细雨的天气紧密结合起来，形成了一种情景交融的意境。词人将娇慵无力的神态、惆怅自怜的情怀，都写得细腻传神，呼之欲出。而其意境的幽深优美，尤为耐人寻味。清代毛先舒说这首词的结句，"忽尔开拓，不但不为题束，并不为本意所苦。直如行云，施展自如，人不觉耳"[1]。说的就是这种清空婉约、毫不黏滞的意境。

总之，李清照运用优美通俗的语言、和谐流转的音韵以及比、兴的手法，极其细致、富有创造性地塑造了个性鲜明的人物形象，并将自己的感情融于自然景物，揭示生活中蕴藏的美质，创造出具有高度美学意义的意境。这些就是易安词的主要艺术特色。

---

[1] 毛先舒《诗辩坻》卷四。

七 诗、散文及其他

李清照主要以词擅名，但她的诗和散文也写得很出色；此外，她在书法、绘画方面，也都有相当的造诣，表现出多方面的艺术才能。

如前所述，李清照主观上是将诗、词作了一定分工的。在词中，她着重抒发个人感情，并从个人感受的角度侧面地反映了那个时代的现实；然而在诗中，她却在抒发感情的同时，比较正面地反映了那个时代，有些篇章还直接描写了当时的社会生活，甚至在一定程度上突破了身份的局限，通过历史题材和现实生活的吟咏，表达了对政治斗争的看法。如《咏史》：

两汉本继绍，新室如赘疣；所以嵇中散，至死薄殷周。

诗中把南宋继承北宋，比作东汉继承西汉；把张邦昌的伪齐、刘豫的伪楚，比作王莽的新朝；对东汉和南宋的正统地位，给予了热情的赞颂，对王莽之流的篡政之行，给予了无情的鞭挞；以朴实的语言，抒发了强烈的政治义愤。然而在风格上，她却受到宋代"以才学为诗，以议论为诗"的影响，"其作多务使事"，"用字必有来历"，[1] 缺少形象思维的特征，类似逻辑推理，甚至有点像形式逻辑的三段论法。同她的词作相比，仿佛出自两个人的手笔。

李清照的几首长诗则较有特色，其中有对历史现实的具体描绘，也有浓厚的感情色彩。像《浯溪中兴颂诗和张文潜》以及《上枢密韩公、工部尚书胡公诗》，都是带有现实主义成分的篇章，意境沉郁、笔力遒劲，饱含爱国热情，读罢往往使人想起杜甫的某些作品。例如在《浯溪中兴颂诗和张文潜》中，在描写了唐玄宗、杨贵妃荒淫误国、弃京奔蜀之后，诗人以极其愤慨的语言写道："时移势去真可哀，奸人心丑深如崖。西蜀万里尚能返，南内一闭何时开？"李清照通过这些充满激情的诗句，说明当年唐玄宗逃往西蜀尚能返回，如今肃宗继位，权奸当道，玄宗再想进宫已不可能，从而以此提醒北宋的

---

[1] 严羽《沧浪诗话》。

统治者：你们虽从中原逃到江南，能否像唐玄宗父子一样再回到故都汴京呢？意在言外，发人深省。同时希望他们务必洞察奸臣们的险恶用心，预防不测。诗作语言朴素，音节嘹亮，寄托遥深，具有撼人心弦的力量。

《上枢密韩公、工部尚书胡公诗》作于绍兴三年（公元一一三三年）夏五月，这时金宗弼应伪齐之请，大举南侵。宋高宗一面下令边将不得侵犯齐界，一面以佥书枢密院事韩肖胄为正使、工部尚书胡松年为副使，赴金求和。李清照听说韩、胡二人出使金国，心情非常激动，自称："见此大号令，不能忘言，作古、律诗各一章，以寄区区之意。"[1] 韩肖胄是北宋仁宗、英宗、神宗三朝名相韩琦的曾孙，徽宗朝宰相韩忠彦之孙。李清照的上辈在朝做官，曾经受到韩家的照拂，所以她在这首诗的"小序"中说："有易安室者，父祖皆出韩公门下。"在给韩肖胄的那首五言古诗中，她抱着一种崇敬的态度，记述了皇帝的命令、大臣们的推荐和使臣的答辞；同时以期待的口吻，描述了韩肖胄的英勇有为、不辱使命。她把韩肖胄比作汉朝令匈奴单于见而生畏的王商，唐朝以忠谊感化回纥、吐蕃的郭子仪："夷狄已破胆，将命公所宜……径持紫泥诏，直入黄龙城。单于定稽颡，侍子当来迎。"表现了对金人贵族的蔑视，歌颂了民族的尊

---

[1] 本诗"小序"。

严。但是在这首诗中，李清照也受到了当时统治阶级妥协思想的影响，如说"土地非所惜，玉帛如尘泥。谁当可将命，币厚辞益卑"，甚至提出"狂生休请缨"，"与结天日盟"，也就是要求大家放弃抗战，以便实现签订和约的目的。这些屈辱求和的论调，可能并非出自李清照的初衷，多半是受了当时舆论的影响。而在给胡松年的那首七言古诗中，诗人就不这样讲了。首先，她对时局表示了深切的担心，认为宋室江山正处于风雨飘摇之中："皇天久阴后土湿，雨势未回风势急。"她对金人也有比较清醒的认识，希望加强战备，巩固边防："夷虏从来性虎狼，不虞预备庸何伤。衷甲昔时闻楚幕，乘城前日记平凉。"她对故国旧家依然表达了衷心的关切："不乞隋珠与和璧，只乞乡关新信息。灵光虽在应萧萧，草中翁仲今何若？遗氓岂尚种桑麻，败将如闻保城郭。"从北宋故宫陵寝的现状，到沦陷区人民的生活，到敌后将领的抗金斗争，她都周密地想到了，而且情真意挚，毫无虚言，同前面卑辞求和的语调相比，完全是另一种境界。在这首诗的最后，诗人终于对和议提出了质疑："长乱何须在屡盟？"漫长的战争岁月中，和约订了又毁，毁了又订，因此诗人对和谈失去了信心。这才是她真实的思想。"欲将血泪寄山河，去洒青州一抔土。"看到这里，我们便可以明白，诗人主要是借送人的机会，抒发她一向郁积于心的乡思罢了。

如果说以上这几首诗曾经受到杜甫的影响,那么在她的《晓梦》诗中,则能看到李白的某些风格。这首诗作于徽宗宣和三年(公元一一二一年),时随赵明诚居于莱州任所。本年,赵明诚在莱州南山摩崖石刻得《后魏郑羲碑》和《后魏郑道昭登云峰山诗二首》,其中《观海童话》《安期子驾龙栖蓬莱之山》诗,李清照读后引起遐想,遂作《晓梦》一首。诗中展现了一个虚无缥缈的梦境:诗人脚踩云霞,飘然升天。在天堂里,她遇到了仙人安期生和萼绿华,与之一道欣赏如船的大藕,享用瓜也似的枣子,"翩翩坐上客,意妙语亦佳",超尘脱俗,其乐无涯。诗人通过游仙的形式描写出这种理想的境界,乃是为了用它同黑暗的现实作对比,"人生能如此,何必归故家!"就如实地点明了这番用意。然而,这毕竟是一种不可能实现的幻想,因此她又说:"心知不可见,念念犹咨嗟。"最后,终于回到现实中来。整个诗篇充满瑰奇的想象、洒脱的情操,同李白的《古风》第十九首(西上莲花山)有某些相似之处。清代俞正燮说它"秀朗有仙骨",[1]可见这是一首富于浪漫主义色彩的作品。

---

[1] 俞正燮《癸巳类稿·易安居士事辑》。

当然，李清照毕竟是一位擅于填词的诗人，她写的诗总也免不了渗入词的意味。如：

> 春残何事苦思乡，病里梳头恨发长。梁燕语多终日在，蔷薇风细一帘香。[1]

此诗见于清人俞正燮《癸巳类稿》卷十五《易安居士事辑》，从"病里梳头恨发长"一句来看，当作于其"及笄"（十五岁）之后某一年的春日。宋人王灼《碧鸡漫志》谓：清照"自少便有诗名"。这首诗所显露的才情，便是一个佐证。诗作感情细腻，风格隽雅，同她描写思乡情怀的婉约小词，不无相似。清人陆昶说它"甚工致，却是词语"，[2]可见她的诗风与词风尚有相似之处。至于散文，李清照也有突出成就。这里着重介绍她的《金石录后序》。

《金石录》为赵明诚所著，李清照协助整理，共三十卷。著录所藏金石拓本，上自三代，下迄五季，共二千种，前十卷为目录，按年代排列，每一目下注年月及撰人；后两卷为辨证，共跋尾五百零二篇。赵明诚生前写有《金石录序》。赵明诚死后，李清照继其遗志，继续整理并保存了这部著作，于绍兴四年（公元一一三四年）

---

[1]《春残》。
[2] 陆昶《历朝名媛诗词》卷七。

撰写了《后序》，从徽宗建中靖国元年（公元一一〇一年）李清照嫁给赵明诚开始，一直写到作序之日，前后三十四年。序文以金石资料的"得难失易"为中心线索，展现了作者半生悲欢离合的命运，并从侧面反映了动乱不安的时代风貌。它是我们今天研究李清照的重要史料，对了解赵明诚的生平，也有重要参考价值。

《后序》是一篇叙事与抒情相结合的散文，内容翔实，文字优美，于李清照本人，叙述尤为详细：有些地方写她与丈夫共同鉴赏金石书画，有些地方写她与赵明诚共同生活的情趣，战乱中的惶恐、逃难时的惊惧，以及丧夫之痛、馈璧之诬、半生忧患、晚年行踪，都写得非常具体而生动。一般序文往往充满谀辞，语言枯燥，难以卒读。但这篇《后序》却写得错落有致，从容委婉，摆脱黏滞。细腻处，娓娓而谈，如数家珍；沉痛处，淋漓曲折，凄然言外。有人读了这篇作品，感到"可惜可恨"，"更可痛哭"，"有怆然之思"；[1]有人读后则说"令人心花怒开，肝肠如涤"。[2]

《后序》的主要特点是善于刻画人物性格，具体而微地描写了心理活动。如写归来堂上的生活乐趣，她说："甘心老是乡矣！"赵明诚在她不小心污损卷帙之后给以

---

[1] 赵士杰《古今女史》卷三。
[2] 王士禄《宫闺氏籍艺文考略》引吴柏《寄姊书》。

"惩责"，她则表示反抗说："余心不耐。"听到丈夫不幸生病的消息，她说："余惊怛。"夫死葬毕，她则说："余无所之。"乍闻玉壶颁金之语，她说："余大惶怖，不敢言，亦不敢遂已。"在越州锺氏宅文物被窃之后，她无比伤心地写道："余悲恸不得活。"我们仅仅从一个"余"字着眼，就可以看出人物的全部遭遇，以及内心变化的全过程。此外，《后序》还善于描绘人物的外部特征，在故事情节和细节的描写上更有独到之处。如在池阳江头夫妇告别时，她写道：

> 六月十三日，（明诚）始负担舍舟，坐岸上，葛衣岸巾，精神如虎，目光烂烂射人，望舟中告别。余意甚恶，呼曰："如传闻城中缓急奈何？"戟手遥应曰："从众。必不得已，先弃辎重……"

短短六十一字，篇幅还不及一首慢词，然而当时的环境气氛、人物外貌和心情，已经栩栩如生地呈现于读者面前。这种善于描写细节的笔法，前人比之于《史记》《汉书》，说是"班、马作史，往往于琐屑处极意摹写，故文字有精神色态。易安《金石录后序》，中间数处，颇得此意"。[1]

夹叙夹议，是写作散文常用的手法。然而，李清照

---

[1] 王士禄《宫闺氏籍艺文考略》引《神释堂脞语》。

的《后序》却有自己的特色。她的议论不仅有高明的见地，而且饱含着深沉的感情。如她在篇末写道："呜呼，余自少陆机作赋之二年，至过蘧瑗知非之两岁，三十四年之间，忧患得失，何其多也！然有有必有无，有聚必有散，乃理之常。人亡弓，人得之，又胡足道？"李清照襟怀之旷达，识见之高超，仿佛又使人看到其父李格非《洛阳名园记》的影响。

李清照的书法、绘画也很好。明代张丑《清河书画舫》评价她的词稿"笔势清真可爱"。明代宋濂说她曾将白居易的《琵琶行》"图而书之"。她画的《墨竹图》也曾赢得人们的珍视。这里就不一一胪列了。

八 结语

李清照是一个悲剧人物。她青少年时期曾接触过自然界的美丽风光、大城市的繁华景象,并广泛地涉猎过诗词歌赋,研治过金石书画,过着优裕的生活。可是中年以后,靖康之变将她推下了苦难的深渊。她政治上受到馈璧北朝之诬,个人生活上遭逢丧夫之痛以及随之而来的张汝舟的欺骗与凌辱,多年搜集的文物也零落殆尽,一身承受国破家亡的双重痛苦。造成这种悲惨命运的根源,当然是她所处的那个时代、她所生活的那个社会。然而,正是由于这些遭遇,造就了这位词人,使她成为宋代词坛上独树一帜的作家。

李清照生活的时代,不但是社会大变动的时期,同时也是词风大转变的时期。早在李清照之前,词坛上已经分为婉约与豪放两派。婉约派从晚唐的温庭筠、韦庄开始,经过南唐的李煜,北宋的晏殊父子、欧阳修和秦观,确立了一个传统。他们词作的主要特色是委婉含蓄、深情绵邈、凄婉动人;内容多为恋情相思、伤离惜别、悲秋伤春、酣歌醉饮和羁旅穷愁。李清照也写了这类题材,并继续延展了婉约派的风格。但是,由于时代和个人生活的剧变,她的词作在内容上比前辈更为丰富,感情也更为深挚。她在艺术上的成就也超过二晏和欧、秦。晏、欧假托闺情写自己的感情,毕竟不如这位女作家自抒怀抱。秦观的词虽也歌唱了爱情的真挚和纯洁,但有时却流于柔靡和哀伤,反而不如李清照有须眉之气。前人评价说:"玩其笔力,本自矫拔,词家少有,庶几苏、辛之亚。"[1]说明她的词于婉约之中兼有豪放,反映了婉约派在时代激流影响下的变化与发展。应该说,在这一流派中,她的成就是极高的。她是宋代词坛上婉约派的杰出代表,曾被前人推为"婉约之宗"。

李清照词对后来词人有着深远的影响。南宋著名爱国词人辛弃疾曾经学习她的艺术手法。有的地方是学习她的全篇意境,如《丑奴儿近》:"只消山水光中,无事过这一夏。""午醉醒时,松窗竹户,万千潇洒。野鸟飞来,又是一般闲暇。却怪白鸥,觑着人欲下未下。"他在

---

[1] 陆昶《历朝名媛诗词》卷十一。

题下自注："博山道中，效李易安体。"[1]这首词与李清照的《怨王孙》（湖上风来波浩渺）非常相似，内容清淡空灵，饶有韵味。他的《行香子·三山作》则是摹拟李清照的句法，如："恨夜来风，夜来月，夜来云"；"放霎时阴，霎时雨，霎时晴。"[2]很像李清照的同调作品。《问蘧庐随笔》指出，这是"脱胎易安语"，[3]说得完全正确。清代词学家王士禛不但在词论中极度推崇易安，而且在创作中有意向她学习。他的集子《衍波词》中和李清照原韵者计有十七首，如《凤凰台上忆吹箫·和漱玉词》云："斜阳声远，过尽西楼。颠倒相思难写，空望断南浦双眸。伤心处，青山红树，万点新愁。"陈廷焯对此评价极高，说是"思深意苦，几欲驾易安上之"。[4]这当然是过誉之词。清代杰出的词人纳兰性德也有许多描写夫妇之情的作品，在风格的清新自然方面，亦深受易安影响。如他的《浣溪沙》："谁念西风独自凉？萧萧黄叶闭疏窗。沉思往事立残阳。　被酒莫惊春睡重，赌书消得泼茶香，当时只道是寻常。"[5]词中不但引用了易安事迹，而且出语自然，声情婉约，颇得易安词的真髓。然

---

[1] 辛弃疾《稼轩长短句》卷六。
[2] 辛弃疾《稼轩长短句》卷七。
[3] 况周颐《〈漱玉词〉笺》引。
[4] 陈廷焯《白雨斋词话》卷三。
[5] 纳兰性德《通志堂词》。

而，李清照对后世影响最大的是她词中所表现的国破家亡之后的深愁惨痛。南宋末造，临安陷落，词人刘辰翁读了她的《永遇乐》深为感动，填了一阕同调的词，在题下"小序"中说："余自乙亥上元，诵李易安《永遇乐》，为之涕下。今三年矣，每闻此词，辄不自堪，遂依其声，又托之易安自喻。虽辞情不及，而悲苦过之。"[1]可见李清照词在思想艺术上具有多么深刻的感染力量。

李清照的词作虽然艺术成就很高，但她后期有些作品内容过于伤感，情绪过于低沉。这是那个时代给她留下的创伤。

李清照是中国古代文学史上的一位大家，对我国古典诗词的发展做出了重要的贡献。李清照的作品，是中华民族的瑰宝，必将流传万代，永不磨灭！

---

[1] 刘辰翁《须溪词》。

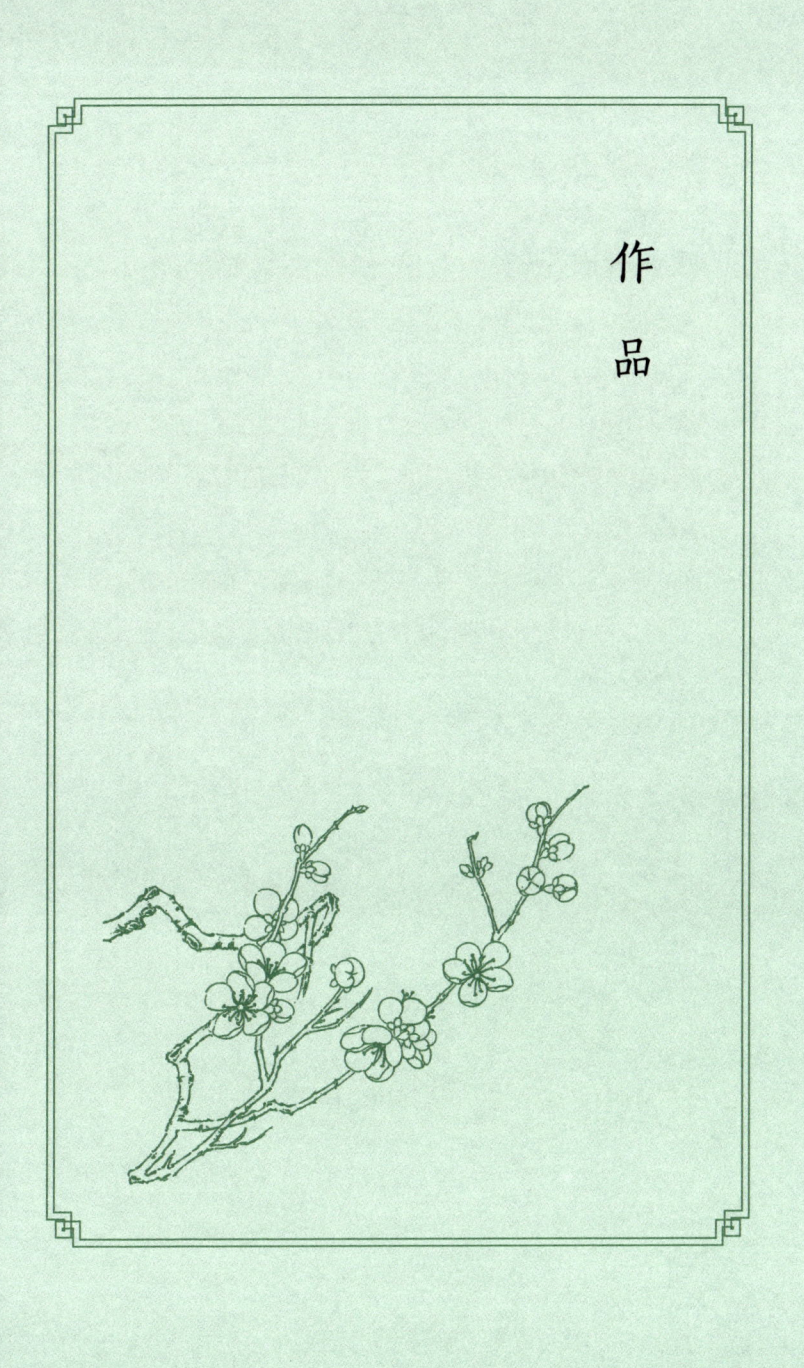

作品

点绛唇

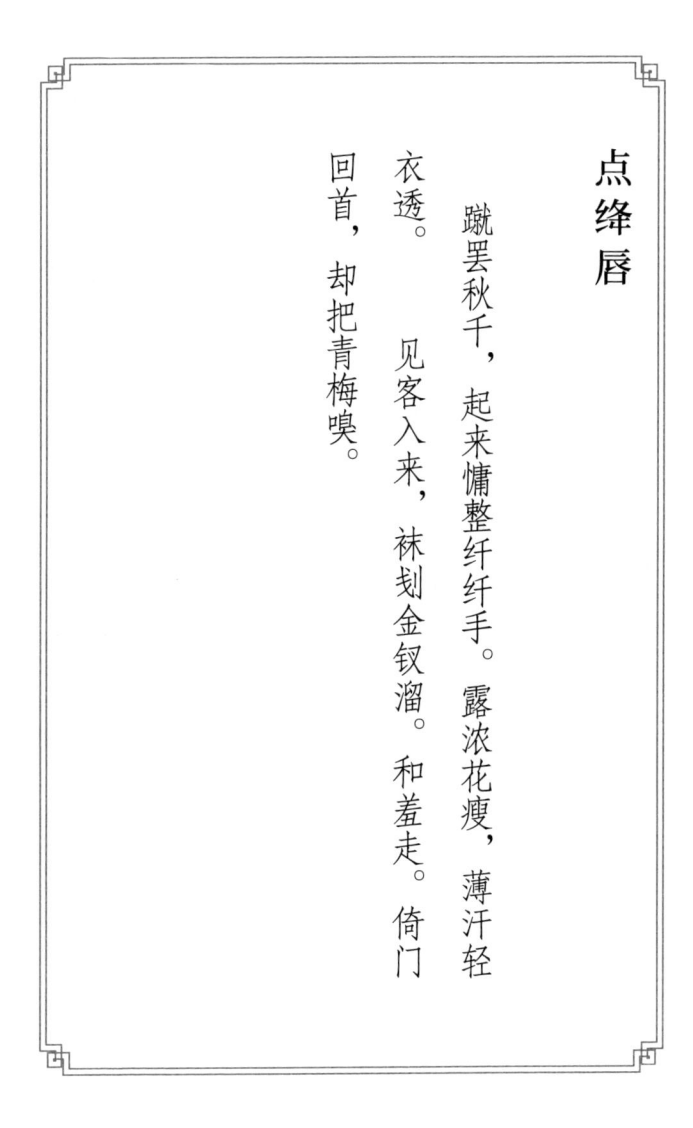

蹴罢秋千,起来慵整纤纤手。露浓花瘦,薄汗轻衣透。　见客入来,袜刬金钗溜。和羞走。倚门回首,却把青梅嗅。

【笺注】

[一] 词为少年时作，语本唐韩偓《偶见》诗："秋千打困解罗裙，指点醍醐索一尊。见客入来和笑走，手搓梅子映中门。"

[二] 蹴：踏。宋郑奎妻孙氏《春词》："秋千蹴罢鬖鬖影。"

[三] 慵整：《花间集》鹿虔扆《思越人》："珊瑚枕腻鸦鬟乱，玉织慵整云散。"

[四] 袜划：仅穿袜子走路，写惶遽之状。南唐李煜《菩萨蛮》："划袜步香阶，手提金缕鞋。"

[五] 青梅句：晁冲之《玉蝴蝶》："重来一梦，手搓梅子。煮酒初尝。"陈克《浣溪沙》："牡丹花重鬓云偏，手挼梅子并郎肩。"又沈公述《念奴娇·春怨》："恨别王孙，墙阴目断，手把青梅摘。"（见《增修笺注草堂诗余》卷下。）以上诸例，或说明此词其来有自，或谓其影响之大。

【赏析】

此词写少女初次萌动的爱情，真实而生动，当为清照早年的作品。

词的上阕写荡罢秋千的精神状态，妙在静中见动。

词人没有写她荡秋千时的矫健身影和欢乐心情，而是剪取了"蹴罢秋千"以后一刹那间的镜头。此刻全部动作虽已停止，但仍可以想象得出她在荡秋千时的情景，罗衣轻飏，像燕子似的在空中飞来飞去。荡完了，"起来慵整纤纤手"。"慵整"二字，用得非常恰切，令人想到此时的她已极度疲劳，两手有些麻木，也懒得稍微活动一下。"纤纤手"，语本《古诗十九首》："娥娥红粉妆，纤纤出素手。"最早的出处则是《诗·魏风·葛屦》的"掺掺女手"，借以形容。

女子双手的细嫩柔美，同时也借以点出人物的年华和身份。"薄汗轻衣透"，形象逼真。此时她罗裳初试，一身轻衣，由于荡秋千时不断用力，身上渗出薄薄汗水，浸透了罗衣。汗而曰"薄"，衣而曰"轻"，用字极有分寸。"露浓花瘦"一语，表明时间是在春天的早晨，地点是在花园。整个上阕都是在写人物的精神状态，惟此一语写景，然而同时也用带露的花儿烘托面有汗珠的少女，表现了人物姣美的风貌。瘦小的花枝上含有颗颗露珠，不正是象征着少年词人"薄汗轻衣透"的形象吗。

下阕写词人乍见来客的种种神态。她荡完秋千，正累得不愿动弹，突然花园里闯进来一个陌生人。她惊诧不已，来不及整理衣装，急忙回避。"袜刬"是说来不及穿鞋子，仅仅穿着袜子走路。"金钗溜"，是说头发松散，金钗滑落，此二语似出自秦观《河传》词"鬓云松，罗袜刬"。但秦词是写百无聊赖时女子的外貌，这里则是写词人匆促惶遽时的表情。词中虽未正面描写这位不速之客是甚等样人，但从词人的反应中可以印证，他定是一位举止不凡、风度潇洒的翩翩公子；也许就是她后来的丈夫赵明诚。"和羞走"三字，把她此时此刻的内心感情和外部动作作了精确的描绘。"和羞"者，含羞也；"走"者，疾走也。她满面含羞，加快了步伐，尽快地离开那个陌生的客人。然而中途又止："倚门回首，却把青梅嗅。"二句刻画入神，把这位少女对陌生来客既想见又怕见的微妙心理，通过她自己的动作，极其细致地表现出来。特别是"嗅青梅"这一细节，更为传神入画。似乎让我们看到，她一面用嗅青梅的动作掩饰自己的失态，一面还想偷看那位来客几眼。整个下阕都是写"动"，与上阕的"静"正好成了对比。由此可见，上阕的"静"，不仅是"静"中见"动"，而且也是为了衬托下阕的"动"，前后呼应，浑然天成。

下阕几个动作，层次分明，曲折多变，把一个少女惊诧、惶遽、含羞、好奇以及爱恋的种种心理活动，惟妙惟肖、栩栩如生地刻画出来。因此，明人钱允治称其"曲尽情悰"（《续选草堂诗余》卷上）；沈际飞也赞曰："片时意态，淫夷万变，美人则然，纸上何遽能尔！"

(《草堂诗余》续集卷上)无怪乎宋人王灼在《碧鸡漫志》卷二中批评她"作长短句能曲折尽人意,轻巧尖新,姿态百出"。然而李清照这样的描写亦有所本,唐人韩偓《香奁集·偶见》一诗中也曾写道:"见客入来和笑走,手搓梅子映中门。"相比之下,"和笑走",轻薄;"和羞走",深挚。"手搓梅子",只能表现不安;"却把青梅嗅",则可描画矫饰。"映中门",似旁若无人;而"倚门"则有所期待,加以"回首"二字,则少女窥人之态俨然可掬了。因此,较之韩偓诗,实有出蓝之妙。

这首词风格明快,节奏轻灵,寥寥四十一字,刻画了一个天真烂漫、感情丰富却又带有几分矜持的少女形象,显示了词人出手不凡的才华。

怨王孙

湖上风来波浩渺。秋已暮,红稀香少。水光山色与人亲,说不尽、无穷好。莲子已成荷叶老。清露洗,蘋花汀草。眠沙鸥鹭不回头,似也恨、人归早。

【笺注】

[一] 陈祖美《中国诗苑英华·李清照》卷云："此首之写作时空及素材来源，均同前首。"前首指《如梦令》（常记溪亭日暮），陈注云："此词当是作者结婚前后居汴京时，追忆故乡往事而写成的……细审作者行实，此词遂可系于她十六岁（宋哲宗元符二年，公元一〇九九年）之时。是时她初到汴京，此词亦当是她的处女之作。"可备一说。然二词并非作于同时，亦非同咏一地。此词所写，盖为词人故乡章丘县内绣江景物，疑为十六岁后由京返里时所作。

谨按：金元好问《遗山集》卷五载有《泛舟大明湖待杜子不至》一诗，为便于论证，全引如下："长白山前绣江水，展放荷花三十里。看山水底山更佳，一堆苍烟收不起。山从阳丘西来青一湾，天公掷下玉环。大明湖上一杯酒，昨日绣江眉睫间。晚凉一棹东城渡，水暗荷深若无路。江妃不惜水芝香，狼藉秋风与秋露。兰襟郁郁散芳泽，罗袜盈盈见微步。晚晴一赋画不成，枉著风标夸白鹭。我时骖鸾追散仙，但见金支翠蕤相后先。眼花耳热不称意，高唱吴歌叩两舷。唤取樊川摇醉笔，风流聊与付他年。"清道光《章丘县志》卷十三《艺文志》将此诗前四句收入，并题作"绣江"。细玩元氏诗，原题虽作《泛舟大明湖》，然诗中仅"大明湖上一杯酒"一句咏及大明湖，接着便云："昨日绣江眉睫间。"揣摩全篇诗意，似以咏绣江为主，或泛舟大明湖时忆及昨日绣江之游。诗中"晚凉一棹东城渡，水暗荷深若无路"，以及"狼藉秋风与秋露""柱著风标夸白鹭"诸句，与清照此词所写情景颇相似。元好问曾于金哀宗天兴四年（宋理宗端平二年，公元一二三五年）作《济南行记》，云乙未（公元一二三五年）秋七月，在济南一带游历二十日，"此游至爆流（即趵突泉）者六七、宿灵泉庵者三、泛大明湖者再，遂东入水栅。栅之水发源长白山下，周围三四十里。府参佐张子钧、张飞卿觞予绣江亭，漾舟荷花中十余里，乐府皆京国之旧，剧谈豪饮，抵暮乃罢，留五日而还。"可见元氏在绣江盘桓五日，曾泛舟"荷花中十余里"。《济南行记》与《泛舟大明湖》诗所写正同。又《章丘县志》卷四《古迹》云："金元好问与张子钧、张飞卿觞于绣江亭。"亦可证元氏曾至绣江。其时上距李清照游湖一百三十年左右，风景不殊，故清照此词云"莲子已成荷叶老"，仅时代有别而已。综上所述，此词似以咏绣江之游为宜。

[二] 水光二句：水光，指水文如绣的绣江；山色，指县治东之长白山。按：《世说新语·言语》云："简文入华林园，顾谓左右曰：'会心处不必在远，翳然林水，便

自有濠濮间想也，觉鸟兽禽鱼自来亲人。'"此处化用其意，歇拍则反其意而以诙谐出之。李白《独坐敬亭山》诗云："相看两不厌，只有敬亭山。"辛弃疾《贺新郎》（甚矣吾衰矣）云："我见青山多妩媚，料青山、见我应如是。"皆以拟人化移情手法，写自然景物与人和谐相处之情趣，而清照则较为明白晓畅，并露出少女天真之意态。

【赏析】

这首词作于早年，《历代诗余》题作"赏荷"，但从词境来看，那不是"荷花娇欲语"的夏季，而是"莲子已成荷叶老"的深秋。深秋赏荷，叶老形枯，景色凄清，最易触动悲秋情怀；然而此词却写得清新活泼，生趣盎然，其中仿佛跳动着一颗青春的心。由此可见，词人当时还是一个少女。

李清照，原籍为山东章丘明水镇。《宋史》卷四四四有她父亲李格非传，说是济南人，主要指府治而言。但李清照也可能在济南住过一段时期，故其《如梦令》有"常记溪亭日暮"之句。据嘉庆《一统志》卷一六二载，溪亭为历下名泉之一，在大明湖附近，可证她年轻时确曾在济南生活过。今济南市趵突泉公园内有李清照纪念堂及漱玉泉，可能为李清照故居所在。从趵突泉到大明湖，不过一二里，年轻的李清照当常去游览。此词云：

"湖上风来波浩渺。"一开头便勾勒了一个西风乍起、烟波浩渺的宏丽图景。从面积之大、气势之壮来看，惟大明湖足以当之。今大明湖畔铁公祠内一石镌有一联："四面荷花三面柳，一城山色半城湖。"词中所写景物，正与此相同，因此可以推断：这里所写的可能就是大明湖。

作为古代的深闺少女，不仅不能同外界的社会生活接触，而且也少有机会欣赏大自然风光。她们成年累月地被禁锢在深闺，或事针黹，或读诗书，或理笙簧。李清照是官宦人家女子，当然从小也难越出这一规范。在闺房中，她感到闷倦；在客人面前，她感到腼腆。惟有到大明湖去游览，她才像鸟儿出笼一般，感到心情舒畅，精神愉快。这首小词，便表现了词人热爱自然、向往自由的思想和性格。

词的上阕先描写大明湖的全景，同时点明时间和地点。词人一腔欢悦之情，似乎都倾注在这湖面上。在文学史上，同样写秋风中的湖水，往往因作者心境不同而呈现出不同的境界。屈原《九歌·湘夫人》："袅袅兮秋风，洞庭波兮木叶下。"意境很悲凉。孟浩然《望洞庭湖赠张丞相》诗："气蒸云梦泽，波撼岳阳城。"气魄很雄浑。李清照笔下的大明湖，则是一种浩瀚的、开阔的、令人愉悦的境界。秋风吹起滔天巨浪，仿佛给闭塞的心灵打开一扇扇大门，让词人的感情倾泻而出，顿时感到天广地阔，心旷神怡。尽管到了晚秋，荷花已经凋残，但词人仍是对它抱着由衷的热爱。李商隐也爱残荷，曾有诗云："留得枯荷听雨声。"给人以衰飒苦涩之感。李清照却不同，她是爱残荷所呈现出来的凄清的美。"红稀香少"，使人联想到她后来在《如梦令》中所写的名句："绿肥红瘦。"二者语言结构完全一样，所不同者，一稚嫩，一工练，可见随着岁月的增长，她的词笔也日臻完美了。"山光"三句，语本《世说新语·言语》："会心处不必在远……觉鸟兽禽鱼自来亲人。"这里用来妙合无痕，似直抒胸臆，然而却是曲笔。分明是她热爱大明湖的山光水色，却变着法儿说山光水色要与人亲近，似乎山水也有了灵性，对她产生了感情。实际上是她自己长期闭塞，骤然投入大自然怀抱，倍觉亲切。这种赋予客观事物以主观感情的写法，比直接说"我爱山光水色美"，不知要高明多少。有人说，李清照写景并不注重对景物本身的摹写，而着力于寻觅外部之景和内在之情的一种"谐振"的美。在这里，可以说词人的内在之情已与外部之景融为一体了，因而令人感到美不可言。

词的下阕，意致相同，但时间推移，景物也发生了变化，于是出现了另一种境界。"莲子已成荷叶老"，可以说是上阕"红稀香少"的具体化，意重而句不重。下面益以"清露洗，花汀草"二句，进一步写出晚间湖上的景象。黄昏时夜露初零，怎么说成洗？是否有点夸张？这儿主要是写人的主观感受。因为她感到此刻湖中的蘋花、滩头的野草，特别地明净；故着一"洗"字，而境界全出。由于留恋湖上浩渺的烟波、新结的莲子、已老的荷叶，更由于留恋明净如洗的蘋花汀草和露宿滩头的沙鸥、白鹭，词人竟不想再回到那令人窒息的闺房。于是她接下去写道："眠沙鸥鹭不回头，似也恨、人归早。"眠鸥点点，宿鹭拳拳，又是一番景象。这景象不仅悠闲，而且静谧，似乎鸥鹭已融入美好的大自然中。词人对此十分羡慕，但她不直接写出这段心事，也是变着法儿说鸥鹭对人有情有意。这跟上阕所说的"湖光山色与人亲"的写法并无二致。同是写鸥鹭，在《如梦令》中她说："争渡，争渡，惊起一滩鸥鹭。"那里鸟儿见人竟如此惊惧，而在这里，鸟儿却对人依依眷恋。在不同环境、不同心情下，鸟儿也被赋予不同的性格特征，可见这位年轻词人多么富于才华！

全词语言通俗，音节谐婉，情调轻松，表现了词人对大自然的无比热爱。词风与她后来的作品相比，似乎还带有纯真的稚气，但其词笔已崭露锋芒，预示着这位词人将成为一位杰出的抒情高手。

减字木兰花

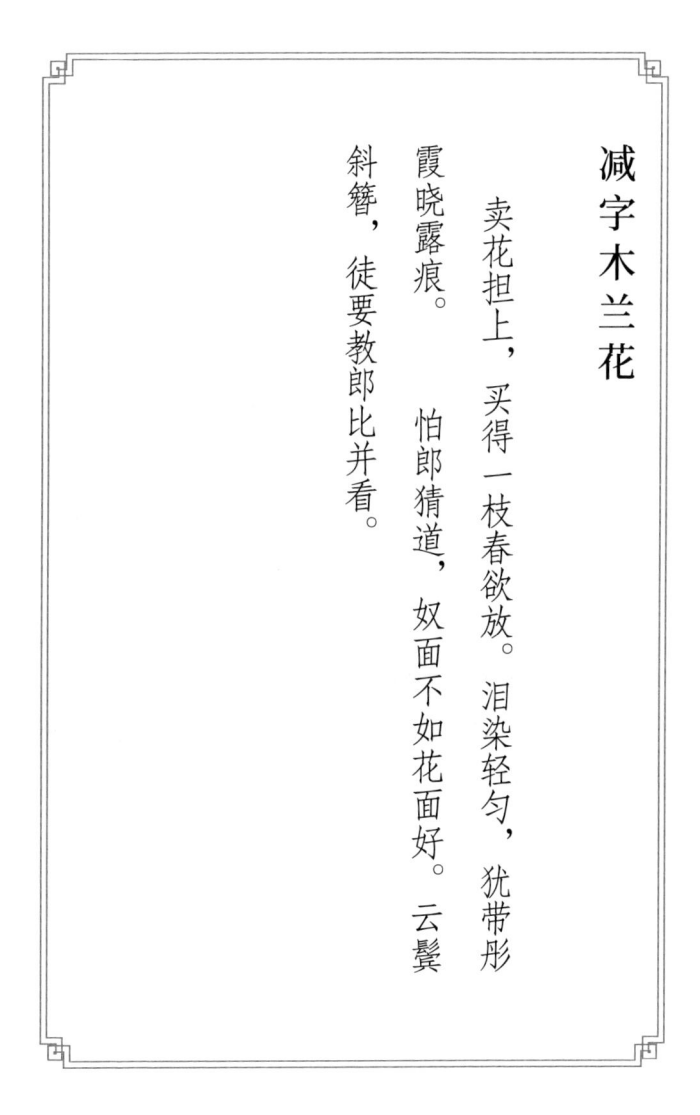

卖花担上,买得一枝春欲放。泪染轻匀,犹带彤霞晓露痕。　怕郎猜道,奴面不如花面好。云鬓斜簪,徒要教郎比并看。

【笺注】

［一］词乃新婚后作。李清照《金石录后序》："余建中辛巳，始归赵氏。时……侯年二十一，在太学作学生。"建中辛巳，即徽宗建中靖国元年（公元一一〇一年）。时清照年十八，故"闾巷荒淫之语，肆意落笔"（王灼《碧鸡漫志》卷二），尽情表现青春气息与新婚之乐。

［二］卖花担上：宋孟元老《东京梦华录》卷七："是月季春，万花烂熳，牡丹芍药，种种上市。卖花者以马头竹篮铺排，歌叫之声，清奇可听。"南宋迁都临安，犹存此风。蒋捷《昭君怨·卖花人》云："担子挑春虽小，白白红红都好。卖过巷东家，巷西家。　帘外一声声叫，帘里鸦鬟入报。问道买梅花，买杏花？"

［三］一枝春：即一枝花。南朝陆凯《赠范晔》诗："折梅逢驿使，寄与陇头人。江南无所有，聊赠一枝春。"黄庭坚《刘邦直送早梅水仙》诗："欲问江南近消息，喜君赠我一枝春。"

［四］比并：唐宋时俗语，犹相比。敦煌词《苏幕遮》："莫把潘安，才貌相比并。"又《内家娇》："任从说洛浦阳台，漫将比并无因。"

【赏析】

这一首词曾有争议。近人赵万里辑《漱玉集》云："按汲古阁未刻本《漱玉词》收之，'染'作'点'。词意浅薄，不似他作。"王学初《李清照集注》则云："按以词意判断真伪，恐不甚妥，兹仍作清照词，不列入存疑词内。"其实赵万里否定李清照其他作品，都以词意浅薄或儇薄为理由，似难服人。李清照词中大胆描写爱情，宋人早已看到，如王灼《碧鸡漫志》卷二云："作长短句，能曲折尽人意，轻巧尖新，姿态百出，闾巷荒淫之语，肆意落笔。"本篇描写了新婚生活的一个侧面，表现了作者放纵恣肆的性格，与王灼所讥评的颇为一致，当系建中靖国元年（公元一一〇一年）嫁给赵明诚时所作。

上阕写买花。宋朝都市常有卖花担子，一肩春色，唱着"清奇可听"的歌儿，串街走巷，把盎然生趣送进千家万户。蒋捷曾有《昭君怨》一词写卖花人云："担子挑春虽小，白白红红都好。卖过巷东家，巷西家。　帘外一声声叫，窗里鸦鬟入报。问道买梅花，买杏花。"与此词上阕对读，我们即可得出全面印象：似乎在小丫环入报以后，作为女主人的李清照随即作了吩咐，买下一枝最满意的鲜花。整个上阕便是截取了买花过程中最后一个画面，所写的便是女主人翁手拿鲜花，作满怀深情的欣赏。"春欲放"三字，表达了她对花儿的由衷喜爱："啊，春天到了，花儿含苞欲放了！"以"春"字指代花字，本于南朝陆凯《赠范晔》诗："江南无所有，聊赠一枝春。"然而这"春"字用得特别好，既可以指春色、春光、春意和春天，也可以借指花儿本身。为什么不用花字而用春字，因为花字境小，春字境大。同蒋捷《昭君怨》中"担子挑春"的"春"字一样，都能给人以无穷的美感和联想。下面"泪染轻匀"二句，写花的容态。这花儿被人折下，似乎在为自己命运的不幸而哭泣，直到此时还泪痕点点，愁容满面。着一"泪"字，就把花拟人化了，再缀以"轻匀"二字，便显得哀而不伤，娇而不艳，其中似乎渗透着女主人对它的同情与爱抚。这二句中前一句较虚，出自词人的想象；后一句较实，摹写了花上的露珠。这叫作融情入景，以景拟人。"犹带彤霞晓露痕"，花朵上披着彤红的朝霞，带着晶莹的露珠，不仅显出了花之色彩、花之新鲜，而且点明时间是在清晨，整个背景写得清新绚丽，恰到好处地烘托了新婚的欢乐与甜蜜。

下阕写戴花。唐五代有一首无名氏词《菩萨蛮》可供比照："牡丹含露真珠颗，美人折向庭前过。含笑问檀郎：花强妾貌强？　檀郎故相恼，须道花枝好。一向发娇嗔，碎挼花打人。"此词可能受到它的影响，但却未像无名氏词那样写出对方的反应，而是仅从自己一方说起。无名氏词侧重于外部动作，此词则侧重于内心刻画。"怕郎猜道，奴面不如花面好"，活活画出一位新嫁娘自矜、好胜甚至带有几分嫉忌的心理。她在青年妇女中，本已感到美貌超群，但同"犹带彤霞晓露痕"的鲜花相比，似乎还不够娇美，因此怀疑新郎是否爱她。这里表面上是说郎在猜疑，实际上是她在揣度郎心，婉曲写来，笔致轻灵。同上阕相比，前面是以花拟人，这里是以人比花，角度虽不同，但所描写的焦点都是新嫁娘自己。接着二句，是从人物的思想写到人物的行动。为了争取新郎的欢爱，她就把花儿簪在鬓发上，让新郎看看：人美还是花美？"比并看"，意即无名氏词中的"花强妾貌强"。然却终未说出谁强，含蓄蕴藉，留有余味。"云鬓斜簪"，丰神如画，几可与温庭筠《菩萨蛮》"双鬓隔香红，玉钗头上风"媲美。赵万里认为"词意浅薄"，或许指此二句。然而李清照在丈夫面前以花自比，已非一次。既然在函致明诚《醉花阴》时能说"人比黄花瘦"，为什么新婚伊始不能说"人比鲜花美"呢？既然后来在归来堂上夫妇之间犹猜书斗茶、乐不可支，为什么在此年轻时刻反而不能有一点闺房的乐趣呢？

总的来讲，此词乐而不淫，轻而不俗，与李清照的思想性格颇为相符。全篇通过买花、赏花、戴花、比花，生动地表现了年轻词人天真的态度、爱美的心情和好胜的脾性。读后颇觉生动活泼，富有浓厚的生活气息、鲜灵的人物个性。

醉花阴

薄雾浓云愁永昼,瑞脑销金兽。佳节又重阳,玉枕纱厨,半夜凉初透。 东篱把酒黄昏后,有暗香盈袖。莫道不销魂,帘卷西风,人比黄花瘦。

【笺注】

[一] 黄墨谷《重辑李清照集》卷二云："此词当作于宣和三年，时明诚出守莱州，而清照居青州。"此说不确。按清照《感怀》诗《序》云："宣和辛丑八月十日到莱。"可证是岁重阳节前已随夫居莱州任所，不在青州。据于中航《李清照年谱》："大观二年（公元一一〇八年，戊子），二十五岁……九月重阳，明诚与妹婿李擢游仰天山。明诚《青州仰天山罗汉洞题名》：'余以大观戊子之重阳，与李擢、德升同登兹山。'"仰天山，旧属临朐县，在县南七十里，在今山东青州市西南境。山麓有罗汉洞，上有窍可通天窥月，故土人有"仰天秋月"之说，见明修《临朐县志》。赵明诚至仰天山罗汉洞观月，当流连忘返；而清照独居青州归来堂，重阳赏菊，无人相伴，故作此词，以抒寂寞无聊之感。

[二] 瑞脑句：瑞脑，即龙脑。香料名。今称冰片。段成式《酉阳杂俎》前集卷十八《广动植》之三《木篇》："龙脑，香树，出婆利国。'婆利'呼为'固不婆律'。亦出波斯国。树高八九丈，大可六七围，叶圆而背白，无花实。其树有肥有瘦，瘦者婆律膏香。一曰：瘦者出龙脑香，肥者出婆律膏也。在木心中，断其树劈取之，膏于树端流出，斫树作坎而承之。"又宋叶廷珪《香录》云：

"乃深山穷谷中千年老杉树，其枝干不曾损动者则有香，若损动则气泄无脑。"金兽，金属兽形香炉。宋洪刍《香谱》："香兽以涂金为狻猊、麒麟、凫鸭之状，空其中以燃香，使香自口出，以为玩好。"唐罗隐《寄宣州窦常侍》诗："喷香瑞兽金三尺，舞雪佳人玉一团。"

［三］重阳：农历九月初九日。三国魏曹丕《与锺繇九日送菊书》："岁往月来，忽复九月九日。九为阳数，而日月并应，俗嘉其名，以为宜于长久，故以享宴高会。"

［四］纱厨：纱帐。唐司空图《王官》诗之二："尽日无人只高卧，一双白鸟隔纱厨。"宋周邦彦《浣溪沙》："薄薄纱厨望似空，簟纹如水浸芙蓉。"绿色者称碧纱厨。王建《赠王处士》诗："松树当轩雪满池，青山掩映碧纱厨。"俞平伯《唐宋词选释》中卷释此词云："近代以木做格扇，形如小屋，用以避蚊，中可置榻，框上糊以轻纱，大抵是绿色的，叫'碧纱厨'。亦名'蚊嶹'。薛能《吴姬十首》之五：'高卷蚊厨独卧斜。'……是纱厨即纱帐，与后世制作或有不同。"

［五］东篱：晋陶渊明《饮酒》诗之五："采菊东篱下，悠然见南山。"后因指菊花或菊圃。唐岑参《九日使君席奉饯卫中丞赴长水》诗："为报使君多泛菊，更将弦管醉东篱。"

［六］有暗香句：语本《古诗十九首》："馨香盈怀袖，

路远莫致之。"唐元稹《春月》诗:"露梅飘暗香。"此指菊花。

[七]销魂:梁江淹《别赋》:"黯然销魂者,惟别而已矣。"《诗词曲语辞汇释》卷五:"销魂与凝魂,同为出神之义。"并引李之仪《南乡子》词云:"巢燕引雏浑去尽,销魂。空向梁间觅宿痕。"

[八]"帘卷"二句:似从谢逸《醉落魄》"帘卷黄昏,一阵西风入"化出,后出转精。黄花:菊花。《礼记月令》:"季秋之月……鞠有黄华。"陈澔注:"鞠色不一,而专言黄者,秋令在金,金自有五色而黄为贵,故鞠色以黄为正也。"鞠,通菊。此句化用唐司空图《诗品》:"落花无言,人淡如菊。"

【赏析】

李清照词,前人评价极高。清代李调元在《雨村词话》中说:"易安在宋诸媛中,自卓然一家,不在秦七、黄九之下。词无一首不工,其炼处可夺梦窗(吴文英)之席,其丽处直参片玉(周邦彦)之班。盖不徒俯视巾帼,直欲压倒须眉。"说起"压倒须眉",这里面还有一个故事。

相传元人伊世珍《琅嬛记》曾经记载:"易安以重阳《醉花阴》词函致明诚。明诚叹赏,自愧弗逮,务欲胜之,一切谢客,忘食忘寝者三日夜,得五十阕,杂易安作,以示友人陆德夫。德夫玩之再三,曰:'只三句绝佳。'明诚诘之。答曰:'莫道不销魂,帘卷西风,人比黄花瘦。'正易安作也。"明诚,姓赵,字德甫,徽宗朝宰相赵挺之之子。他与李清照结婚后,志同道合,伉俪情深。婚后数年,屏居青州乡里,每饭罢,坐归来堂上,犹烹茶赌书,相与角胜负(见《金石录后序》)。《琅嬛记》一书,可能是伪作;但根据李清照好胜的性格,在填词方面较量才华,应该是可靠的。然赵明诚虽欲胜之,却未达到目的;相反,他的妻子李清照,倒是用这首《醉花阴》,压倒了这位须眉男子。数百年来,词坛上一直传为佳话。

陆德夫说:"只三句绝佳。"颇有眼力。然而若是全篇不好,也衬托不出这最后三句。细玩此词,乃写重阳节日之离愁,其中共有三个层次:第一是写白天,即"薄雾浓云愁永昼,瑞脑销金兽";第二是写黄昏,即"东篱把酒黄昏后,有暗香盈袖";第三是写夜间,即"玉枕纱厨,半夜凉初透"。可是词人并未按照时间的自然顺序进行叙写,而是先写白天,次写夜间,最后写黄昏。这样的结构,看起来也很合理、完整,毫不费力而达到自然浑成的妙境。然而细细探究,却觉得词人是颇费经营、匠心独运的。为什么?因为按照时间顺序来写,势必将黄昏放在中间，而东篱把酒、以菊拟人的情景则无法充分描写，如此则"三句绝佳"绝不会迸出。而将夜间置于最后，不管怎样描写，也跳不出古诗词中常常出现的孤灯独伴、长夜难眠的老框框。即使词人天分特高，做出一些突破，要达到这三句的水平也是不易的。由此可见，词人在谋篇布局时充分注意到以最佳的段落抒发最佳的感情，因此产生了最佳的词句。

古人论诗，谓有诗眼；论词，也有词眼。刘熙载在《艺概·词曲概》中说："词眼二字，见陆辅之《词旨》。其实辅之所谓眼者，仍不过某字工、某句警耳。余谓眼乃神光所聚，故有通体之眼，有数句之眼。前前后后，无不待眼光照映。若舍章法而专求字句，纵争奇竞巧，岂能开阖变化，一动万随耶？"求之此词，我以为"佳节又重阳"，便是词眼。这一句不仅照映全篇，而且在结构上也起了障眼法的作用，故可称通体之眼。如前所说，上半阕从白天一下子跳到夜间，而将黄昏移置下阕，中间造成一个空当。词家一般称之为"空中荡漾"或"空际转身"。"佳节"一句即起了空际转身的作用。有了这一句，词中内容马上由白天跳跃到夜间，神不知，鬼不觉，读后觉得自然而又合理。同时，有了这一句，全篇即浑然一体，时间、背景不须交代而了如指掌。此句还妙在一个"又"字。从这个"又"字上可以看出她与赵明诚的分别时间已经很长，至少说在前一年的重阳，赵明诚即负笈出游，到了今年重阳，他依然没有回家。故词人用一"又"字，表达了时间之长，忆念之深。古代重阳，是人们阖家团聚的日子，也是思念亲人的日子。唐代王维有一首著名的诗《九月九日忆山东兄弟》，说："独在异乡为异客，每逢佳节倍思亲。"因此，每逢此日，旅客思家，闺人念远。秦观《满庭芳》云："洞房人静，斜月照徘徊。又是重阳近也，几处处，砧杵声催。"也是写重阳，也加了一个"又"字，在感情的抒发上很有力度。李清照的"佳节又重阳"，可谓异曲而同工。她这个"又"字，非常准确地反映了分离之久、离愁之深。

现在我们回过来谈词的第一点。"薄雾浓云愁永昼"（按汲古阁未刻词本"云"作"雰"），永昼就是漫长的白天。"佳节又重阳"的"又"字，是言相别经年，时间的跨度至少为一年；这里的"永"字是说白天时间之长，范围在一日之内。"又"字与"永"字相互呼应，相互映衬，说明她与明诚别后，年也长，日也长，真有度日如年之感。在"愁永昼"之上着以"薄雾浓云"，是写天气，也用以烘托词人的情绪。九月重阳，按照自然规律，本该是秋高气爽、日暖风和。可是这一天却是薄雾浓云笼罩大地，它给人以闭塞沉闷之感。对于和丈夫一别经年的深闺少妇来说，怎么能不感到愁绪纷繁呢？"瑞脑"一句,写室内环境。瑞脑,即龙脑香,今称冰片。金兽,即铜香炉,其形似兽。龙脑香在兽形铜香炉内,吐着不绝如缕的氤氲,既像白天一样缓慢,也像愁绪一般悠长。这环境是够幽静的,也够令人烦恼的。可是瑞脑香消,离愁犹在,正如词人在《菩萨蛮》中所说:"沉水卧时烧,香消酒未消。"这里不妨依此拟两句:"瑞脑卧时烧,香消愁未消。"以瑞脑之香烟状环境,喻愁绪,可谓情景交融,饶有余味。

词中第二点是写夜间。"玉枕纱厨,半夜凉初透",写孤栖独宿、夜长无寐的况味。玉枕,磁枕的美称;纱厨,谓纱帐,因常用绿色薄纱,又称碧纱厨。玉枕纱厨,本是室内华丽的设施,昔日赵明诚在时,当系同栖共宿,生活上多么温馨!可是此刻词人却斜敧玉枕,独守纱厨,凄凉情味,可想而知。"半夜凉初透"一句,真实地反映了深秋九月的夜凉气候,也恰切地透露了词人"罗衾不耐五更寒"的内心感受。它是对上句"玉枕纱厨"文意的补足,也是词人感情的进一步深化。语言浅近自然,而个中含义却分外深长。像这种私生活的苦闷,一般士大夫是不易着笔的。作为一个封建时代缙绅之家的女子,竟能肆意落笔,大胆地揭示内心奥秘,写出了真正的人的感情,这比那些装模作样、无病呻吟的作品,自然要高明得多,也感人得多。无怪乎受到王灼的批评(参见

《碧鸡漫志》卷二)。

词中第三点是写黄昏。黄昏时刻,光线暗淡,景象迷离,最易惹人愁绪。李白《菩萨蛮》云:"暝色入高楼,有人楼上愁。"陆游《卜算子·咏梅》云:"已是黄昏独自愁,更着风和雨。"都写此种情绪。这里词人把最佳的抒情时刻放在最后,"安排肠断到黄昏",必然要尽情地抒写一番。"东篱把酒",简单地说就是饮酒赏菊。东篱语本陶渊明《饮酒》诗:"采菊东篱下,悠然见南山。"后世多作菊圃的代称。李清照婚后曾住过汴京。据孟元老《东京梦华录》卷八云:"九月重阳,都下赏菊,有数种……无处无之。酒家皆以菊花缚成洞户。都人多出郊外登高。"李清照爱好游赏,往昔与赵明诚在京,当然会一起饮酒,一起赏菊,一起登高。可是今日却一个人端起酒杯赏菊。难道她果真有此雅兴?不,她是在重现往日的生活,以期引起回忆,排遣愁怀。可是愁怀能够排遣吗?"有暗香盈袖",在赏菊之时,惹来阵阵幽香。《古诗十九首》云:"馨香盈怀袖,路远莫致之。"作为一个从小受到古典诗词熏陶的词人,她自然会想起这两句诗,因而也自然会想到她的丈夫。明诚身在远方,纵有满袖馨香,盈把黄菊,又怎能送到他的身边?感情酝酿至此处,于是不可遏止地发出"莫道不销魂"一声意味深长的咏叹,又从而带出以下两个警动千古的名句。

在这结尾三句中，"人比黄花瘦"最为精警。清人沈祥龙说："词之用字，务在精择：腐者、哑者、笨者、弱者、粗俗者、生硬者、词中所未经见者，皆不可用；而协韵字尤宜留意。古人名句，末字必新隽响亮，如'人比黄花瘦'之'瘦'字，'红杏枝头春意闹'之'闹'字皆是。"（《论词随笔》）可见李清照这个"瘦"字用得新隽响亮，笔意老到，很鲜明地烘托了词人的自我形象。词人从前一个重阳，换到又一个重阳，白天是焚香枯坐，黄昏后对酒赏菊，镇日间愁绪萦怀，离情满腹，她怎能不腰围骤减、形容憔悴呢。一个"瘦"字既突现了她的外貌，也揭示了她的内心。所谓入木三分者是也。"瘦"本来为病态，通常是不美的，然而词人却把它写得很美，原因何在？第一是因为以黄花为喻。黄花即菊花，语本《礼记·月令》："鞠（菊）有黄花。"清人毛先舒说："语情则'红雨飞愁'，'黄花比瘦'，可称雅畅。"（《诗辩坻》卷四）可是也有人说："结句亦从（秦观《如梦令》）'人与绿杨俱瘦'脱出，但语言较工妙耳。"（许昂霄《词综偶评》）这并不是语言是否工妙的问题，而是比喻是否恰切的问题。绿杨如烟，何瘦之有？惟有黄花，形象虽瘦而风姿秀美，故以之喻人，显得雅畅协调。第二是因为设置了一个优美的环境。"帘卷西风"，一望而知，词人是坐在帘儿底下，西风乍起，帘儿微掀，露出词人消瘦的面容，恰与门外的黄花相互映照。这个镜头恍如特写镜头一般，怎能不美？第三是前面用"莫道不销魂"一句加以提挈，先声夺人，引起读者充分注意，及至帘卷人现，印象便很深刻。因此明人茅暎评曰："（世人）但知传诵结语，不知妙处全在'莫道不销魂'。"（《词的》卷一）

总之，这结尾三句是一个整体，不可分割。同前面所铺叙的白昼无聊、夜半凄清以及对酒赏菊，又是前后呼应、密合无间的。我们读着这首词，觉得它不是一般的咏节序，而是苦心孤诣，独辟佳境，自抒深情。读后不能不为之一唱三叹！

菩萨蛮

归鸿声断残云碧,背窗雪落炉烟直。烛底凤钗明,钗头人胜轻。　　角声催晓漏,曙色回牛斗。春意看花难,西风留旧寒。

【笺注】

[一] 此词据"钗头人胜轻"句,应作于建炎三年(公元一一二九年)正月初七(人日)。去岁,清照自青州南来江宁。至本年二月,明诚罢知江宁。歇拍二句,即"南来尚怯吴江冷"之意也。

[二] 归鸿:鸿雁于春日飞回北方,故称。此以"归鸿"起兴,寄思乡之意,正如《声声慢》"雁过也,正伤心"云云。

[三] 背窗:唐宋词中常用"背窗""灯背"等语,多指烛光暗淡,尤以《花间集》为多。如温庭筠《菩萨蛮》:"相忆梦难成,背窗灯半明。"谓睡时灯暗也。又《更漏子》:"红烛背,绣帘垂。"背即暗也。韦庄《浣溪沙》:"孤灯照壁背红纱。"华锺彦释为"背向纱窗",则与此句同义。然毛文锡《更漏子》云:"红纱一点灯。"则又指灯笼或灯罩也。他如张泌《酒泉子》:"红焰小,背兰釭。"阎选《临江仙》:"红烛半条焰短,依稀暗背银屏。"毛熙震《菩萨蛮》:"小窗灯影背,燕语惊愁态。"则无不谓灯光暗淡。炉烟直,亦犹温庭筠《菩萨蛮》:"深处麝烟长。"叶嘉莹《温庭筠词概说》之五——《温庭筠词之特色》云:"而此'深处麝烟长'之'长'字实极妙,大可与王摩诘诗'墟里上孤烟'《辋川闲居赠裴秀才迪》之'上'字

及'大漠孤烟直'《使至塞上》之'直'字相比美……以'上'字、'直'字、'长'字，形容静定之空气中之烟气，皆极绘画式之客观艺术之妙。"可知清照此句亦形容静定空气中之烟气。

［四］凤钗：凤凰钗，即钗作凤凰形者。马缟《中华古今注》卷中："始皇又金银作凤头，以玳瑁为脚，号曰'凤钗'。"唐杨容华《新妆》诗："凤钗金作缕。"段成式《嘲飞卿》诗："飘缨长罥凤凰钗。"

［五］人胜：南朝梁宗懔《荆楚岁时记》："正月七日为人日，以七种菜为羹，剪彩为人，或镂金箔为人，以贴屏风，亦戴之头鬓。"《花间集》温庭筠《菩萨蛮》："藕丝秋色浅，人胜参差剪。"

［六］角声：军中号角声。时建康处于备战态势，驻军常以角声警昏晓。按：《渊鉴类函》中引《卫公兵法》："夫军城及屯营在处，日出日没时，挝鼓一千槌，鼓音止，角声动，吹十二声为一叠。角声止，鼓声动，为此三角三鼓而昏明毕。"

［七］牛斗：指牛宿、斗宿二星。回牛斗，即《宋史》《乐志·奉禋歌》所云"斗转参横将旦"之意。

［八］西风：多指秋风，此喻时局。据《宋史·高宗纪》："去年十二月辛未，金人犯青州；本年正月丁亥，金人再陷青州、潍州，形势紧急。"

【赏析】

这首词中写到"人胜",可见是作于旧历人日(正月初七)。《荆楚岁时记》云:"人日剪彩为人,或镂箔为人,亦戴之头鬓;又造花胜以相遗。"人胜与花胜都是古代妇女于人日所戴的饰物。那么是作于哪一年呢?依词中所写的乡思推断,很可能是南渡以后的最初几年。彼时词人从中原流落江南,曾住过建康(今南京)和临安(今杭州)等地。

词的起首二句寓有飘零异地之感。听归鸿,望碧云,在唐宋词中往往寄托着旅愁。张泌《酒泉子》云:"归鸿飞,行人去,碧山远。"以居人看行人,如鸿雁飞去。柳永《夜半乐》云:"凝泪眼,杳杳神京路,断鸿声里长天暮。"写行人对京师的怀念。在李清照词里,也有这类句子:"征鸿过也,万千心事难寄。"(《声声慢》)"落日镕金,暮云合璧,人在何处?"(《永遇乐》)望归鸿而思故里,见碧云而起乡愁,几乎成了唐宋词的一条共同规律。然而随着词人处境、心情的不同,也能写出不同的特色。如此词云"归鸿声断残云碧,背窗雪落炉烟直",一写外景,一写内景,外景辽阔高远,在我们面前展示了广袤无垠的空间;内景狭小逼窄,在我们面前呈现了静谧岑寂的境界。不仅与张词的径直、柳词的深沉大异其趣，即与词人自己的作品相比，也有含蓄与显豁之别。"归鸿声断"，是写听觉；"残云碧"是写视觉，短短一句以声音与颜色渲染了一个凄清冷落的环境气氛。那嘹嘹呖呖的雁声渐渐消失了，词人想寻觅它的踪影，可是天空中只有几朵碧云。此刻的情绪自然是怅然若失。少顷，窗外飘下了纷纷扬扬的雪花，室内升起了一缕炉烟。雪花与香烟内外映衬，给人以静而美的印象。——按"背窗"即北窗，《诗·卫风·伯兮》："焉得谖草，言树之背。"《毛诗故训传》："背，北堂也。"温庭筠《菩萨蛮》云"背窗灯半明"，即此义。此词曰"背窗"，可见词人是在北望，其为思人，必矣。"炉烟"下着一"直"字，形象更为鲜明。似乎室内空气完全静止了，香烟笔直上升，纹丝不动。王维《使至塞上》诗云"大漠孤烟直"，以壮阔的大漠烘托孤烟，其直似在目前。温庭筠《菩萨蛮》云"深处麝烟长"，则以幽深的内室映衬麝烟，其长亦可想见。此处则以窗外的雪花作室内香烟的背景，益见词心之细。虽然三者各不相同，但就其描写气氛之静而言，则是异曲而同工。

如果说首二句仅是铺叙环境，人物的情绪仅是从景物的形态和色调上反映出来，那么到了三四两句，人物便直接出场了。在一般文学作品中，人物出场必先勾画其面貌、衣着，可是诗词由于篇幅的限制，往往只是抓住人物的某一特征进行以少总多的描绘。如韦庄《菩萨蛮》云:"骑马过斜桥,满楼红袖招。"晏幾道《鹧鸪天》云:"彩袖殷勤捧玉钟,当年拚却醉颜红。"都以衣着之一部分(袖子)借指女郎。李清照刻画自我形象时,也常用这一手法。如《永遇乐》云:"铺翠冠儿,撚金雪柳,簇带争济楚。"《浣溪沙》云:"辟寒金小髻鬟松,醒时空对烛花红。"前者表现了少女共赏元宵的欢悦,后者反映了独处幽闺的娇慵,都借助于妇女的装饰。在这首词里,我们并未看到词人愁苦的面容,只是在烛光的映照下看到她头上插戴的凤钗,以及凤钗上所装饰的用彩绸或锡箔剪成的人胜或花胜。而词人的一腔哀怨,却通过它们传递给读者。这里值得注意的是一个"明"字和一个"轻"字,从字面上看似乎很愉快,可是它为什么会给人以哀愁的感觉呢?其主要原因在于前面所铺叙的环境气氛和这两个限制词。在雁断云残、雪落烟升的凄清气氛中,人物的情绪自然不会欢畅;而烛底的凤钗即使明,也只能是闪烁着微光;凤钗上的人胜即使轻,也只能是颤巍巍地晃动。这样的意象自然是令人不欢的。从小小的凤钗和人胜上透露出心灵的信息,给人以丰富的联想,这是填词家的高妙之处。

这首词的时间和空间都有一个转移的过程,但这一切都是通过景物的变换和情绪的发展在不知不觉中完成的。从"残云碧"到"凤钗明",到"曙色回牛斗",既表明空间从寥廓的天宇到狭小的居室以至枕边,也说明时间从薄暮到深夜以至天明。过片二句中的角声是指军中的号角,晓漏是指古代的计时器铜壶滴漏,引申为时刻、时间。着一"催字",二者本语似无理,但这无理之语中恰恰反映了词人彻夜不眠的苦况。她在枕边只听得军中的号角声一阵紧似一阵,好像在催促早晨的到来。而室内的漏声好像被号角催动似的,也滴滴答答,响个不停。其实这都是词人心情烦躁不安的反映。周邦彦《蝶恋花·早行》词云:"月皎惊乌栖不定,更漏将残,辘轳牵金井。"细节虽不同,手法正相似,它们都是通过客观景物的色彩、声响和动态,表现主人翁通宵不寐的神态。所不同的是周词乃写男女临别之夜的辗转不安,李词则写流寓外地的惆怅情怀。周词风格较为妍艳,李词风格较为沉郁。

结尾二句欲吐还吞,一波三折,含思宛转,昵人无那。此刻已到了白天,阳光明丽,春意盎然,报春的梅花想是开放了。词人不禁产生一股游兴。然而此念方生,即已缩回。"看花难哪,还是不去吧。"何以难呢? 因为时在早春,西风还留有余威,外出看花,仍然受到料峭春寒的威胁。其实词人出外看花并不畏寒,周煇《清波杂志》就曾说她在建康时曾于寒雪日踏雪寻诗。之所以如此说，则是情境已大不相同之故。在建康踏雪寻诗，雅兴甚浓，只为其时初到江南，有其夫赵明诚在。而今人既憔悴，心亦凄凉，不欲看花，其原因何止畏寒一端乎？既想看花，又怕春寒，这种曲折的笔法，易安在其他词中也常使用。如《武陵春》云："闻说双溪春正好，也拟泛轻舟。只恐双溪舴艋舟，载不动许多愁。"又《念奴娇》云："清露晨流，新桐初引，多少游春意！日高烟敛，更看今日晴未？"他们的感情都是弯弯曲曲，吞吞吐吐，表现了婉约词的特有情致。

此词给人最突出的印象是淡永。宋人张端义谓易安词"皆以寻常语度入音律，炼句精巧则易，平淡入调者难"（《贵耳集》卷上）。可作李词的注脚。构成淡永的因素大约有三：一是格调轻灵而感情深挚；二是语言浅淡而意味隽永；三是细节丰富而不痴肥。仔细玩索，当能得其崖略。

浣溪沙

髻子伤春懒更梳，晚风庭院落梅初。淡云来往月疏疏。　玉鸭熏炉闲瑞脑，朱樱斗帐掩流苏。遗犀还解辟寒无？

| 作 品 |

【笺注】

〔一〕此词疑政和间作于屏居青州之时。据于中航《李清照年谱》:"政和五年(公元一一一五年,乙未),三十二岁。明诚得《汉司空残碑》。"并引《金石录》卷十九云:"政和乙未岁,得于洛阳〔天津〕桥之故基。"又云:是岁"下邳民得《汉祝长严䜣碑》"。盖此时赵明诚常外出考察,搜求古文碑刻,清照家居,每感寂寞慵怠,故作此词以抒情。

〔二〕落梅初:指暮春。梅花农历三月开花,故《埤雅》云:"江南三月为迎梅雨。"青州稍晚。开后不久即落。

〔三〕玉鸭句:玉鸭熏炉,炉形似鸭者。李商隐《促漏》诗:"睡鸭香炉换夕照。"玉鸭,指瓷制。亦称金鸭,系铜制。《花间集》顾敻《临江仙》:"香炉尽销金鸭冷。"瑞脑,香料名。见前注一三四页。闲瑞脑,意谓香料闲置未燃。

〔四〕朱樱句:朱樱:帐之颜色。《唐本草》谓:樱桃"熟时深红色者谓之朱樱"。斗帐,形如覆斗之小帐。古诗《孔雀东南飞》:"红罗覆斗帐,四角垂香囊。"唐温庭筠《偶游》诗:"红珠斗帐樱桃熟,金尾屏风孔雀闲。"流苏,用羽毛或丝线编制的排穗,列于帐子上沿之装饰品。宋

一五三

庞元英《文昌杂录》卷五："流苏，五彩毛杂而垂之。挚虞《决疑要注》曰：'凡下垂为苏。'张衡《东京赋》：'飞流苏之骚杀。'……盖流苏、骚杀，皆下垂也。"清钱大昕《恒言录》卷五："凡下垂者为苏，吴人读苏为胥。结缕下垂者谓之胥头，即古之流苏。"

〔五〕遗犀句：指帐上镇帏犀。唐杜牧《杜秋娘》诗："金盘犀镇帏。"宋苏轼《四时词》之四："夜风摇动镇帏犀。"又《春帖子词》："风暖犀盘尚镇帏。"帏上悬犀，使不因风而动，且有辟寒意。五代王仁裕《开元天宝遗事》上："开元二年冬至，交趾国进犀一株，色黄如金。使者请以金盘置于殿中，温温然有暖气袭人。上问其故，使者对曰：'此辟寒犀也。顷自隋文帝时，本国曾进一株，直至今日。'上甚悦，厚赐之。"犀，指犀牛角，中有白线贯通两端，故称"通犀"或"通天犀"。

【赏析】

这首词见于《花草粹编》卷二，无撰人姓名，其前为李清照《浣溪沙》（淡荡春光寒食天），后之选辑者或连类而及作李清照词，故王学初《李清照集校注》列为"存疑之作"，然《词综》《历代诗余》《古今词统》等均以为李清照作。而《全宋词》据《草堂诗余》续集属之李清照，今从之。

| 作 品 |

清谭献《复堂词话》评云:"易安居士独此篇有唐调,选家炉冶,遂标此奇。"这一评价是相当高的。自宋以来评词,常常标举"唐风""唐调"。如东坡评柳永《八声甘州》中"渐霜风凄紧,关河冷落,残照当楼"三句云:"此语于诗句不减唐人高处。"明人沈际飞评秦观《生查子》(眉黛远山长)时也说有"唐风"。所谓"唐风""唐调",当指格高韵胜、富有诗的意境。此词风格清丽,其笔墨多描写景物,而深情远致,流于言外。同唐诗中一些脍炙人口的绝句相比,确有某些相似之处。如唐人顾况《宿昭应》诗云:"独闭空山月影寒。"《听角思归》云:"起行残月影徘徊。"在伤心不语这样的风致上,它们是非常接近的。

词的起句,开门见山,点明伤春的题旨,隐然有《国风》骚雅之致。《诗·卫风·伯兮》云:"自伯之东,首如飞蓬。岂无膏沐,谁适为容?"同这里的"髻子伤春懒更梳"说的是一个意思。其时词人盖结褵未久,丈夫赵明诚负笈出游,丢下她空房独守,寂寞无憀,以至连头发也懒得梳理。这种情绪,她在另一首《浣溪沙》中也写过,其过片"瑞脑香消魂梦断,辟寒金小髻鬟松"二句,也与此词大同小异。这就进一步证明了本篇为李清照所作。

这首词中除了第一句写情较为明显之外,大部分是将伤春之情隐藏在景物描写之中。按照中国传统的审美习惯，写景之词宜于显，抒情之词所凭借的景物也宜于显，而所寓之情则宜于隐。欧阳修《六一诗话》引梅圣俞（尧臣）语云："必能状难写之景，如在目前；含不尽之意，见于言外。"就是在阐述写景宜显、写情宜隐的道理。写景不宜隐，隐则晦而不明；写情不宜显，显则浅而无味。此词自第二句起至结句止，基本上遵循了这一创作原则。"晚风庭院落梅初"，是从近处落笔，点时间，写环境，寓感情。"落梅初"，即梅花开始飘落。深沉庭院，晚风料峭，梅残花落，境极凄凉，一种伤春情绪，已在环境的渲染中流露出来。在古典诗词中，写落梅往往兼指笛曲《梅花落》，如李白《与史郎中钦听黄鹤楼上吹笛》诗云："黄鹤楼中吹玉笛，江城五月落梅花。"词人自己也在《永遇乐》词中说："染柳烟浓，吹梅笛怨，春意知几许。"此处若理解作词人立在庭院，眼看飘落的梅花，耳听哀怨的笛曲，则意境尤为深远。"淡云"一句，则将词笔引向远方，写词人仰视天空，只见月亮从云缝中时出时没，洒下稀疏的月色。"来往"二字，状云气之飘浮，极为真切。"疏疏"二字为叠字，富于音韵之美，用以表现云缝中忽隐忽显的月光，也恰到好处。因此清人陈廷焯称赞此句为"清丽之句"（见《云韶集》）。

　　过片以工整的一联，写室内之景。词人也许在庭院

《宋哲宗赵煦坐像》

《宋徽宗赵佶坐像》

《宋钦宗赵桓坐像》

《宋高宗赵构坐像》

元祐党籍碑拓本

洛陽伽藍記序

魏撫軍府司馬楊衒之撰

三墳五典之說，九流百代之言，並理在人區，而義兼天外。至於一乘二諦之原，三明六通之旨，西域備詳，東土靡記。自項日感夢，滿月流光，陽門飾豪眉之像，夜臺圖紺髮之形，爾來奔競，其道彌甚。至晉永嘉，唯有寺四十二所。逮皇魏受圖，光宅嵩洛，篤信彌繁，法教愈盛。王侯貴臣，棄象馬如脫屣，庶士豪家，捨資財若遺跡。於是昭

《洛阳伽蓝记》（明刻本）

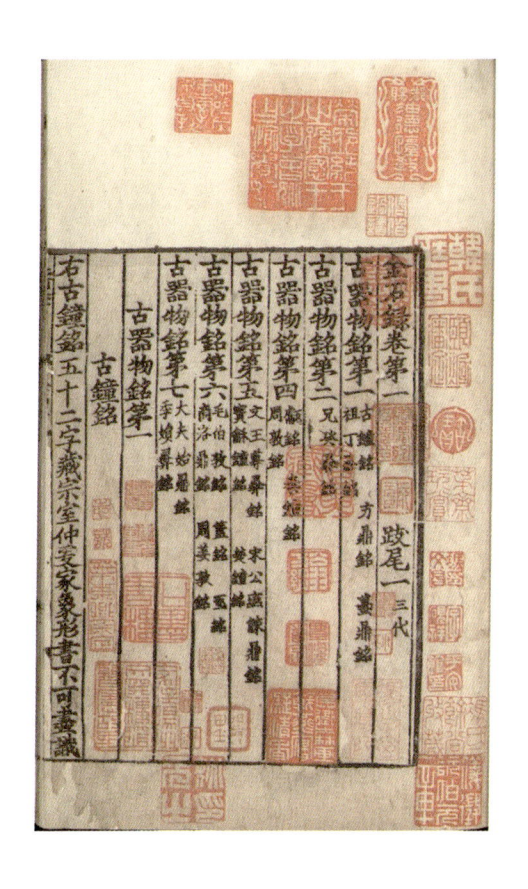

金石錄卷第一
古器物銘第一 三代
　　古鐘銘　丁祖鼎銘　方鼎銘　囊鼎銘
古器物銘第二 兄癸卣銘
古器物銘第三 周敦銘
古器物銘第四 文王鼎銘　宋公戍詠諸銘
古器物銘第五 寶龢鐘銘　欵識彝銘
古器物銘第六 商毛伯敦銘　周美敦銘
古器物銘第七 大夫始彝銘

古鐘銘

右古鐘銘五十二字藏宗室仲爰家象形書不可盡識

《金石録》（宋刻本）

右歐陽文忠公集古錄跋尾
四崇寧五年仲春重裝十五
日德父題記 時在鴻臚直舍

後十年於歸來堂再閱
寶政和甲申六月晦

戊戌仲冬廿六夜再觀

壬寅歲除日於東萊郡靜治堂
重觀舊題不覺悵然與時年
四十有三矣

前筆唯不識
公時絕視其風采丙戌八
月旦謹題

赵明诚《题欧阳修〈集古录〉跋》手迹

《清明上河图（局部）》（北宋 张择端 绘）

《观灯图》（南宋 李嵩 绘）

中立了多时，愁绪无法排遣，只得回到室内，而眼中所见，仍是凄清之境。从字面上看，镂玉雕琼，备极华丽，与《花间集》中温庭筠的《菩萨蛮》似相像。然温词多以"可以调和的诸物象而杂置一处，听其自然融合"（俞平伯语）；此词则情融于景，自然浑成，二者不可同日而语。这里需要略加诠释："玉鸭香炉"，即鸭形香炉，见李商隐《促漏》诗"睡鸭香炉换夕照"，晏幾道《浣溪沙》词"鸭炉香细琐窗开"。"瑞脑"，即龙脑香，今名冰片。词人在《醉花阴》中也写过："瑞脑消金兽。"瑞脑香在宝鸭熏炉内燃尽而消歇了，故曰"闲"。这个"闲"字比"消"字用得好，因为它表现了室内的闲静气氛。此字看似寻常，却是从追琢中得来。词人冷漠的心情，本是隐藏在景物中，然而通过"闲"字这个小小窗口，便悄悄透露出来。"朱樱斗帐"，是指绣有樱桃花或樱桃的方顶小帐。温庭筠《偶游》诗云："红珠斗帐樱桃熟。"《集韵》云："斗帐，小帐也，形如覆斗。""流苏"，是从帐子上沿垂下的一排丝线穗子。钱大昕《恒言录》卷五云："凡下垂者为苏，吴人读苏为胥，结缕下垂者谓之胥头，即古之流苏。"红樱斗帐为流苏所掩，其境亦十分静谧。以上四句，通过庭院、天空和闺中种种景物的描写，把周围环境渲染得一片宁静，写景可谓显矣；而词人伤春无语的神情，都寄寓在景物描写之中，写情亦可谓隐矣。这样便造成了含蓄深永的意境，令人涵咏不尽。

词的结句"遗犀还解辟寒无"，委婉含蓄，怨而不怨，表现了李清照这位受到良好教养的大家闺秀的独特个性。"遗犀"，是指传说中的犀牛角。据《开元天宝遗事》卷上说，开元二年（公元七一四年）冬至日，交趾国进贡犀牛角一只，色黄似金，置于殿中，有暖气袭人，名曰辟寒犀。然据词意，此乃指一种首饰，兼用《太平广记》中漱金鸟故事。据说魏时昆明国进漱金鸟，宫人争以此鸟所吐的金子装饰钗珮，谓之辟寒金，并相互嘲笑说："不服辟寒金，那得君王心？"此词首言髻子慵梳，结句如神龙掉尾，回应首句，当指髻上钗钿。所谓"遗犀"，当指赵明诚临别时所赠之钗；所谓"辟寒"，当指消除心境之凄冷。词人由于在晚风庭院中立了许久，回到室内又见香断床空，不免感到身心寒怯。通过"遗犀还解辟寒无"一句，反映了她对精神温暖的追求，也就是对正常爱情生活的向往。然而意蕴言中，音流弦外，需要我们透过由神话故事装饰起来的层层帷幕，作仔细地体味。

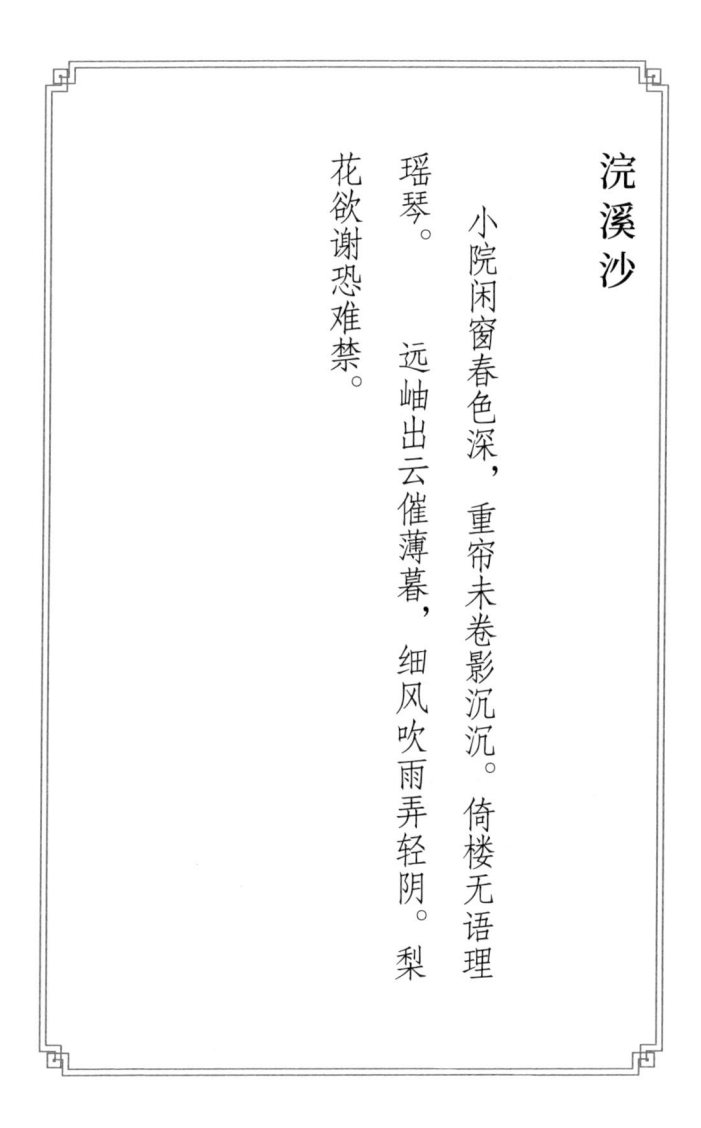

浣溪沙

小院闲窗春色深，重帘未卷影沉沉。倚楼无语理瑶琴。　　远岫出云催薄暮，细风吹雨弄轻阴。梨花欲谢恐难禁。

【笺注】

[一] 陈祖美云:"此首亦当作于李清照待字汴京之时,且属少女怀春之什。"均按:岫,山洞也,见《尔雅·释山》。汴京地处平原,无山。据"远岫"句,似作于屏居青州时期。青州西南有仰天仙,据明《临朐县志》:"仰天山在县南七十里……山麓有洞,深可五七丈许,上有窍通天云。"又明《青州府志》:"仰天山之阿有寺,名仰天寺……有罗汉洞,洞隙通处,可以望天。"于中航《李清照年谱》引此二志后云:"明诚大观戊子题名,即在罗汉洞附近崖壁上。"故可推知清照所见之"远岫出云",乃仰天山罗汉洞,而作词时间亦在大观某年之春天。

[二] 沉沉:深邃貌。《史记·陈涉世家》:"入宫,见殿屋帷帐,客曰:'夥颐!涉之为王沉沉者。'"《集解》引应劭曰:"沉沉,宫室深邃之貌也。"亦指幽静。杜甫《醉时歌》:"清夜沉沉动春酌,灯前细雨檐花落。"

[三] 瑶琴:琴之美称。南朝宋鲍照《拟古》诗之七:"明镜尘匣中,瑶琴生网罗。"按:李清照多才多艺,亦能弹琴。今发现有铭刻于一古琴上,详见本书卷三《琴铭》。

[四] 远岫句:南朝齐谢朓《郡内高齐闲望答吕法曹》诗:"窗中列远岫。"陶渊明《归去来辞》:"云无心以出

岫，鸟倦飞而知还。"《广韵》："山有穴曰岫。"《花间集》顾敻《更漏子》："帘半卷，屏斜掩，远岫参差迷眼。"词境差相似。

[五]梨花句：诗词中常借梨花写闺怨。唐刘方平《春怨》诗："纱窗日落渐黄昏，金屋无人见泪痕。寂寞空庭春欲晚，梨花满地不开门。"宋晏幾道《生查子》："牵系玉楼人，绣被春寒夜。消息未归来，寒食梨花谢。"秦观（或作无名氏）《鹧鸪天》："甫能炙得灯儿了，雨打梨花深闭门。"清照词似更委婉而深沉。

【赏析】

此首曾被误作欧阳修、周邦彦、吴文英词。《草堂诗余》《古今诗余醉》等均题李清照作，似应以此为据。清照词以南渡为界，分前后二期。前期词清丽娴婉，后期词忧伤哀怨，然亦自成一家，故清人王士禛说"婉约以易安为宗，豪放惟幼安称首"（《花草蒙拾》）。这首词从风格上看，应作于前期。

本篇题作"春景"，实际上是写闺愁。盖词人的丈夫赵明诚负笈出游，词人闺房独处，暮春时节，情绪无聊，遂借诸小词，一抒胸中郁闷。

词写闺情，为"花间"以来所常见。因为在唐宋时期，词是供歌女在花间酒边演唱的。演唱时，歌女常常充当其中一个角色，恍如自抒怀抱，这样演唱起来才能真切感人。例如温庭筠的《菩萨蛮》十四首，或写贵妇闲愁，或抒别后相思，词中人物全是女性。到了宋初的晏、欧，仍承花间余绪，"类不出乎绮怨"。他们在词中或有所寄托，即所谓"美人芳草以喻君子"，但这大半出自后人的分析。李清照词虽写闺楼，却与他们不同：一是没有一点寄托，后世词论家也从未作过这方面的探索；二是自温、韦、晏、欧以迄周、秦，他们写闺情都是从男性角度揣摩女子的性情、心理，虽能做到神情毕肖，终不如李清照这位女词人自抒性灵来得真切。好比唱戏一样，一个是男演女，一个是女演女，自然风神迥异。

这首词主要是抒发闺愁，但通篇大多为景语，极少情语。词人惆怅的感情，无聊的意绪，大都浸透在周围的景物上，通过从室内到室外的景物描写，逐次展示词人的内心世界。近人王国维在《人间词话》中说："一切景语，皆情语也。"读了此词，愈益信其不谬。词的起首二句，描绘词人所处的环境。"小院闲窗"，点住处；"春色深"，点时令；"重帘"句，写氛围。词人在《临江仙》中说："庭院深深深几许，云窗雾阁常扃。"此即"小院闲窗"之印证也。又在《多丽》中说："小楼寒，夜长帘幕低垂。"此亦仿佛"重帘未卷影沉沉"之境界也。绿肥红瘦，柳暗花暝，在这春色已深的日子里，词人独处小楼，自感郁郁寡欢。况且层层帘幕，遮住了阳光，整个室内，显得非常昏暗。这时词人心上，也仿佛投上一层阴影。词笔至此，虽未正面写人，然而透过这些景物，我们似乎能感觉到其中有人呼之欲出。

上阕到了歇拍，方始推出人物，原来词人正在"倚楼无语理瑶琴"。这一句写了三个动作："倚楼"，写其凭栏远望。温庭筠《梦江南》云"梳洗罢，独倚望江楼"，韦庄《清平乐》云"妆成不画蛾眉，含愁独倚金扉"，都是说倚楼（或门）望远，盼望征人。这里盖指盼望丈夫赵明诚的归来。此其一。"无语"，状其思绪之苦。古人词中写"无语""无言"，都是通过外表的沉默，反映内心的痛楚。韦庄《浣溪沙》："日高犹自凭朱阑，含嚬不语恨春残。"李煜《乌夜啼》："无言独上西楼，月如钩。"此处词境似之。此其二。"理瑶琴"，谓词人倚楼望远，不见人归，默默无语，回到室内，一腔幽怨，难解难排，于是通过弹瑶琴，一抒心曲。王安国《清平乐·春晚》："小怜初上琵琶，晓来思绕天涯。"乐器不同，而所写情思却很相似。此其三。全词虽只这一句情语，但极富有概括力。明人李攀龙《草堂诗余隽》卷一评此句云："分明是闺中愁、宫中怨情景。"《便读草堂诗余》卷一也评论道："写出闺妇心情，在此数语。"说明此句把词人伤怀念远的精神风貌集中地反映出来。在结构上此句也至关重要，有此一句作为支点，则前后景语都活了起来，形成一个完整的意境。

清人沈祥龙认为词的过片乃为转捩之处，"须辞意断而仍续，合而仍分，前虚后实，前实后虚"（《论词随笔》）。此词过片，深得个中妙谛。它很巧妙地处理了断与续、合与分、虚与实的关系。它的上阕歇拍主要写主人翁的动作与表情，过片忽又宕开一笔，描写客观景物：两片之间似乎邈不相涉，断了辞意；但仔细寻绎，过片一联，乃是由上阕"倚楼"一语生出。因为词人倚楼远望，所以看到远方的峰峦之间，吐出暖暖云雾；细风吹过，又洒下阵阵细雨。这样的结构便似断若续。又上阕起首二句系写室内情景，凄清冷寞，令人难耐。过片二句转写室外景物，空间是转移了，扩大了，词人的伤春情绪似也伴随着这些景物布满天空，弥漫四野。那薄暮之前的浓云似乎压在词人心上；那纷纷细雨，似在撩乱词人的愁绪。从结构上看，上下两片的起首二句，像是分了；从意境上看，它们却是合了。至于虚实关系，此词也处理得极好。如果上阕结句是写实的话，则过片二句全是虚写。这无疑是前实后虚，虚实相生。清人杨慎评此二句曰："景语，丽语。"（忏花庵本《草堂诗余》卷一）写景而用清丽的字眼，这在一般词人中也容易做到，但在景语中自然地寓有深情，却是李清照的特点。为什么能在景物中寓有深情？关键在于工于炼意，巧于炼字。"远岫出云"，系由陶渊明《归去来辞》"云无心以出岫"中化来，辞意原较轻灵，但与"催薄暮"组合在一起，境界全变。因为此刻天尚未晚，斜阳仍在，突然飘来一阵云彩，天色马上阴暗起来。好像天公不作美，故意让薄暮提前到来。着一"催"字，使无情之云变为有意，可见立意用字的不凡。下句"弄轻阴"中的"弄"字，也具有这样的好处。由于这两个动词带有浓烈的感情，于是透过薄暮阴云、微风细雨所组成的纱幕，我们似乎窥见一个容颜愁苦的女词人形象。

词的结句，景语而兼情语。"梨花欲谢"，与上阕"春色深"在时序上是一致的。梨花是春深时凋谢，自从唐人刘方平《春怨》诗写出了"寂寞空庭春欲晚，梨花满地不开门"的名句以后，梨花在女性诗人眼中竟成了撩人伤感的景物。秦少游《鹧鸪天》（枝上流莺和泪闻）云："甫能炙得灯儿了，雨打梨花深闭门。"这里说："梨花欲谢恐难禁。"因为洁白的梨花与女性的容貌与心灵有相似之处，故而词人见到梨花即将凋谢，便产生同情、怜悯之情，以致把自己的命运与梨花联系在一起。"恐难禁"三字，似乎是说娇弱的梨花难以禁受，也似乎是说词人自己在感情上受不了,语简意赅,把主观感情与客观景物紧密地融合在一起,几乎使人难以分辨。明人沈际飞评此句说:"雅炼,欲谢难禁,淡语中致语。"(《草堂诗余》正集卷一)在浅淡的语言中饶有深厚的韵致,读之如食橄榄,感到余味无穷。

念奴娇

萧条庭院，又斜风细雨，重门须闭。宠柳娇花寒食近，种种恼人天气。险韵诗成，扶头酒醒，别是闲滋味。征鸿过尽，万千心事难寄。

楼上几日春寒，帘垂四面，玉阑干慵倚。被冷香消新梦觉，不许愁人不起。清露晨流，新桐初引，多少游春意！日高烟敛，更看今日晴未？

【笺注】

[一] 黄墨谷《重辑李清照集》卷二云："此词当作于宣和三年（公元一一二一年），时清照在青州。"未知何据。考于中航《李清照年谱》云："政和六年（公元一一一六年，丙申），三十三岁。三月四日，明诚再游灵岩寺。"按：灵岩寺为唐宋名刹，在今济南市长清区东南，距青州约一百七十里。明诚曾四游此寺，在《宋嘉祐六年齐州长清县灵岩寺重修千佛殿记》碑侧，有明诚《题名》，末云："丙申三月四日复过此，德父记。"三月四日，时近寒食节。故清照此词云："宠柳娇花寒食近，种种恼人天气。"故知词当作于此时。

[二] 斜风细雨：唐张志和《渔歌子》："青箬笠，绿蓑衣，斜风细雨不须归。"

[三] 恼人天气：唐罗隐《春日叶秀才曲江》诗："春色恼人遮不得，别愁如疟避还来。"宋王安石《夜直》诗："春色恼人眠不得，月移花影上阑干。"皆谓春色之令人烦恼也。

[四] 险韵：韵部中字少而艰僻之韵。宋王禹偁《谪居感事》诗："分题宣险韵，翻势得仙棋。"宋郭应祥《菩萨蛮》："新词仍险韵，赓续惭非称。"逞才者多喜作险韵诗。

[五] 扶头酒：使人易醉之烈性酒。唐白居易《早饮湖州酒寄崔使君》诗："一榼扶头酒，泓澄泻玉壶。"姚合《答友人招游》诗："赌棋招敌手，沽酒自扶头。"杜牧《醉题》五绝："醉头扶不起，三丈日还高。"宋贺铸《醉厌厌》："易醉扶头酒，难逢敌手棋。"周邦彦《华胥引》："醉头扶起寒怯。"上述皆谓酒性浓烈，易使人醉。然俞平伯《唐宋词选释》中卷释此句云："古人于卯时饮酒称卯酒，亦名'扶头酒'……扶头原义当为醉头扶起。'扶头酒'是一复合的名词。宿醒未解，更饮早酒以投之，所用只是较淡的酒，以此种饮法能发生和解作用，故亦以'扶头'称之……易安此句当亦然。又如下录《声声慢》云云，只是三两杯淡酒而已。"俞氏以为"薄酒""淡酒"，可备一说。

[六] 清露二句：语本《世说新语·赏誉》："王恭始与王建武（王忱）甚有情，后遇袁悦之间，遂致疑隙，然每至兴会，故有相思时。恭尝行散至京口射堂，于时清露晨流，新桐初引。恭目之，曰：'王大（王忱）故自濯濯。'"引，《尔雅释诂》："引，长也。"初引，即初生、初长。

【赏析】

此词一本调作《壶中天慢》，题作"春情"，也有题作"春日闺情"的。根据词意,当作于南渡之前。词人十八岁嫁与赵明诚,夫妇间志同道合,感情深厚。明诚有时负笈出游,有时出仕在外,每逢春秋佳日,词人深闺独处,一种离愁别绪便会袭上心头。如果说《醉花阴》是写秋日相思的佳作,那么这首《念奴娇》便是写春日离情的代表。然而前人也有所訾议,清许昂霄《词综偶评》说:"此词造语固为奇俊,然未免有句无章。"也就是词中虽有佳句,但整体上并不完美。此论并不公允。从章法上讲,此词从起首的天阴,到结尾的天晴;从上阕的愁绪萦回,到下阕的情怀轩朗,写来条贯雅畅,层次井然,而感情的变化始终与天气的变化相适应,融情入景,自然邃密,堪称浑成之作。

起首二句写词人所处的环境,给人以寂寞幽深的感觉。欧阳修《蝶恋花》云:"庭院深深深几许,杨柳堆烟、帘幕无重数。"李清照颇赏其"庭院深深"一语,特作《临江仙》以效之。此词则遗其貌而袭其神,不说杨柳堆烟、帘幕重重,而以斜风细雨状庭院之萧条。庭院深深,寂寞无人,已足令人伤感;兼以细雨斜风,则景象之惨淡,心境之凄清,格外使人感怆。为了避免斜风细雨对孤独心灵的刺激,词人只得把门儿关上。一句"重门须闭",实际上是想关闭心灵的窗户,蕴藏难堪的情绪,省却无端的烦恼。歇拍"万千心事",也在这里设下了伏笔。

"宠柳娇花寒食近,种种恼人天气",这两句,既宕开,又关联,在词的章法上,不妨叫作"离合"或"离而后合"。由斜风细雨而想到宠柳娇花,正如《如梦令》中在风疏雨骤之后想到海棠一样,这里既反映了对美好事物的关切之情,也流露出词人惆怅自怜的感慨,花耶人耶,几不可分。在遣词造句上,也显示了词人的独创才能。因此明人王世贞说:"'宠柳娇花',新奇之甚。"(《弇州山人词评》)宋人黄昇说:"前辈尝称易安'绿肥红瘦'为佳句,余谓此篇'宠柳娇花'之语,亦甚奇俊,前此未有能道之者。"(《花庵词选》)此四句所以得人赞赏,盖以其字少而意深,事熟而句生,足见锤炼功夫。细审其意,乃是说寒食时节,化工造就了垂柳繁花,可见大自然对花柳的宠爱;人来柳阴花下流连玩赏,花与柳也便如宠儿娇女,备受爱怜。像这样新奇的语言,抒情状物,都达到人工天籁的境界。柳嫩堪宠,花娇可怜,临近清明寒食,备受风雨侵凌,故曰"种种恼人天气"。这句话对"清明时节雨纷纷"的气候,表示了由衷的反感,对前面"斜风细雨"一句,也是一个带有强烈感情色彩的补充。

"险韵诗成,扶头酒醒,别是闲滋味",由天气、花柳渐次写人物。险韵,指一种韵部极窄、字数甚少、冷僻难押的诗韵。苏轼《雪后书北台壁》诗与《谢人见和前篇》

诗中，以"尖""叉"为韵，便是险韵的著例。李清照自己在《声声慢》中所押的"戚""急""识""积""摘""黑""得"等，也是一种难度极高的险韵，所以张端义《贵耳集》说："'黑'字不许第二人押。"李清照生性好强，在艺术上不守故常，敢于攻关求新，故作诗填词喜押险韵。"扶头酒醒"句中的扶头，是指饮后易醉的酒。贺铸《南乡子》词："易醉扶头酒，难逢敌手棋。"王禹偁《回襄阳》诗："扶头酒好无辞醉，缩项鱼多且放馋。"都是指饮酒后头脑昏昏欲睡，需倩人扶，不是说酒名扶头。风雨之夕，词人饮酒赋诗，借以排遣愁绪，然而诗成酒醒，无端愁绪重又袭上心头，"别是闲滋味"。此语与李煜《乌夜啼》"剪不断，理还乱，别是一番滋味在心头"有些相似，然李煜词较形象，清照词较含蓄，着一"闲"字，将伤春惜别情怀暗暗逗出，耐人寻味。歇拍二句为整个上阕点睛之笔。相传鸿雁于春分时北归，时近寒食，则征鸿业已过尽。但这仅是虚指，实际上是暗用鸿雁传书故事，暗寓赵明诚走后，词人欲寄相思，而信使难逢。由于胸中藏有"万千心事"，故词人怕听雨声，要将"重门须闭"；由于胸中藏有"万千心事"，故对"宠柳娇花"，产生怜悯之情；更由于胸中藏有"万千心事"，故词人饮酒浇愁，赋诗遣兴……然而"万千心事"，仍是触绪纷来，排遣不得，寄也无方，最后还是把它深深地埋藏心底。这样的描写，可谓入木三分，深挚无比了。

　　换头从眼前风雨拓开一层，写"几日春寒"，然仍承"万千心事"意脉。连日阴霾，春寒料峭，词人楼头深坐，帘垂四面，不仅是为了抵御春寒，也是为了求得心境的宁静。秦观《浣溪沙》云："漠漠轻寒上小楼，晓阴无赖似穷秋。"词境皆相似。"帘垂四面"是上面"重门须闭"的进一步发展。既关上重门，又垂下帘幕，则小楼之阴暗可知；楼中人情怀之索寞，亦不言而喻了。"玉阑干慵倚"，刻画词人无聊之意绪，而隐隐离情亦在其中。征鸿过尽，音信无凭，纵使阑干倚遍，亦复何用！此语虽淡，而情实深。阑干慵倚，楼内寒深，枯坐更添烦闷，于是词人惟有怵怵入睡了。可是既睡之后，又感罗衾不耐春寒，渐渐从梦中惊醒。至此，明人李攀龙评此句曰："心事托之新梦，言有寄而情无方，玩之自有深味。"（《草堂诗余隽》卷一）可见上阕"万千心事"，实乃下阕致梦之由。"万千心事"，欲诉无方，惟有托诸梦境。而梦乡初到，又被寒冷唤回，其辗转难眠之意，凄然流于言外。于是迸出"不许愁人不起"一句。"不许愁人不起"，多少痛苦与无奈，多少难言的心事，都包含在这六字之中。因此明人陆云龙评曰："苦境，亦实境。"（《词菁》卷二）所谓苦境者，谓词人为离情所苦而新梦难成；所谓实境者，谓词人因丈夫赵明诚外出而实有此情，并非虚构。从语言上看，此句"用浅俗之语，发清新之思"，可谓"词意并工，闺情绝调"（清彭孙遹《金粟词话》），谱入音律，字字工稳，音韵谐婉，令人一唱三叹。

从"清露晨流"到篇终，词境为之一变。在此以前，词清调苦，婉曲深挚；在此以后，清润疏朗，低回蕴藉。"清露晨流，新桐初引"（引，长也），用《世说新语·赏誉》篇中成句，写晨起时庭院中景色。词的上阕本谓"重门须闭"，下阕也说"帘垂四面"，至此则门敞帘开，四望轩朗，令人感到一股盎然生趣。这在词的作法上叫作"宕开"，曲折变化，盘旋尽致。如果只是紧承前意，照直写去，便显得粘滞、板直，情味索然。清人毛先舒评曰："李易安《春情》'清露晨流，新桐初引'，用《世说》，全句浑妙。尝论词贵开拓，不欲粘滞，忽悲忽喜，乍远乍近，所为妙耳。如游乐词须微著愁思，方不痴肥。李《春情》词本闺怨，结云'多少游春意'，'更看今日晴未'，忽尔开拓，不但不为题束，并不为本意所苦。直如行云，施展自如，人不觉耳。"（《诗辩坻》卷四）这一段针对此词进行分析，确是方家之论。凡词无非言情，而情总不外乎喜怒哀乐。写游乐而著以微愁，写悲哀而衬以喜悦，使词情起伏跌宕，复杂多变而不致单一，正是词家三昧，易安可谓先得之矣。此词本写闺怨，情绪一直很消沉，可是至"清露晨流"三句，却离开本意，拓开一层，这就不为本意所苦，能放能收，活泼灵动。此词结句还有一个妙处：日既高，雾既散，本是大好晴天，但词人还要"更看今日晴未"，说明春寒日久，阴晴不定，即使天色放晴，她还是放心不下。暗中与前面所写的风雨春寒相呼应，词心之细，脉络之清，令人叹服。而以问句作结，犹如临去时回眸一顾，饶有有余不尽意味，读后颇感情波荡漾，沁人心脾。

凤凰台上忆吹箫

香冷金猊,被翻红浪,起来慵自梳头。任宝奁尘满,日上帘钩。生怕离怀别苦,多少事、欲说还休。新来瘦,非干病酒,不是悲秋。　　休休!这回去也,千万遍《阳关》,也则难留。念武陵人远,烟锁秦楼。惟有楼前流水,应念我、终日凝眸。凝眸处,从今又添,一段新愁。

【笺注】

[一] 黄墨谷《重辑李清照集》卷二云："此词当作于宣和三年（公元一一二一年），时清照居青州。"疑非是。按：赵明诚爱好金石碑刻，屏居青州后常出外寻访名山胜迹。有长清《灵岩寺题名》曰："东武赵明诚德甫、东鲁李擢德升、跃时升，以大观三年（公元一一〇九年）九月十三日同来，凡留两日乃归。"考大观三年九月，明诚出游长清，须经济南，路程约三百四十里，跋山涉水，极为劳苦，故清照苦苦挽留。然明诚"致力于斯，可谓勤且久矣，非特区区为玩好之具而已"（见《金石录序》），仍然执意要去。清照终于叹曰："休休！这回去也，虽千万遍《阳关》，也则难留。"词中以"武陵人"喻明诚，当亦含远游之意。词又云"不是悲秋"，意谓当秋而不悲，时令亦与明诚赴长清相合。因清照苦苦留恋，故明诚在灵岩，"凡留两日而归"。准此，词当作于大观三年九月。

[二] 金猊：金属狻猊型香炉。按陆容《菽园杂记》卷二："金猊，其形似狮，性好火烟，故立于香炉盖上。"宋谢逸《燕归梁》："香烬冷金猊。"又徐伸《转调二郎神》："薰彻金猊烬冷。"似为此句所本。

[三] 被翻红浪：柳永《凤栖梧》："鸳鸯绣被翻红浪。"此谓锦被乱摊于床上，如起伏之波浪。

［四］宝奁句：贺铸《忆仙姿》："销黯，销黯。门共宝奁长掩。"词意相似。

［五］日上帘钩：杜甫《落日》诗："落日在帘钩，溪边春事幽。"此谓"日上"，反其意而用之。

［六］新来：近来。宋时口语。柳永《临江仙》："觉新来、憔悴旧日风标。"

［七］病酒：因饮酒过量而致病。《史记·魏公子列传》："公子（信陵君）自知再以毁废，乃谢病不朝，与宾客为长夜饮，饮醇酒……竟病酒而卒。"南唐冯延巳《鹊踏枝》："日日花前常病酒，不辞镜里朱颜瘦。"

［八］悲秋：对秋景而伤感。宋玉《九辩》："悲哉秋之为气也，萧瑟兮草木摇落而变衰。"杜甫《登高》诗："万里悲秋常作客，百年多病独登台。"

［九］休休：《新唐书·司空图传》："图本居中条山王官谷，有先人田，遂隐不出。作亭观素室，悉图唐兴节士文人，名亭曰休休，作文以见志，曰：'休，美也，既休而美具。故量才，一宜休；揣分，二宜休；耄而聩，三宜休；又少也惰，长也率，老也迂，三者非济时用，则又宜休。'"此处"休休"，犹言"罢了罢了"。

［一〇］《阳关》：古送别曲。以唐王维《送元二使安西》诗为歌辞，曰："渭城朝雨浥轻尘，客舍青青柳色新。劝君更尽一杯酒，西出阳关无故人。"反复歌之，谓之

《阳关三叠》。此云"千万遍《阳关》",乃夸张之辞,极言离情之深也。

[一一] 也则:宋时口语。犹也是。宋陈慥《无愁可解》词:"你唤做、展却眉头,便是达者,也则恐未。"《五灯会元》卷十九白云端禅师上堂:"德山入门便棒,临济入门便喝,白云万里。然后怎么也不得,不怎么也不得。怎么不怎么,总不得,也则白云万里。忽有个汉出来道:'长老你怎么道,也则白云万里。'"

[一二] 武陵人:兼用陶渊明《桃花源记》武陵人入桃源及《幽明录》所载刘晨、阮肇误入天台山遇二仙女事,以武陵人借指赵明诚。二事合用,盖始于唐,王之涣《惆怅》诗十二之十云:"晨肇重来事已迷,碧桃花谢武陵溪。"至宋,则有韩琦《点绛唇》云:"武陵回睇,人远波空翠。"《北词广正谱》卷三则云:"有缘千里能相会,刘晨曾入武陵溪。"于是,武陵渔人已演变为对丈夫或所爱者之代称。

[一三] 秦楼:即凤台、凤凰台。此处化用《列仙传》弄玉与萧史仙凡相爱之典故,既写对明诚之思念、孤栖之寂寞,亦暗合调名,照应题旨。《乐府雅词·拾遗》袁绹《传言玉女》:"凤凰台上,有萧郎共约。"又无名氏《五彩结同心》:"好作个,秦楼活计,吹箫伴侣。"

[一四] 楼前流水:喻相思。三国魏徐幹《室思》诗:

"思君如流水，何有穷已时。"唐杜牧《题安州浮云寺寄湖州张郎中》诗："当时楼下水，今日到何处？"又《苕溪渔隐丛话》后集卷三十四引《复斋漫录》云："晁元忠《西归》诗：'安得龙山潮，驾回安河水。水从楼前来，中有美人泪。'子苍（韩驹）取其意以代葛亚卿作诗云：'君住江滨起画楼，妾居海角送潮头。潮中有妾相思泪，流到楼前更不流。'唐孙叔向有《经昭应温泉》诗云：'一道泉回绕御沟，先皇曾向此中游。虽然水是无情物，也到宫前咽不流。'子苍末句又用孙语也。"此处清照以为流水有情，知人念远，别开意境，迈越前人。

【赏析】

这首词的特点主要在于深刻地反映了词人的离愁别恨，刻画了一个有血有肉有灵魂的少妇形象。以离愁别绪为题材者，唐宋词中屡见不鲜，然而像这样写得委婉曲折、妥帖细腻的却很少。一般写离情，总是写别时如何难分难舍，此首则不然。它略去了别时，只是截取了别前与别后两个横断面，加以深入地开掘。这样的剪裁，确是别具匠心，不落窠臼，为全词的艺术结构奠定了基础。

如上所述，词的中心思想是离情，但词人却不直说，偏要通过景物的描绘、环境的渲染，把它慢慢地吐露出来。开头一个对句"香冷金猊,被翻红浪",便给人以冷漠凄清的感觉。金猊,指狻猊(狮子)形的铜香炉,清照词中常用这样的字眼,如《醉花阴》:"薄雾浓云愁永昼,瑞脑销金兽。"《菩萨蛮》:"沉水卧时烧,香销酒未消。"《浣溪沙》:"瑞脑香销魂梦断,辟寒金小髻鬟松。"这位词人何以不厌其烦地描写这类香炉? 一是她闺中固有的陈设,二是最足以表现她的感情。香烟袅袅可以象征她思绪的悠长,炉烟销歇可以比况她心情的冷寂。这个词儿在她手中犹如僚人之丸,异常娴熟而富于变化。"被翻红浪",语本柳永《凤栖梧》:"鸳鸯绣被翻红浪。"晏幾道《小山词·蝶恋花》中也有"双纹翠簟铺寒浪"一语,说的是锦被胡乱地摊在床上,在晨曦的映照下,波纹起伏,恍似卷起层层红色的波浪。这两句写的都是室内景,香冷金炉,反映了词人心灰意冷的情绪;锦被乱陈,是她无心折叠所致。情寓景中,令人可以想见。景语而带有情,因为其中体现了一个"静"字。而这种静谧的情绪,正与词句上的工稳对称相谐会,一开头便把读者引入凄清的境界。下一句"起来慵自梳头",则由景语过渡到情语,全写人物的情绪和神态了。由于是六字句的结构,加上前面两个四字句,便带有赋体"四六"的形式 —— 仅是前面多出一个四字句。读起来工练沉稳,在舒徐的音节中可以感受到词中人物低沉掩抑的情绪。就音调而言，这里似乎低下去了。可是到了"任宝奁尘满，日上帘钩"，则又微微振起，在抑扬顿挫的旋律中，恰到好处地反映了词人情绪流程中的波澜。然而她内心深处的离愁还未显露，给人的印象只是表面上的慵怠或娇慵。慵者，懒也，有的版本"慵自"作"人未"，未免"点金成石"，以碱砆代替美玉。须知此一"慵"字乃是"词眼"。词眼一如诗眼，有一句之眼，也有数句之眼。这里"慵"字便是数句之眼。炉中香销烟冷，无心再焚，一慵也；床上锦被乱陈，无心折叠，二慵也；髻鬟蓬松，无心梳理，三慵也；宝镜尘满，无心拂拭，四慵也；而日上三竿，犹未觉光阴催人，五慵也。五慵之中着一"任"字，则此慵懒情态已至于极点。词人为何不惜笔墨，大写"慵"字，目的仍在于写愁。写愁而先写慵，如行军之有前卫，纱笼未出马先嘶，使读者首先从人物的慵懒神态中感受到她内心深处有个愁在。

"生怕离怀别苦"，这才触及题旨。可是词人刚一接触思想实质，马上又退缩回去。"多少事，欲说还休"，她有万种愁情，一腔哀怨，本待在丈夫面前尽情倾吐，可是话到嘴边，又吞咽下去。这就使词情多了一层波折，也使她的愁苦更加重了一层。如果把"多少事"一下子倾泻出来，愁情排遣了，心胸舒畅了，下面还有什么文章可做？在《武陵春》中，李清照也写过"物是人非事事休，欲语泪先流"。那是在国破家亡以后，她心中寓有深愁惨痛，通过小词、通过词中所写的泪水，愁情只是得到部分地排遣，而想说的话儿终究没有说出，其痛苦令人可想。这里愁虽没有那样深，泪也没有夺眶而出，但描写的手法则有些大同小异。她先在用语上作一顿挫，犹如盘马弯弓，故意不发，把读者的心紧紧扣住。在词的作法上叫作"蓄势"。前人评此句曰："'欲说还休'，与'怕伤郎，又还休道'同意。"（杨慎批点本《草堂诗余》卷四）这种分析通过字面挖掘到词人心灵的深处了，因为这许许多多令人不快的事儿，如果当着丈夫的面说出来，自己固然一吐为快，然而带给赵明诚的却是无尽的烦恼。因此她宁可把痛苦埋藏心底，自己折磨自己，这就出现了前面所写的慵怠无力和后面所交代的容颜消瘦。读词至此，我们仿佛窥见词人一颗深情而又善良的心。

歇拍三句是上阕的警策。前人推李清照为"婉约之宗"，这三句确乎富有婉约的特色。它弯弯绕绕，曲曲折折，本来就是因为伤离惜别才使自己容颜瘦损，偏偏不直截说出。"新来瘦，非干病酒，不是悲秋"。她先从人生的广义概括致瘦的原因：有的人是"日日花前常病酒，不辞镜里朱颜瘦"（冯延巳《鹊踏枝》）；有的人是"万里悲秋常作客，百年多病独登台"（杜甫《登高》）。这一些，她都不是，那么她为什么会瘦呢？这就留给读者去想象，通过想象，产生思想上的共鸣。也许我们没有忘记，词人在《如梦令》中写过"绿肥红瘦"，在《醉花阴》中写过"人比黄花瘦"，加上这里的"新来瘦"，不妨借用王士禛在《花草蒙拾》中评价别人的一句话说："三'瘦'字俱妙！"瘦者，病态也，何以俱妙？何以给人以美感？这就是因为词人用得十分准确，恰到好处地刻画和烘托了忧愁令人瘦的娇弱性格。一个"瘦"字，蕴有丰富复杂的思想感情，反映了特定条件下特定人物的精神状态，因而令人吟味不尽。

从上阕歇拍"悲秋"到下阕起句"休休"，是大幅度的跳跃。词人怎样和丈夫分别，怎样饯行，她都省略了，一下子从别前跳到别后，手法极为精审。"休休！这回去也，千万遍《阳关》，也则难留。"多么深情的语言！《阳关》，即《阳关曲》。唐代王维有《送元二使安西》诗，最后二句是"劝君更尽一杯酒，西出阳关无故人"，时人多以送别，称为《阳关曲》。此曲或云三叠、或云四叠。李清照在《蝶恋花·晚止昌乐馆寄姊妹》词中说过"四叠《阳关》，唱到千千遍"，已够夸张了。这里则说"千万遍《阳关》，也则难留"，更加夸张了。离歌唱了千万遍，终是难留，惜别之情，跃然纸上。

人儿挽留不住，越去越远，词人的思念也愈益加深。"念武陵人远,烟锁秦楼",把双方别后相思的感情作了极其精确的概括。武陵人,原指陶渊明《桃花源记》中误入桃花源的渔人,但后来含义演变了。据《太平御览》引《幽明录》云,汉明帝永平中,有剡县人刘晨、阮肇入天台山采药,路见大桃树,乃渡水入山,遇二仙女,被留半载。因此后世诗词曲中所说的武陵人多指心爱之人,如唐人王之涣《惆怅诗》云:"晨肇重来事已迷,碧桃花谢武陵溪。"《北词广正韵》卷三云:"有缘千里能相会,刘晨曾入武陵溪。"而北宋韩琦在《点绛唇》中所写的"武陵回睇,人远波空翠",意境更与清照此词相仿佛。所不同的是,韩词的角度是从行人望居人,李词则连用二典,兼指居人与行人,显得更为凝练。李词中的"秦楼"一称凤楼、凤台。相传春秋时有个萧史,善吹箫,作凤鸣,秦穆公以女弄玉妻之,筑凤台以居,一夕吹箫引凤,夫妇乘之而去。此词调名《凤凰台上忆吹箫》,其源盖出于此。李清照化用这两个仙凡相爱的典故,既写她对丈夫赵明诚的思念,也写赵明诚对其妆楼的凝望,意思比一般的言辞更为丰富和深刻。从全词来看,语言大都通俗流畅,多以寻常语度入音律,何以这里却连用了两个典故?这要对她的文艺思想作一探索。她在《词论》中曾批评她所肯定的秦少游说:"秦即专主情致,而少故实,譬如贫家美女,虽极妍丽丰逸,而终乏富贵态。"

不用故实，即少富贵态。因此她在这首情致深邃的小词中加上两则典故，就像给贫家美女戴起凤冠霞帔，显得雍容华贵一些。话虽如此，但通过艺术实践来检验，这两则典故的运用，并未改变此词婉约清新的风格，相反，倒拓宽了词的境界，增强了词的思想容量，进一步丰富了读者的想象。同时，这后一典故也暗合调名，照应题意。

下阕后半段用了顶真格，使各句之间衔接紧凑，而语言节奏也相应地加快，感情的激烈程度也随之增强。于是，词中所写的"离怀别苦"达到了高潮。"惟有楼前流水"句中的"楼前"，是衔接上句的"秦楼"，"凝眸处"是紧接上句的"凝眸"。我们把它连起来吟诵，便有一种自然的旋律推动吟诵的速度，而哀音促节便在不知不觉中拨动我们的心弦。《古今词论》引张祖望云："词虽小道，第一要辨雅俗，结构天成，而中有艳语、隽语、奇语、豪语、苦语、痴语、没要紧语，如巧匠运斤，毫无痕迹，方为妙手。"并举清照此词"惟有楼前流水，应念我终日凝眸"二句，说这是痴语。这个评价可谓揭示了个中真谛。古代写倚楼怀人的不乏佳作，如温庭筠的《望江南》（梳洗罢）、柳永的《凤栖梧》（伫倚危楼风细细）和《八声甘州》（对潇潇暮雨洒江天），都精妙入微，寓情于景；然却没有像李清照写得这样痴情。她心目中的

"武陵人"越去越远，人影消失在迷蒙的雾霭之中，她一个人被留在"秦楼"，分外孤单，只得呆呆地倚楼凝望。她那盼归的心情，无可与语；她那凝望的眼神，无人理解。惟有楼前流水，映出她终日倚楼的身影，留下她钟情凝望的眼神。流水本是无知之物，怎么会记住她终日凝眸呢？这不是痴语吗？妙就妙在语痴。语痴者，情痴也，情深而至于痴，是由慵而瘦的进一步发展。词笔至此，主题似已完成了，然而结尾三句又使情思荡漾无边，留有不尽意味。人们不禁要问：凝眸处，怎么会又添一段新愁呢？此盖痴痴凝眸之必然结果。自从得知赵明诚出游的信息，她就产生了"新愁"，此为一段；明诚走后，"清风朗月，陡化为楚雨巫云；阿阁洞房，立变为离亭别墅"（沈际飞《草堂诗余》正集卷三），此又"新愁"一段也。而今而后，路远天长，离愁将与日俱增，流水将一日一日记下她的"新愁"。其情之痴，更是至于极点了。

这首词写离愁，步步深入，层次井然。前片用"慵"来点染，用"瘦"来形容；后片用"念"来深化，用"痴"来烘托，由物到人，由表及里，层层开掘，揭示到人物灵魂的深处，比那些句句粘着于愁字的写法要高明得多。而后片的"新愁"与前片的"新瘦"遥相激射，也十分准确地表现了"离怀别苦"的有增无已。在结构上，特别要注意"任宝奁尘满"中的"任"字，"念武陵人远"中的"念"字。这是两个去声领格字，承上启下，在词中起着关键性的转捩作用。从语言上看，除了后片用了两个典故外，基本上是从生活语言中提炼概括出来的，自然中节，一片宫商，富有凄婉哀怨的音乐色彩。前人所谓"以浅俗之语，发清新之思"（邹祗谟《远志斋词衷》），信不虚也！

渔家傲

天接云涛连晓雾，星河欲转千帆舞。仿佛梦魂归帝所。闻天语，殷勤问我归何处？

我报路长嗟日暮，学诗漫有惊人句。九万里风鹏正举。风休住，蓬舟吹取三山去！

【笺注】

[一] 此词作于建炎四年庚戌（公元一一三〇年）春。金人于建炎三年十二月二十三日犯越州，四年正月二日犯明州。此时高宗南逃入海，据赵彦卫《云麓漫钞》卷七引李正民《乘桴录》：建炎三年"十二月五日，车驾至四明（今浙江宁波），十五日大雨，遂登舟至定海（今浙江镇海），十九日至昌国县（今浙江舟山定海），二十六日移舟至温、台……（四年）正月二日，北风稍劲，晚泊台州港。三日早至章安，知台州晁公为来……十四日张俊自台州来，十八日移舟离章安……二十日泊青隩门，二十一日泊温州。"清照此时携铜器等物，"欲赴外廷投进"，也一路追随御舟，其《金石录后序》云："（建炎三年）冬十二月，金人陷洪州……上江既不可往，又虏势叵测。有弟远任敕局删定官，遂往依之，到台，台守已遁，之剡，出陆。又弃衣被走黄岩，雇舟入海，奔行朝。时驻跸章安，从御舟海道之温，又之越。"可见清照于建炎四年正月三日以后至章安行在，十八日随御舟从海上至温州。此词所写，即此一段航程中生活，而以梦境出之。夏承焘《唐宋词欣赏》以为早年作于山东，于中航《李清照的梦——〈渔家傲〉记梦词诠解》谓作于莱州，似可议。

[二]云涛:指海涛。唐孟浩然《宿天台桐柏观》诗:"日夕望三山,云涛空浩浩。"皮日休《重送圆载上人归日本国》诗:"云涛万里最东头,射马台深玉署秋。"宋陆游《暮秋遣兴》诗:"如虹壮气终难豁,安得云涛万里舟?"皆指波涛。今人或作"云如波涛"解,非是。

[三]星河:银河。唐杜甫《阁夜》诗:"五更鼓角声悲壮,三峡星河影动摇。"韩愈《岳阳楼别窦司直》诗:"星河尽涵泳,俯仰迷上下。"

[四]帝所:天帝所居之处。《史记·赵世家》:"居二日半,简子寤,语大夫曰:'我之帝所甚乐,与百神游于钧天广乐,九奏万舞,不类三代之乐,其声动人心。'"此指高宗行在。宋赵与时《宾退录》卷六记陈师锡宣和三年寓居京口,一日昼寝,梦之帝所,如人间上殿之仪。帝曰:"卿平生所上章奏,可叙录进呈。"师锡为苏轼知湖州时幕客,与李格非年辈相同。清照或许知此故事。宋张镃《梦游仙·记梦》:"五色光中瞻帝所,方知碧落胜炎洲。"

[五]闻天语:李白《飞龙引》:"造天关,闻天语,屯云河车载玉女。"

[六]我报句:语本屈原《离骚》:"路漫漫其修远兮,吾将上下而求索。""欲少留此灵琐兮,日忽忽其将暮。"

[七]惊人句:杜甫《江上值水如海势聊短述》诗:

"为人性僻耽佳句,语不惊人死不休。"

[八] 九万里句:《庄子·逍遥游》:"有鸟焉,其名为鹏,背若泰山,翼若垂天之云,抟扶摇羊角而上者九万里。"又云:"鹏之徙于南冥也,水击三千里,抟扶摇而上者九万里,去以六月息者也。"

[九] 蓬舟句:蓬舟,状如飞蓬之舟。三山,《史记·封禅书》:"自威、宣、燕昭,使人入海,求蓬莱、方丈、瀛洲。此三神山者,其传在渤海中,去人不远,患且至,则船引风而去。盖尝有至者,诸仙人及不死之药皆在焉。其物禽兽尽白,而黄金银为宫阙。未至,望之如云。及到,三神山反居水下。临之,风辄引去,终莫能至云。"

【赏析】

在词史上,李清照继柳永、秦观、周邦彦之后,被称为婉约之宗。她的词清丽委婉,幽怨凄恻,极富于抒情性。但是这首词却表现出不同的风格,它气势磅礴,音调豪迈,是李词中仅见的浪漫主义名篇。

词写梦境。但是梦境也是现实生活在作家头脑中的折射,诚如词学大师夏承焘所说:"这绝不是没有真实生活感情而故作豪语的人所能写得出的。"(《唐宋词欣赏》)南渡以前,李清照足不出闺门;南渡以后,李清照

"飘流遂与流人伍",视野开始开阔起来。据其《金石录后序》记载,她在建炎年间,为了辩明其夫赵明诚"馈璧北朝"之诬,曾追随宋高宗行踪,"从御舟海道之温(今浙江温州),又之越(今浙江绍兴)"。而赵彦卫《云梦漫钞》卷七引李正民《乘桴录》则记载得更为详细:建炎三年(公元一一二九年)"十二月五日,(宋高宗)车驾至四明(今宁波)。十五日大雨,遂登舟至定海(今镇海)。十九日至昌国县(今舟山定海)。二十六日移舟至温、台……(四年)正月二日,北风稍劲,晚泊台州港……二十一日泊温州港。"可见建炎三、四年之交,高宗皇帝在金兵追击下,一路南逃。李清照为了辩明"馈璧北朝"之诬,带着文物,"欲付外廷投进",一路追随御舟,在海上航行,风雨大作,历尽波涛颠簸之险。词中写到大海、写到乘船,人物有天帝及词人自己,都与这段海上航行有关。虽托言梦境,实乃真实生活的反映。

词一开头,便展开一幅辽阔、壮美的海上航行图。这样的境界,在唐五代、两宋词中,很少见到。首二句写了天、云涛、晓雾、星河、千帆,景象已极壮丽,其中又准确地嵌入几个动词,则绘景如活,动态俨然。"接""连"二字,把四垂的天幕、汹涌的波涛、弥漫的云雾,自然地组合在一起,形成一种浑茫无际的境界。

而"转""舞"两字,则将词人在风浪颠簸中的感受,逼真地传递给读者。所谓"星河欲转",是写词人从颠簸的船舱中仰望天空,天上的银河似乎在转动一般。所谓"千帆舞",是写海上刮起了大风,无数的舟船(以帆代指)在风浪中飞舞前进。这里的"舞"与"转"有着因果关系,也就是说由于船在舞,所以觉得星河在转。船摇帆舞,星河欲转,既富于生活的真实感,也具有梦境的虚幻性,虚虚实实,为全篇的奇情壮采奠定了基调。

"仿佛"以下三句,写词人在梦中见到天帝,"梦魂"二字,是全词的关键。词人经过海上航行,一缕梦魂仿佛升入天国,遇见慈祥的天帝。在现实生活中,词人看到的是置人民于水火中、畏强敌如虎狼、只顾一路逃窜的宋高宗;在幻想的境界中,她却塑造了一个态度温和、关心民瘼的天帝。"殷勤问我归何处",虽然只是一句简洁的问话,却饱含着深厚的关爱之情,寄寓着对现实生活美好的理想。

在一般双叠词中,通常是上阕写景,下阕抒情,并自成起结。过片处,或宕开一笔,或径承上阕意脉,笔断而意不断,然各片又有相对的独立性。此词则不同,上下两片,联系紧密,一气呵成。上阕末二句是写天帝的问话,过片二句是写词人的对答。问答之间,语气衔接,毫不停顿。这种结构,与后来辛弃疾《贺新郎·别茂嘉十二弟》颇为相似。辛词上阕自"马上琵琶关塞黑",至下阕"正壮士、悲歌未彻",连用数事,也是一气呵成。我们不妨称之为跨越式结构。此词下阕"我报路长兼日暮"句中的"报"字,与上阕中的"问"字,便是跨越两片的桥梁。"路长日暮",反映了词人晚年孤独无依的痛苦经历,然亦有所本。《史记·伍子胥列传》有"吾日暮途远"之语。屈原《离骚》云:"朝发轫于苍梧兮,夕余至乎县圃。欲少留此灵琐兮,日忽忽其将暮。吾令羲和弭节兮,望崦嵫而勿迫。路漫漫其修远兮,吾将上下而求索。"屈原用神话语言,表达他不惮长途远征,寻觅天帝所在的渴望;日将至暮,则勒马缓行,以便上下求索。词人结合自己身世,把它的意思隐括入律,只用"路长日暮"四字,便概括了"上下求索"的意念与过程,语言简洁自然,浑化无迹。其意与"学诗漫有惊人句"相连,是词人在天帝面前倾诉自己空有才华而遭逢不幸的苦闷。李清照是一位杰出的词人,王灼《碧鸡漫志》卷二说她"自少年便有诗名,才力华赡,逼近前辈";《宋史·李格非传》也说她"诗文尤有称于时"。然而在封建社会里,女子的聪明才智都被扼杀,在政治上更不可能有所作为。因而李清照一生只能用写诗填词来发挥自己的才能,但光有诗才又能怎样呢?"学诗漫有惊人句"

一句，表现了她对现实的强烈不满。词人在现实中知音难遇，欲诉无门，惟有通过这种幻想的形式，才能尽情地抒发胸中的愤懑。

"九万里风鹏正举"，从方才与天帝的对话中略一宕开，但仍不离主线。因为词中的贯串动作是乘船渡海，四周的景象是水天相接，词人由此而联想到《庄子·逍遥游》中的几句话："鹏之徙于南冥也，水击三千里，抟扶摇而上者九万里。"说"鹏正举"，是进一步对大风力量的渲染，由实到虚，形象愈益壮伟，境界愈益恢宏。在大鹏正在乘风高举的时刻，词人忽又大喝一声："风休住，蓬舟吹取三山去！"可谓尽情抒写，一往无前。"蓬舟"谓轻如蓬草的小舟，极言所乘之舟的轻快。"三山"，前人或以为指福州，非是。因为词写梦境，故多采用神话传说。此"三山"，当指渤海中蓬莱、方丈、瀛洲三座仙山，相传为仙人所居，可望而见，但乘船临近时即被风引开，终于无人能到。事见《史记·封禅书》。此处词人一翻旧案，欲借鹏抟九天的风力，把自己"吹取三山去"，胆气之豪，境界之高，为宋词中所罕见。上阕写天帝询问词人归于何处，此处交代海中仙山为词人的归宿，前呼后应，在疏快放诞中仍保持艺术结构的缜密，确实可贵。

总起来说，这首词把现实生活中的感受融入梦境，把屈原《离骚》、庄子《逍遥游》以至神话传说谱入宫商,使梦幻与生活、历史与现实融为一体,构成气度恢宏、格调雄奇的意境。近人梁启超评曰:"此绝似苏辛派,不类《漱玉集》中语。"(见《艺蘅馆词选》乙卷)真是一语破的,指出了此词的豪放特色。

孤雁儿

藤床纸帐朝眠起,说不尽,无佳思。沉香烟断玉炉寒,伴我情怀如水。笛声三弄,梅心惊破,多少春情意! 小风疏雨潇潇地,又催下、千行泪。吹箫人去玉楼空,肠断与谁同倚?一枝折得,人间天上,没个人堪寄。

【笺注】

[一] 黄墨谷《重辑李清照集》卷三以此词为"建炎元年南渡以后之作"。按：此为悼亡词，据《金石录后序》，赵明诚于建炎三年（公元一一二九年）八月十八日卒于建康。本年冬，《梅苑》编成，将此词收入。词云："笛声三弄，梅心惊破，多少春情意。"系指笛曲《梅花三弄》而言，并非确指春日。词当作于明诚卒后不久也。

[二] 藤床：明高濂《遵生八笺》卷八谓之欹床，云："高尺二寸，长六尺五寸，用藤竹编之，勿用板，轻则童子易抬。上置椅圈靠背如镜架，后有撑放活动，以通高低。如醉卧偃仰观书并花下卧赏，俱妙。"使用极便，故宋无名氏《春光好》词云："小藤床，随意横。"纸帐，宋林洪《山家清事》"梅花纸帐"："法用独床，傍植四黑漆柱，各挂以半锡瓶，插梅数枝。后设黑漆板，约二尺，自地及顶，欲靠以清坐。左右设横木一，可挂衣。角安斑竹书贮一，藏书三四，挂白尘一。上作大方目顶，用细白楮衾作帐罩之。"宋朱敦儒《鹧鸪天》："道人还了鸳鸯债，纸帐梅花醉梦间。"可见纸帐上画有梅花，故下文云"梅心"，云"一枝折得"。

[三] 沉香句：沉香：香料名。《南史·夷貊上·海南诸国》："林邑国，本汉日南郡象林县……（其国有）沉

水香者，土人斫新断，积有岁年，朽烂而心节独在，置水中则沉，故名曰'沉香'。"《花间集》张泌《虞美人》："玉炉香暖频添炷，满地飘轻絮，珠帘不卷度沉烟。"亦此意。

[四] 笛声三弄：笛曲有《梅花三弄》。《世说新语·任诞》："王子猷（徽之）出都，尚在渚下。旧闻桓子野（桓伊）善吹笛，而不相识。遇桓于岸上过。王在船中。客有识之者，云是桓子野。王便令人与相闻，云：'闻君善吹笛，试为我一奏。'桓时已贵显，素闻王名，即便回，下车，踞胡床，为作三调，弄毕，便上车去。客主不交一言。"

[五] 梅心惊破：语本李白《与史郎中钦听黄鹤楼上吹笛》诗："黄鹤楼中吹玉笛，江城五月落梅花。"

[六] 吹箫一去：谓赵明诚已逝。用萧史、弄玉事。旧题《列仙传》云："萧史者，秦穆公时人也，善吹箫，能致孔雀、白鹤于庭。穆公有女，字弄玉，好之。公遂以女妻焉。日教弄玉作凤鸣。居数年，吹似凤声，凤凰来止其屋。公为作凤台，夫妇止其上，不下数年。一日，皆随凤凰飞去。故秦人作为凤女祠于雍，宫中时有箫声而已。"后世多以吹箫人借喻夫婿。玉楼空，唐李商隐《代应》诗："离鸾别凤今何在，十二玉楼空又空。"王仲闻云："'吹箫人去玉楼空'，言其夫赵明诚已去世。"

〔七〕一枝三句：吴陆凯《与范晔诗》："折梅逢驿使，寄与陇头人。江南无所有，聊赠一枝春。"此处反用其意，以切梅之故事，并抒忆念亡夫之情。宋晏殊《瑞鹧鸪》："何时驿使西归，寄与相思客、一枝新。"《梅苑》卷一无名氏《水龙吟》："一枝折得，雪妍冰丽，风梳雨洗。"又卷七无名氏《鞓红》："一枝折寄，故人虽远，莫辄使、江南信断。"

【赏析】

这首词调下原有小序，云："世上作梅词，下笔便俗。予试作一篇，乃知前言不妄耳。"从这小序看，词人似乎在咏梅。然细玩词意，却是一首悼念亡夫赵明诚的作品。词调本名《御街行》，《古今词话》载有变格一首，云："霜风渐紧寒侵被，听孤雁，声嘹唳。"遂又名《孤雁儿》。词人不取本名而用后者，盖亦以自况；词的情调也深受后者的影响。

宋高宗建炎初年，李清照的丈夫赵明诚起复，知江宁府（今江苏南京）。此时青州发生兵变，李清照渡江来会。在局势相对稳定的情况下，"每值大雪，即顶笠披蓑，循城远览以寻诗，得句必邀其夫赓和"（周煇《清波杂志》卷八）。可是不久赵明诚病逝，把她一个人抛在人地生疏的江南，孤苦伶仃，心情凄苦。大概在建炎某一年的春天，梅蕊初绽，词人睹物思人，写下了这首词。

上阕起首二句云："藤床纸帐朝眠起，说不尽，无佳思。"开门见山，倾诉孤居之苦。藤床，犹今之藤躺椅。据明人高濂《遵生八笺》记载，藤床系用藤制，上置椅圈靠背，后有活动撑脚，便于坐卧时调整高低。纸帐，亦名梅花纸帐，据宋人林洪《山家清事》云，其上作大方形帐顶，四周用细白布制成帐罩，中置布单、楮衾、菊枕、蒲褥。在宋人词作中，这种陈设大都用来表现凄凉慵怠的情景。如宋无名氏《春光好》词云："小藤床，随意横。"朱敦儒《念奴娇》词云："照我藤床凉似水。"此词意境与之相似，一榻横陈，日高方起，正是孤寂无聊的写照。以下二句，承"无佳思"句意，进一步描写词人凄苦情怀。"沉香烟断玉炉寒"，使人想起她的《醉花阴》："瑞脑销金兽。"然而着一"寒"字，便突出了环境的冷漠与心情的凄楚。此时室内再无一人，惟有一炉时断时续的沉香及香烟灭了的玉炉陪伴着她。沉香和玉炉有形，而愁绪无踪，以有形之沉香状无踪之愁绪，形容入妙，意味深长。益以"伴我情怀如水"一句，则悲苦之情，愈益变成具体可感的形象。秦观《踏莎行》中也曾说过："柔情似水。"以水性之柔喻感情之柔。此处"情怀似水"，则是以水之凉，状情怀之冷。有此一句，则前面之"无佳思",便有了呼应。

正当词人凄清寂寞之际,窗外传来一阵悠扬的乐声:"笛声三弄,梅心惊破,多少游春意。"这里不仅以汉代横吹曲中的《梅花落》照应咏梅的旧题,同时联想到园中梅花,好似笛子一声,催绽万树寒梅,带来春天的消息。语带双关,构思巧妙,与李白《与史郎中钦听黄鹤楼上吹笛》诗中所写的"黄鹤楼中吹玉笛,江城五月落梅花",可谓同其机杼。而"梅心惊破"一语,更为奇警,不仅表明词人在语言运用上卓具才华,而且显示出她在感情上曾被激起一刹那的波澜。这就是对亡夫赵明诚的忆念;然而意境很含蓄。但若找一旁证,其意自明。她在《永遇乐》中也写过:"落日镕金,暮云合璧,人在何处?染柳烟浓,吹梅笛怨,春意知几许?"可见闻笛怀人,见梅思春,在她作品中是不止一次用过的。正因有了这一歇拍,词便自然地过渡到下阕。

下阕正面抒写悼念亡夫之情,词境虽由晴而雨,词意由晦而显,然而跌宕之中,意脉不断。"小风"二句将外境与内心融为一体。门外细雨潇潇,下个不停;门内词人枯坐,泪下千行。以雨催泪,亦是以雨衬泪,相映互感,悲慨何如,恍似词人在《声声慢》中所写:"梧桐更兼细雨,到黄昏、点点滴滴。这次第,怎一个愁字了得!"词从开头写到这里,均写感情的变化,层次鲜明,步步开掘，愈写愈深；但为什么"无佳思"，为什么"情怀如水"以至泪如雨下，都没有言明。直至"吹箫人去玉楼空，肠断与谁同倚"，才点明题旨，她是在怀念亡夫赵明诚，而不纯是咏梅。"吹箫人去"是用一典故，据《列仙传》云："萧史者，秦穆公时人也，善吹箫，能致孔雀、白鹤于庭。穆公有女字弄玉，好之。公遂以女妻焉。日教弄玉作凤鸣，居数年，吹似凤声，凤凰来止其屋。公为作凤台，夫妇止其上。不下数年，一旦皆随凤凰飞去。"这是一则富有浪漫色彩的仙凡相爱故事，萧史与弄玉双双飞升，多么幸福。可是现实生活中的李清照夫妇，却是赵明诚一人先行弃世。如今人去楼空，丢下李清照一人，纵有梅花好景，有谁与她倚栏同赏呢？凄凉情味，溢于言外。词人回想当年循城远览，踏雪寻诗，能不为之怆然！于是词中便迸出结尾三句。

　　结尾三句表达了深重的哀思。折梅寄远，用的是南朝宋陆凯与范晔的典故，然而出语自然，不着痕迹。陆凯当年从江南折下梅花，寄与远在长安的友人范晔，这是发生在现实生活中的，路虽遥而尚可达。可是李清照今天折下梅花，找遍人间天上，四处茫茫，却没有一人可供寄赠。其中"人间天上"一语，写尽了"寻寻觅觅"之情，堪与白居易《长恨歌》"上穷碧落下黄泉，四处茫茫皆不见"媲美；而"没个人堪寄"，则又写尽了怅然若失之感，颇为发人深思。词笔至此，戛然而止，而一曲哀音，犹自盘旋在人们的心头。

这首词的艺术特点，归纳起来大致有四：一是活用典实，以故为新，如将"笛声三弄""吹箫人去"、折梅赠远等等组织在词中，浑化无迹，恍如己出；二是将咏梅与悼亡冶于一炉，避免了"世人咏梅，下笔便俗"的陈套，恰到好处地寄托了悼念亡夫赵明诚的一腔哀思；三是语言通俗，音调凄婉，像"说不尽，无佳思"，"一枝折得，没个人堪寄"，全是口语，以之入词，又能以俗为雅，度入音律，犹如天籁；四是环境描写与心理刻画达到和谐的统一，特别表现在上下阕的起首几句中。通过这些手法，层层开掘，从而塑造了一个有血有肉、内心充满无限痛苦的孀妇形象，在宋代词坛上，可算是独特的。

武陵春

风住尘香花已尽,日晚倦梳头。物是人非事事休,欲语泪先流。　　闻说双溪春尚好,也拟泛轻舟。只恐双溪舴艋舟,载不动、许多愁。

【笺注】

[一] 黄盛璋《李清照事迹考辨》："词意写的是暮春三月景象，当作于绍兴五年（公元一一三五年）三月。"又《赵明诚、李清照夫妇年谱》："绍兴五年乙卯，清照五十二岁。春，清照在金华，作《武陵春》词。"王仲闻《李清照集校注》卷一："此首乃绍兴五年李清照在金华所作。"均按：据《宋史·高宗纪》，绍兴四年九月，金人及伪齐渡淮南侵。冬十月丙子朔，高宗与赵鼎定策亲征。己卯，金人犯滁州，围亳州。壬午，伪齐犯安丰，韩世忠邀击金人于大仪镇，败之。乙丑，金人困承州，又围濠州；高宗如平江。李清照《打马图序》云："今年十月朔，闻淮上警报，江浙之人，自东走西，自南走北，居山林者谋入城市，居城市者谋入山林，旁午络绎，莫不失所。易安居士自临安溯流，涉严滩之险，抵金华，卜居陈氏第。"十二月庚子，金人退兵。至本年春，局势稍定，故清照曾有出游之兴。

[二] 物是人非：三国魏曹丕《与朝歌令吴质书》："节同时异，物是人非，我劳如何。"宋贺铸《雨中花》："人非物是，半晌鸾肠易断，宝勒空回。"

[三] 双溪：《浙江通志》卷十七《山川》九引《名胜志》："双溪，在（金华）城南，一曰东港，一曰南港。东

港源出东阳县大盆山，经义乌西行入县境，又汇慈溪、白溪、玉泉溪、坦溪、赤松溪，经石碕岩下，与南港会。南港源出缙云黄碧山，经永康、义乌入县境，又合松溪、梅溪水，绕屏山西北行，与东港会于城下，故名。"

〔四〕舴艋舟：小船，两头尖如蚱蜢。《艺文类聚》七十一南朝宋《元嘉起居注》："余姚令何玢之造作平床一，乘船舴艋一艘，精丽过常。"唐张志和《渔父词》："舴艋为舟力几多，江头雨雪半相和。"

〔五〕载不动句：宋郑文宝《柳枝词》："不管烟波与风雨，载将离恨过江南。"钱锺书《宋诗选注》云："这首诗很像唐朝韦庄的《古离别》……但是第三、第四句那种写法，比韦庄的后半首新鲜深细得多了，后来许多作家都仿效它。例如：苏轼《虞美人》：'无情汴水自东流，只载一船离恨向西州'；陈与义《虞美人》：'明朝酒醒大江流，满载一船离恨向衡州'；李清照《武陵春》：'只恐双溪舴艋舟，载不动、许多愁'；辛弃疾《水调歌头》：'明夜扁舟去，和月载离愁'；张可久《蟾宫曲》：'画船儿载不起离愁，人到西陵，恨满东州'（《朝野新声太平乐府》卷一）；贯云石《清江引》：'江声卷暮涛，树影留残照，兰舟把愁都载了'（《朝野新声太平乐府》卷二）。王实甫的《西厢记》里把船变成车，例如第四本第一折：'试着那司天台打算半年愁，端的是太平车儿约有十余载';第三折:'遍人间烦恼填胸臆,量这些大小车儿如何载得起!'陆娟《送人还新安》又把愁和恨变成'春色':'万点落花舟一叶,载将春色到江南'(钱谦益《列朝诗集传》闰四)。此外不说'载'而说'驮'或'担'的也很多。"沈祖棻《宋词赏析》评清照此词亦承此说,在举李后主《虞美人》"问君能有几多愁,恰似一江春水向东流"后,谓"李清照等又进一步把它搬上了船,于是愁竟有了重量,不但可随水而流,并且可以用船来载。董解元《西厢记诸宫调》〔仙吕·点绛唇缠令·尾〕云:'休问离愁轻重,向个马儿上驮也驮不动。'则把愁从船上卸下,驮在马背上……从这些小例子也可以看出文艺必须有所继承,同时必须有所发展的基本道理来。"

【赏析】

读着这首小词,我们仿佛坐在剧场里,观赏着一出古老的昆剧。抬眼望去,远处是一幅暮春的景色:红日高悬,东风骀荡,园林内的花枝上已谢尽残红,一片片绿叶正缀满树梢。再看近处,则是古色古香的兼作书斋的闺房,案头上堆着书史,妆台上放着镜奁,旁边也可看到一只宝鸭香炉,它正袅袅不绝地吐着沉香的氤氲。少顷,一位衣着淡雅、年纪还不甚老的孀妇走出来望了望窗外,然后踱近妆台,想对镜梳妆,但又慵怠无力。

于是她舒展歌喉（或展开花笺），歌唱（或抒写）了一首回肠荡气的歌曲。

这首《武陵春》词之所以像戏曲，主要在于它是代言体，类似戏曲中的一段唱词。戏曲尚未完全成形以前，词史上一些描写闺情闺怨的曲子词，往往是由歌妓在歌台舞榭、酒边花前演唱的，演唱时她们可以充当其中的角色。我们从唐五代词中，即可探知个中消息。像《敦煌曲子词》中的《菩萨蛮》（枕前发尽千般愿）、温庭筠的《菩萨蛮》（小山重叠金明灭）即是如此。李清照的这首《武陵春》继承了传统的手法，表现出明显的代言体的特色。我们大都有看戏的经验，不妨拿戏曲中旦角的抒情独唱加以比较。像汤显祖《紫钗记》第二十出中霍小玉唱的"傍妆楼，日高花谢懒梳头。咱不曾经春透，早则是被春愁。晕的个脸儿烘，哈的个眉儿皱。"《牡丹亭》中杜丽娘唱的〔步步娇〕："袅晴丝吹来闲庭院，摇漾春如线。停半晌，整花钿，没揣菱花，偷人半面，迤逗的彩云偏。"虽然所写的人物性格、感情有所不同，但其表现手段却颇为相似：始写春景，次写梳妆，再写心情。在《武陵春》词中，李清照正是采用这类似后来戏曲中的代言体，以第一人称的口吻，用深沉忧郁的旋律，抒发了内心深处的苦闷和忧愁，从而塑造了处于"流荡无依"、孤苦凄凉环境中的自我形象。

所不同的是：戏曲比较铺张，这首词却非常简练；戏曲比较显豁，这首词却非常含蓄。我国古代词人很讲究炼字炼句，不但要做到"句中无余字，篇中无长语"，而且要做到"句中有余味，篇中有余意"（姜夔《白石道人诗说》）。李清照在这方面颇见功力。"风住尘香花已尽"一句即达到如此境界。"风住"二字，既通俗又凝练，极富于暗示性，它告诉我们在此以前曾是风吹雨打、落红成阵的日子。在此期间，词人肯定被这无情的风雨锁在家中，其心情之苦闷是可想而知的。"尘香"即后来陆游《卜算子·咏梅》词中"零落成泥碾作尘"的意思，它不仅说明天已晴朗多时，落花已化为尘土，而且寓有对美好事物遭受摧残的惋惜之情和对自身"流荡无依"的深沉感慨。语言优美，意境深远，含有无穷之味、不尽之意，令人一唱三叹。

这首词在艺术形象的刻画上，是由表及里，从外到内，步步深入，层层开掘，这种手法我们从一些表演艺术家所塑造的古代妇女形象上也可看出某种相似之处。如果勉强分开来说，这首词的上半阕则是侧重于外形，下半阕多偏重于内心。"日晚倦梳头""欲语泪先流"是描摹人物的外部动作和神态。从头发梳妆方面摹写意态的诗句，易安词中不止一处，如："夜来沉醉卸妆迟，梅萼插残枝"（《诉衷情》），"睡起觉微寒，梅花鬓上残"

(《菩萨蛮》），"起来慵自梳头"（《凤凰台上忆吹箫》），"髻子伤春懒更梳"（《浣溪沙》）……或是抒发伤春怀抱，或是表现离情别绪，或是刻画娇慵神态：没有一处是相同的。这里所写的"日晚倦梳头"，则是另外一种心境。这时她因金人南侵，几经丧乱，和她志同道合的丈夫赵明诚早已逝世，自己只身流落金华，眼前所见的是一年一度的春景，以及赵明诚的遗著《金石录》和另外一些文物。睹物思人，物是人非，不禁悲从中来，感到万事皆休，无穷索寞。因此她日高（"日晚"即"日高"之意）方起，懒于梳理。"欲语泪先流"，写得鲜明而又深刻。眼泪是传达感情最好的工具之一。人们在激动的时刻，常常借眼泪来宣泄内心的感情。古往今来有很多词人创制了描写眼泪的名句，像"泪眼倚楼凭独倚"（冯延巳《蝶恋花》），"泪眼问花花不语"（欧阳修《蝶恋花》），"停梭垂泪忆征人"（李煜《菩萨蛮》），"相顾无言，惟有泪千行"（苏轼《江城子》），"泪洗残妆无一半"（朱淑真《减字木兰花》），"执手相看泪眼，竟无语凝噎"（柳永《雨霖铃》），有的是写泪水含在眼里，有的是写泪水挂满两腮，有的则是写泪水哽咽在喉咙中：表现了各种各样的感情。这里李清照写泪，先以"欲语"作为铺垫，然后让泪水夺眶而出，简单五个字，先抑后扬，下语看似平易，用意却无比精深，把那种难以控制的满腹忧愁一下子倾泻出来，具有一股撼人心弦的艺术魅力。

词的下半阕在挖掘内心感情方面更加细腻，更加深邃。李清照是填词的圣手，她的作品起伏跌宕，曲折多变。哪怕是只有三四十字的难于变化的小令，也能于"短幅中藏无数曲折"（黄苏《蓼园词选》）。这首《武陵春》也表现了这样的特色。张炎在《词源》中说："词与诗不同，合用虚字呼唤。"李清照深得个中秘诀，她在《武陵春》的下半阕中一连用了"闻说""也拟""只恐"三组虚字，作为起伏转折的契机，一波三折，感人至深。第一句"闻说双溪春尚好"是陡然一扬，词人刚刚还在流泪，可是一听说金华城外的双溪正是春光明媚、游人如蚁的时刻，她这个平日喜爱游览的人遂起出游之兴，"也拟泛轻舟"了。"春尚好""泛轻舟"，措辞轻松，节奏明快，恰到好处地表现了词人一刹那间的喜悦心情。而在"泛轻舟"之前着"也拟"二字，更显得婉曲低回，说明词人出游之兴并不十分强烈。"轻舟"一词为下文的愁重作了很好的铺垫和烘托，至"只恐"以下二句，则是在铺足上文之后来一个猛烈的跌宕，使感情显得无比深沉，收到有余不尽的艺术效果。在这里上半阕所说的"日晚倦梳头""欲语泪先流"的原因，也得到了深刻的揭示。刘熙载论词说："一转一深，一深一妙，此骚人之三昧。倚声家得之，便自超出常境。"（《艺概·词曲概》）用这句话来评价李清照的《武陵春》，无疑是很恰当的。像这样婉曲幽深的手法，后来戏曲中常常采用，一些人物的静场唱里，往往有"欲要"怎样，"惟恐"怎样，反复咏唱，一转一深，从而将细微的心理活动，惟妙惟肖地勾画出来。

值得注意的是这首词在比喻方面的巧妙运用。诗歌中用比喻，是常见的现象，然而要用得新颖，却非常不易。就以形容"愁"和"恨"来说，词史上有不少名句，像："问君能有几多愁？恰似一江春水向东流。"（李煜《虞美人》）"试问闲愁都几许？一川烟草，满城风絮，梅子黄时雨。"（贺铸《横塘路》）"便做春江都是泪，流不尽许多愁。"（秦观《江城子》）这些优美的诗句将精神化为物质，将抽象的感情化为具体的形象，都饶有新意，各具特色。在这首词里，李清照说："只恐双溪舴艋舟，载不动许多愁。"同样是用夸张的比喻形容"愁"，但她自铸新辞，不落前人窠臼，而且用得非常自然妥帖，不着痕迹。我们说它自然妥帖，是因为它承上句"轻舟"而来，而"轻舟"又是承"双溪"而来，寓情于景，浑然天成，构成了完整的意境。沈祖棻在《宋词赏析》中说，李煜将愁变成水，秦观将愁变成随水而流的东西，李清照又进一步把愁搬上船，到了董解元《西厢记诸宫调》："休问离愁轻重，向个马儿上驼也驼不动。"则把愁从船上卸下，驮在马背上。王实甫《西厢记·长亭》说："遍人间烦恼填胸臆，量这些大小车儿如何载得起。"更把愁从马背上卸下来，装在车子上。这种种手法，确是艺术经验不断积累、不断衍化的结果，很值得借鉴。

李清照是个娴于音律的词人，她作词要求严格遵守"五声""六律""轻重清浊"。对音律上稍有不谐的作家，曾讥讽他们的作品为"长短不葺之诗"（《词论》）。这首词像她的其他作品一样，"皆以寻常语度入音律"（张义端《贵耳集》），音节谐婉，声情并茂，反映了她在词作上高深的造诣。然而她根据感情发展的需要，有时也在格律上作某些突破。我们知道，《武陵春》词本为双调，上下阕字数完全相等，平仄音韵也都一样。但李清照这首词的末句"载不动许多愁"，却多出句首一字。《词谱》讲这是"又一体"，依我看，她是有意创新的。因为如将这句改为五字，作"难载许多愁"，虽协音律，但所抒之情在力度和深度上都相差甚远了。

声声慢

寻寻觅觅，冷冷清清，凄凄惨惨戚戚。乍暖还寒时候，最难将息。三杯两盏淡酒，怎敌他、晚来风急？雁过也，正伤心，却是旧时相识。　满地黄花堆积，憔悴损，如今有谁忺摘？守着窗儿，独自怎生得黑。梧桐更兼细雨，到黄昏、点点滴滴。这次第，怎一个愁字了得！

【笺注】

［一］黄墨谷《重辑李清照集》卷三《编年》云："此词当作于建炎三年（公元一一二九年）秋，是年八月十八日赵明诚卒，系悼亡之词。"均按：清照悼亡之作，应为《孤雁儿》，词云："吹箫人去玉楼空，肠断与谁同倚。一枝折得，人间天上，没个人堪寄。"乃写新寡之伤痛。黄大舆《梅苑》于本年冬编成，中收此词，可作佐证。而此首所作时间应更晚。起云"寻寻觅觅，冷冷清清"，盖云室内空无一物，此必在绍兴十六年（公元一一四六年）前后。在建炎三、四年金人南侵中，清照古器物一部分运往洪州，不久损失；绍兴元年卜居越州土民锺氏宅又被窃一部分。故至晚年流荡无依，家徒四壁，遂有此深愁惨痛发之于词。考曾慥于绍兴十六年编《乐府雅词》成，中收清照词二十三首而未及此词。可见尚未写出，或写出不久而流播未广。否则如此精品，恐无遗珠之憾。因系此词于绍兴十七年。

［二］将息：唐宋时俗语。《诗词曲语辞汇释》卷六："将息，保重身体之义。有用之于普通问候者。王建《寄刘蕡问疾》诗：'年少病多应为酒，谁家将息过新春。'谁家将息，犹云如何保重也。杨万里《寄题永新昊天观贺知官方外轩》诗：'若见君家两仙伯，为侬寄声好将息。'

好将息,犹云善自保重也。"此自谓最难安息、休养。

[三] 雁过也三句:古人不仅常以鸿雁代指传递信息之使者,亦且作为故乡之象征。唐赵嘏《寒塘》诗:"乡心正无限,一雁过南楼。"宋毛滂《浣溪沙》:"雁过故人无信息,酒醒残梦寄凄凉。"朱敦儒《临江仙》(直自凤凰城破后):"年年看塞雁,一十四番回。"故知清照此处亦写思乡之情。

[四] 黄花:《礼记·月令》:"鞠有黄华。"此指菊花。

[五] 忺摘:犹言想摘。《方言》:"青齐呼意所欲为忺。"

[六] 怎生:如何,怎样。宋时口语。柳永《甘州令》:"卖花巷陌,放灯台榭。好时节,怎生轻舍?"《草堂诗余》前集上,欧阳永叔《瑞鹤仙·春情》:"问因循过了青春,怎生意稳?"

[七] 这次第:《诗词曲语辞汇释》卷四:"次第,况状之辞,犹云状态也……李清照《声声慢》词(略),这次第,犹云这情形或这光景也。"

[八] 了得:济南章丘方言,意为了结。

【赏析】

这首词重在写愁,但同样写愁,李清照有前后期的不同。前期的愁,多半是闲愁、离愁,是淡淡的哀愁,犹如《醉花阴》中所反映的那样。后期的愁,则是浓愁,是自抉其心的深愁惨痛。词人在写愁方面,何以如此不同?这要从她的生活变化进行分析。

"靖康事变"宣告了北宋的灭亡,南宋的诞生。李清照从青州逃到江南,备尝颠沛流离之苦,国破家亡之痛。不久,她的丈夫赵明诚因病死于建康(今南京市)。清照以寡居之身,又遭"馈璧北朝"之诬,山海奔窜之苦,她在生活上、精神上所受的打击是够惨重的了。及至晚年定居临安(今杭州市)以后,又值主和派得势之际,奸臣秦桧和金人签订了屈辱的绍兴和议,甘心纳币称臣。抗金名将岳飞又以"莫须有"的罪名,被戮于风波亭。李清照身为女子,不能参加当时的政治活动,但这种令人窒息的政治气氛,她不可能不有所感觉。表现在创作上,哀愁则愈益深重,风格则愈益沉郁。《声声慢》就是在这样的情况下写成的。虽然所写的时间不出一个黄昏,所写的地点不出一所深院,然而却反映了词人南渡以来的生活特征与精神面貌,概括了一个时期南中国土地上无数上层妇女的不幸,记录了她们心灵历程上悲惨的一页,因而也具有一定的典型意义和时代精神。

抒情诗的主人翁通常被认为是诗人自己。因而《声声慢》中的人物,自然也就是李清照本人。词的大幕拉开,我们就仿佛看到年过半百的词人在凄风苦雨的黄昏时刻，恍恍若有所失地在寻找什么。用一句戏剧术语，这"寻寻觅觅"，便是全词的贯串动作。她在这间斗室里，是在追寻失去的生活，还是在寻觅未来的幻梦？是在追寻昔日蹴过的秋千，还是追寻理过的笙簧？是在追寻归来堂上猜书斗茶的乐趣，还是在寻觅曾在莱州静治堂上一起研治金石文物的亲人？……然而这一切都已成如烟的往事，再也无处寻觅了。她得到的只是一间寂寥的斗室。其中什么也没有。"冷冷清清"，指环境气氛。"凄凄惨惨戚戚"，指心理反应。这是词人"寻寻觅觅"所得到的第一点。

什么也没有寻到，难道就此罢休吗？不，"乍暖还寒时候，最难将息"。这忽冷忽热的天气似乎在故意捉弄人，一刻儿也不让她休息。她满怀凄凄惨惨、悲悲戚戚的情绪，得找一个法子排遣。于是她拿来淡酒，举杯痛饮，借以消愁。"三杯两盏淡酒"，是她寻来的第二点。

可是萧瑟秋风，到晚来一阵猛似一阵，这几杯淡酒又怎能抵挡得住。于是她继续寻觅，这时嘹嘹呖呖，一阵雁鸣，她举目遥望空中，啊，"旅雁向南飞，风雨群相失"（朱敦儒《卜算子》）。那不像战乱年头向南逃难的老百姓吗？那不像"雁字回时，月满西楼"（李清照《一剪梅》）的寄书人吗？唉，"年年望塞雁，一十四番回"（朱敦儒《临江仙》）。对它们，李清照是太熟悉了。

这是词人寻得的第三层。

她失望极了，看看窗前庭院，又只见风雨中的菊花，凌乱地堆满一地。昔日她重九赏菊，曾以黄花比瘦，赋《醉花阴》一阕以寄丈夫赵明诚。可是今日里赵明诚早已下世，自己也更像黄花一般，从消瘦变成憔悴，还有什么可供采摘的价值呢？从花之憔悴意识到人之衰朽，这是她所寻觅到的第四点。

她茫然了，于是独自守着窗儿，想就这样捱到天黑。可是老天一刻儿也不让她宁静，一会儿阵阵细雨洒在梧桐叶上，发出一声声细碎的敲击声。她谛听着，这窸窸窣窣的雨点仿佛不是打在梧桐叶上，而是打在她那破碎的心灵上。这是她所寻得的第五点。寻来寻去，终无所得。最后她叹息了一声："这次第、怎一个愁字了得！"愁，是她寻寻觅觅所得到的惟一的实质性的东西。于是，与上阕的"凄凄惨惨戚戚"相呼应，整个作品完成了它的主题：反映词人夫死身老、国破家亡的深愁惨痛！

由此看来，此词的结构是非常严密的。它以"寻寻觅觅"为贯串动作，以深愁惨痛为主导思想，自始至终，潜气内转，意脉不断，构成浑然一体的意境。一个执着追求、终致失望的悲剧形象，便凛然屹立于一个悲剧时代之中，我们几乎可以触摸到她脉搏的跳动。

词人抒发悲愁、描写悲剧形象的艺术手法非常高明，具体地说：

第一，善于运用文字的声韵为抒发自己的愁情服务。作者在《词论》中说："盖诗文分平侧（仄），而歌词分五音，又分五声，又分六律，又分清浊轻重。且如近世所谓《声声慢》《雨中花》《喜迁莺》，既押平声韵，又押入声韵。"她在理论上是这样说的，在《声声慢》的创作实践中也是这样做的。为了表现深刻的哀愁，她没有采用声调舒缓婉转的平声韵，而是采用声调拗怒格磔的仄声韵。在仄声韵中，她又全部采用入声字，如"觅觅""戚戚""息""急""识""积""摘""黑""滴滴""得"，其中三组叠字，八个单韵，与"冷冷清清""凄凄""还寒""将息"等平声字参差交错。而平声中又严格区分阴阳，如"冷"为阳平，"清"为阴平，四个字相叠连用，声调的高低便有差别。低沉中含有激越，柔缓中带有刚毅。特别是入声字用得更妙。《玉钥匙歌诀》云："入声短促急收藏。"有利于把刚欲倾吐的感情急速地煞住。于是在声情上形成欲吐还吞、低回掩抑的状态。据夏承焘先生统计，此词用舌声的共十五字，用齿声的四十二字，"全词九十七字，而这两声却多至五十七字，占半数以上；尤其是末了几句：'梧桐更兼细雨，到黄昏、点点滴滴。这次第、怎一个愁字了得！'二十多个字里舌齿两声交相重叠，这应是有意用啮齿叮咛的口吻，写自己忧郁惝恍的心情"(《李清照词的艺术特色》)。可见李清照对语言声调的掌握，到了何种娴熟的程度！因此，我们一读此词，便从音韵的啮齿叮咛与高下抑扬中体会到一种难以名状的哀愁。

第二，运用双声叠韵，使词中增加了音乐感，当然也更有助于哀愁的抒发。词一开头，便用了"寻寻""觅觅""冷冷""清清""凄凄""惨惨""戚戚"七组叠字。下阕又用了"点点""滴滴"两组叠字。此外，还有"黄花""黄昏"等双声字。这些都用得很巧，似毫不费力。因此深受宋人张端义的称赞，称之为"公孙大娘舞剑手"，并谓"本朝非无能词之士，未曾有一下十四叠字者"(《贵耳集》卷上)。李清照这种功夫，并非偶然得来，诚如清人周济所说："双声叠韵字要著意布置，有宜双不宜叠、宜叠不宜双处。重字则既双且叠，尤宜斟酌。如李易安之'凄凄惨惨戚戚'，三叠韵六双声，是锻炼出来，非偶然拈得也。"(《宋四家词选目录序论》)词中运用双声叠韵，自然形成两字一顿的节奏，其他文字遂亦依此格，也是两字一顿，如"寻寻 — 觅觅 — 冷冷 — 清清"，"如今 — 有谁 — 堪摘"。即使其中也有"怎敌他""雁过也""这次第""怎一个"等三字一组的词汇，但它们第一个字或末一个字大都作为语助，基本上仍以两字为主。由于全词基本上是两字一顿，又押的是仄声韵，因此词调显得缓慢，诚如词牌"声声慢"三字所示；且于舒缓中显得低沉，平稳中带有拗怒，恰好从音感上渲染了词人深重的愁情。

第三，能以浅俗之语，发清新之思。词自诞生以来，便有雅俚之别。所谓俚词，大都形式俚俗，内容也俚俗，甚至粗俗、庸俗。如黄庭坚的《撼庭竹》："买个宅儿住着伊，刚不肯相随。如今却被天嗔你，永落鸡群受鸡欺。"前人讥之为"伧父"。李清照的词有的看上去近俗，却都是雅词。她的雅词不追求形式的典雅、古奥，而是注重内容的清新、高尚。这首《声声慢》从形式来讲是非常通俗的，几乎每一句都明白如话，浅近晓畅，但其中的意境却十分深远雅逸。个中妙诀，诚如明人杨慎所云："《声声慢》一词最为婉妙……山谷所谓以故为新，以俗为雅者，易安先得之矣。"（《词品》卷二）所谓"以故为新"，即将古人语言赋以新的生命。如"梧桐更兼细雨，到黄昏、点点滴滴"，早在白居易《长恨歌》中就说过："秋雨梧桐叶落时。"温庭筠《更漏子》也说过："梧桐树，三更雨，不道离情正苦。一叶叶，一声声，空阶滴到明。"语言何其相似，但李清照在句子上加以变化，并用"点点滴滴"四个叠字摹写雨打梧桐的音响，以渲染愁情，其效果与白诗、温词遂不相侔。所谓"以俗为雅"，就是将生活语言提炼为文学语言，如"最难将息""雁过也""怎生""这次第"等等，都是当时口语，李清照以之入词，便觉得音律谐婉，饶有韵味。宋释文莹《玉壶清话》曾记载一个故事，说太尉党进上朝时，把幕客们预先为他准备的致辞全给忘记，临时编了几句说："臣闻上古，其风朴略，愿官家好将息。"闻者掩口而笑，觉得俗不可耐。现在李清照把"将息"二字融入词中，却无此种感觉。何者？一是因为赋予了此语以典雅的内容；二是因为"以寻常语度入音律"，在婉美的音乐节奏中表现了典雅的情操，因此感到格调高远，韵味闲雅。

第四，以问句的形式表达了一腔愁怨。在中国文学史上，从屈原的《天问》到鲁迅的《祝福》，往往采取提出疑问的方式来抒发一腔忧思。王逸解释《天问》说："屈原忧心愁悴，彷徨山泽……呵而问之，以泄愤懑，舒泻愁思。"李清照继承了风骚传统，在《声声慢》中陆陆续续写了四个问句："三杯两盏淡酒，怎敌他、晚来风急？""满地黄花堆积，憔悴损，如今有谁堪摘？""守着窗儿，独自怎生得黑？""这次第，怎一个愁字了得？"其中有对晚风的憎恶，有对菊花的怜惜，有对日长难熬的怨恨，最后则归结到一腔无休无止的忧愁。用这种疑问的语气抒情，能曲折尽人意，有回肠荡气、哀婉动人的艺术效果。比那直抒胸臆的写法，似更深婉凄楚一些。

在鄙人看来，以上四点，可算这首《声声慢》的特色。然而古人云"诗无达诂",词亦如此。由于各人的艺术修养与审美角度不同,相信必将有人会对此词作出更好的诠解。如台湾诗人余光中先生在《诗与音乐的艺术关系》一文中指出:"李清照写她迟暮的词'寻寻觅觅,冷冷清清,凄凄惨惨戚戚',写得再好也不见得比乐器演奏更好听,但是它的可贵在于这几个字不但有意义在,在这样的意义之下能出现这样的音调来切合心境是非常难得的。"他的审美角度就很新,见解也很独特。随着时代的发展,研究的不断深入,自然会有更新的见解出现在词坛上,这是我所衷心盼望的。

史料

宋

庄绰《鸡肋编》

靖康初,罢舒王王安石配享宣圣,复置《春秋》博士,又禁销金。时皇弟肃王使虏,为其拘留未归。种师道欲击虏,而议和既定,纵其去,遂不讲防御之备。太学轻薄子为之语曰:"不救肃王废舒王,不御大金禁销金,不议防秋治《春秋》。"其后,金人连年以深秋弓劲马肥入寇,薄暑乃归。远至湖、湘、二浙,兵戈扰攘,所在未尝有乐土也。自是越人至秋亦隐山间,逾春乃出。人又以《千字文》为戏曰:"彼则寒来暑往,我乃秋收冬藏。"时赵明诚妻李氏清照,亦作诗以诋士大夫云:"南渡衣冠欠王导,北来消息少刘琨。"又云:"南游尚觉吴江冷,北狩应悲易水寒。"后世皆当为口实矣。

赵明诚《白居易书〈楞严经〉跋》
录自缪荃孙《云自在龛随笔》

淄川邢□氏之邨，丘地平弥，水林晶湑，墙麓硗确布错，疑有隐君子居焉。问之，兹一村皆邢姓，而邢君有嘉，故潭长，好礼，遂造其庐。院中繁花正发。主人出接，不厌余为兹州守，而重余有素心之馨也。夏首后相经过，遂出乐天所书《楞严经》相示。因上马疾驱归，与细君共赏。时已二鼓下矣。酒渴甚，烹小龙团，相对展玩，狂喜不支，两见烛跋，犹不欲寐，便下笔为之记。赵明诚。

赵明诚《蔡忠惠〈赵氏神妙帖〉跋》
录自岳珂《宝真斋法书赞》

此帖，章氏子售之京师，予以二百千得之。去年秋，西兵之变，予家所资，荡无遗余，老妻独携此而逃。未几，江外之盗再掠镇江，此帖独存。信其神工妙翰，有物护持也。建炎二年三月十日行书四行，后缺。

赵明诚《金石录》序
录自雅雨堂本《金石录》

余自少小喜从当世学士大夫访问前代金石刻词，以广异闻。后得欧阳文忠公《集古录》，读而贤之，以为是正讹谬，有功于后学甚大。惜其尚有漏落，又无岁月先后之次，思欲广而成书，以传学者。于是益访求藏蓄，凡二十年而后粗备。上自三代，下及隋唐五季，内自京师，达于四方遐邦，绝域夷狄。所传仓、史以来古文奇字，大小二篆，分隶、行、草之书，钟、鼎、簠、簋、尊、敦、甗、鬲、盘、杅之铭，词人墨客诗歌、赋颂、碑志、叙记之文章，名卿贤士之功烈行治，至于浮屠老子之说，凡古物奇器丰碑巨刻所载，与夫残章断画磨灭而仅存者，略无遗矣。因次其先后为二千卷。余之致力于斯，可谓勤且久矣！非特区区为玩好之具而已也。盖窃尝以谓《诗》《书》以后，君臣行事之迹，悉载于史。虽是非褒贬，出于秉笔者私意，或失其实。然至其善恶大节，有不可诬，而又传之既久，理当依据。若夫岁月、地理、官爵、世次，以金石考之，其抵牾十常三四。盖史牒出于后人之手，不能无失，而刻词当时所立，可信不疑。则又考其异同，参以他书，为《金石录》三十卷。至于文辞之微恶，字画之工拙，览者当自得之，皆不复论。呜呼！自三代以来，圣贤遗迹，著于金石者多矣！盖其风雨侵蚀，与夫樵夫牧童毁伤沦弃之余，幸而存者，止此尔。是金石之固，犹不足恃。然则所谓二千卷者，终归于磨灭；而余之是书，有时而或传也。孔子曰："饱食终日，无所用心，难矣哉！不有博弈者乎？为之犹贤乎已。"是书之成，其贤于无所用心，岂特博弈之比乎？辄录而传诸后世好古博雅之士，其必有补焉。东武赵明诚序。

张琰《洛阳名园记》序
录自宝颜堂秘笈《洛阳名园记》

　　山东李文叔记洛阳名园，凡十有九处，自富郑公而终于吕文穆。其声名气焰见于功德者，遗芳余烈，足以想象其贤。其次，世位尊崇与夫财力雄盛者，亦足以知其人经营生理之劳。又其次，僧坊以清净化度群品，而乃斥余事种植灌溉，夺造化之功，与王公大姓相轧。夫洛阳帝王东西宅，为天下之中。土圭日景，得阴阳之和；嵩少瀍涧，钟山水之秀；名公大人，为冠冕之望；天匠地孕，为花卉之奇；加以富贵利达、优游闲暇之士，配造物而相妩媚，争妍竞巧于鼎新革故之际，馆榭池台，风俗之习，岁时嬉游，声诗之播扬，图画之传写，古今华夏莫比。观文叔之记，可以知近世之盛，又可以信文叔之言为不苟。且夫识明智审，则虑事精而信道笃，随其所见浅深为近远小大之应。于熙宁变更，天下风靡，有所谓必不可者，大丞相司马公为首。后十五年无一不如公料者，至今明验大效，与始言若合符节。文叔方洛阳盛时，足迹目力心思之所及，亦远见高览，知今日之祸，曰："洛阳可以为天下治乱之候。"又曰："公卿高进于朝，放乎一己之私意，忘天下之治忽。"呜呼！可谓知言哉！文叔在元祐官太学。丁建中靖国再用邪朋，窜为党人。女适赵相挺之子，亦能诗，上赵相救其父云："何况人间父子情。"识者哀之。今《记》称潞公年九十，而杖履东西。按太师丙午生，正绍圣乙亥岁，谴逐岭表。立党之二年，诬谤宣仁圣烈废降昭慈献圣，群阴已壮，芽蘖弄权，宰相不必斥其名。后内相王明叟指言绍圣当国之人，如操舟者当左而右，当右而左，旁观者为之寒心。与文叔所言"放乎一己之私意，而忘记天下之治忽"，若相终始。愚故曰："其言真不苟且也。"噫！繁华盛丽，过尽一时，至于荆棘铜驼，腥膻伊洛，虽宫室苑囿，涤地皆尽。然一废一兴，循天地无尽藏，安得光明盛大，复有如洛阳众贤佐中兴之业乎！季父浮休侍郎，咏长安废兴地，有诗云："忆昔开元全盛日，汉苑隋宫已黍离。覆辙由来皆在说，今人还起古人愁。"感而思治世之难遇，嘉贤者之用心，故重言以书其首。绍兴八年三月望日鄼国张琰德和序。

王灼《碧鸡漫志》

易安居士，京东路提刑李格非文叔之女，建康守赵明诚德甫之妻。自少年便有诗名，才力华赡，逼近前辈。在士大夫中已不多得。若本朝妇人，当推文采第一。赵死，再嫁某氏，讼而离之。晚节流荡无归。作长短句，能曲折尽人意，轻巧尖新，姿态百出。闾巷荒淫之语，肆意落笔。自古搢绅之家能文妇女，未见如此无顾籍也。陈后主游宴，使女学士、狎客赋诗相赠答，采其尤艳丽者，被以新声，不过"璧月夜夜满，琼树朝朝新"等语。李戡尝痛元、白诗纤艳不逞，非庄士雅人，多为其破坏，流于民间，子父女母，交口教授，淫言媟语，冬寒夏热，入人肌骨，不可除去。二公集尚存，可考也。元与白书，自谓近世妇人，晕淡眉目，绾约头发，衣服修广之度，匀配色泽，尤剧怪艳，因为艳诗百余首。今集中不载。元《会真》诗、白《游春》诗，所谓"纤艳不逞""淫言媟语"，止此耳。温飞卿号多作侧词艳曲，其甚者："合欢桃叶终堪恨，里许元来别有人。""玲珑骰子安红豆，入骨相思知不知。"亦止此耳。今之士大夫，学曹组诸人鄙秽歌词，则为艳丽如陈之女学士、狎客；为纤艳不逞、淫言媟语如元、白；为侧词、艳曲如温飞卿；皆不敢也。其风至闺房妇女，夸张笔墨，无所羞畏，殆不可使李戡见也。

朱彧《萍洲可谈》
录自王仲闻《李清照集校注》

本朝女妇之有文者，李易安为首称。易安名清照，元祐名人李格非之女。诗之典赡，无愧于古之作者；词尤婉丽，往往出人意表，近未见其比。所著有文集十二卷、《漱玉集》一卷。然不终晚节，流落以死。天独厚其才而啬其遇，惜哉。

谢伋《四六谈麈》

赵令人李，号易安。其《祭湖州文》曰："白日正中，叹庞翁之机捷；坚城自堕，怜杞妇之悲深。"妇人四六之工者。

胡仔《苕溪渔隐丛话》

近时妇人，能文词如李易安，颇多佳句。小词云："昨夜雨疏风骤，浓睡不消残酒。试问卷帘人，却道海棠依旧。知否，知否，应是绿肥红瘦。""绿肥红瘦"，此语甚新。又《九日》词云："帘卷西风，人似黄花瘦。"此语亦妇人所难到也。易安再适张汝舟，未几反目，有《启事》与綦处厚云："猥以桑榆之晚景，配兹驵侩之下材。"传者无不笑之。

易安历评诸公歌词，皆摘其短，无一免者。此论未公，吾不凭也。其意盖自谓能擅其长，以乐府名家者。退之诗云："不知群儿愚，那用故谤伤，蚍蜉撼大树，可笑不自量。"正为此辈发也。

《诗说隽永》云：今代妇人能诗者，前有曾夫人魏，后有易安李。李在赵氏时，建炎初，从秘阁守建康，作诗云："南来尚怯吴江冷，北狩应悲易水寒。"又云："南渡衣冠少王导，北来消息欠刘琨。"

朱弁《风月堂诗话》

【李清照】 赵明诚妻，李格非女也。善属文，于诗尤工。晁无咎多对士大夫称之。如"诗情如夜鹊，三绕未能安"，"少陵也自可怜人，更待来年试春草"之句，颇脍炙人口。格非，山东人，元祐间作馆职。

米友仁《米元章〈灵峰行记帖〉跋》
录自岳珂《宝真斋法书赞》

易安居士一日携前人墨迹临顾，中有先子留题，拜观不胜感泣。先子寻常为字，但乘兴而为之。今之数句，可比黄金千两耳。呵呵！敷文阁直学士、右朝议大夫、提举佑神观友仁谨跋。

米友仁《米元章〈寿时宰词帖〉跋》
录自岳珂《宝真斋法书赞》

先子真迹也。昔唐李义府出门下典仪,宰相屡荐之。太宗召试讲武殿侧坐,而殿侧有乌数枚集之,上令作诗咏之。先子因暇日偶写,今不见四十年矣。易安居士求跋,谨以书之。敷文阁直学士、右朝议大夫、提举佑神观友仁谨跋。

洪适《金石录跋》
录自其著《隶释》

右赵氏《金石录》三卷[1]。赵君名明诚,字德夫,密州诸城人,故相挺之之子也。所藏三代彝器及汉唐前后石刻,为目录十卷,辨证二十卷。其称汉碑者百七十有七,其阴四十。今出其篆书者十四,非东汉者二。《隶释》所阙者,盖未判也,掇其说载之。赵君之书,证据

---

[1] "《金石录》三卷",当为"三十卷"之误。

见谓精博，然以"卫弹"易"街弹"，以"绵竹令"为"县令"之类，亦时有误者。绍兴中，其妻易安居士李清照表上之。赵君无嗣，李又更嫁。其书行于世，而碑亡矣。

洪迈《容斋四笔》

【赵德甫《金石录》】 东武赵明诚德甫，清宪丞相中子也。著《金石录》三十篇。上自三代，下讫五季，鼎、钟、甗、鬲、槃、匜、尊、爵之款识；丰碑、大碣，显人、晦士之事迹，见于石刻者，皆是正伪谬，去取褒贬，凡为卷二千。其妻易安李居士，平生与之同志。赵没后，愍悼旧物之不存，乃作《后序》，极道遭罹变故本末。今龙舒郡库刻其书，而此序不见取。比获见元藁于王顺伯，因为撮述大概，……时绍兴四年也，易安年五十二矣。自叙如此。予读其文而悲之，为识于是书。

晁公武《郡斋读书志》

《李易安集》十二卷 右皇朝李氏格非之女，先嫁赵诚之，有才藻名。其舅正夫相徽宗朝，李氏尝献诗曰："炙手可热心可寒。"然无检操,晚节流落江湖间以卒。

陆游《夫人孙氏墓志铭》中语
录自其著《渭南文集》

【《夫人孙氏墓志铭》(节录)】 夫人幼有淑质,故赵建康明诚之配李氏,以文辞名家,欲以其学传夫人。时夫人始十余岁,谢不可,曰:"才藻非女子事也。"

陆游《老学庵笔记》

张子韶对策,有"桂子飘香"之语。赵明诚妻李氏嘲之,曰:"露花倒影柳三变,桂子飘香张九成。"

周煇《清波杂志》

浯溪《中兴颂碑》,自唐至今,题咏实繁。零陵近虽刊行,止荟粹已入石者,曾未暇广搜而博访也。赵明诚待制妻易安李夫人,尝和张文潜长篇二。以妇人而厕众作,非深有思致者能之乎?"五十年功如电扫,华清花柳咸阳草。五坊供奉斗鸡儿,酒肉堆中不知老。胡兵忽自天上来,逆胡亦是奸雄才。勤政楼前走胡马,珠翠踏尽香尘埃。何为出战辄披靡,传置荔枝多马死。尧功舜德本如天,安用区区纪文字。著碑铭德真陋哉,乃令神鬼磨山崖。子仪光弼不自猜,天心悔祸人心开。夏为殷鉴当深戒,简策汗青今具在。君不见当时张说最多机,虽生已被姚崇卖。""君不见惊人废兴传天宝,中兴碑上今生草。不知负国有奸雄,但说成功尊国老。谁令妃子天上来,虢、秦、韩国皆天才。花桑羯鼓玉方响,春风不敢生尘埃。姓名谁复知安、史,健儿猛将安眠死。去天尺五抱瓮峰,峰头凿出开元字。时移势去真可哀,奸人心丑深如崖。西蜀万里尚能反,南内一闭何时开。可怜孝德如天大,反使将军称好在。呜呼,奴辈乃不能道辅国用事张后尊,乃能念春荠长安作斤卖。"顷见易安族人,言明诚在建康日,易安每值天大雪,即顶笠披蓑,循城远览以寻诗,得句必邀其夫赓和,明诚每苦之也。烨尝欲哀今昔名人所赋《庐山高》《明妃曲》《中兴颂》,用精纸为轴,匀工字画者,随意各书一篇,后志姓名岁月,常常披展,为醒心明目之玩,竟未克成。是极易办,人必乐从,特坐因循耳。易安父文叔,元祐馆职。

韩玉父《寻夫题漠口铺》
录自罗烨《醉翁谈录》

妾本秦人，先大父尝仕，朝乱离落，因家钱塘。儿时，易安居士教以学诗。及笄，方择所从。有一上舍林君子建，为言者有终身偕老之约，妾信之。去年夏，林得官归闽，妾倾囊以助其行，林许："秋冬间遣骑迎汝。"久之杳然。何其食言耶！不免携女拏自钱塘而之三山。至夏，林已归盱江矣。因而复回延平，经由顺昌，假道昭武而去。叹客履之可厌，笑人事之可乖。因理发漠口铺，漫题数语，留于壁间。妇人从夫者也，士君子其无诮。

南行踰万山，复入武阳路。黎明与难兴，理发漠口铺。盱江在何所？极目烟水暮。生平良自珍，羞为浪子负。知君非秋胡，强颜且西去。

朱熹《朱子语类》

明诚，李易安之夫也。文笔最高，《金石录》煞做得好。

本朝妇人能文,只有李易安与魏夫人。李有诗,大略云"两汉本继绍,新室如赘疣。所以嵇中散,至死薄殷周"云云。中散非汤、武得国,引之以比王莽。如此等语,岂女子所能?

赵师厚《〈金石录〉跋》
录自雅雨堂本《金石录》

赵德甫所著《金石录》,锓版于龙舒郡斋久矣,尚多脱误。兹幸假守获睹其所亲钞于邦人张怀祖知县,既得郡文学山阴王君玉是正。且惜夫易安之跋不附焉,因刻以殿之。用慰德父之望,亦以遂易安之志云。

张端义《贵耳集》

易安居士李氏,赵明诚之妻。《金石录》亦笔削其间。南渡以来,常怀京洛旧事。晚年赋《元宵·永遇乐》词云"落日镕金,暮云合璧",已自工致。至于"染柳烟轻,吹梅笛怨,春意知几许",气象更好。后叠云:"于今憔悴，风鬟霜鬓，怕见夜间出去。"皆以寻常语度入音律。炼句精巧则易，平淡入调者难。且《秋词·声声慢》："寻寻觅觅，冷冷清清，凄凄惨惨戚戚。"此乃公孙大娘舞剑手。本朝非无能文之士，未曾有一下十四叠字者，用《文选》诸赋格。后叠又云："梧桐更兼细雨，到黄昏、点点滴滴。"又使叠字，俱无斧凿痕。更有一奇字云："守定窗儿，独自怎生得黑。""黑"字不许第二人押。妇人中有此文笔，殆间气也。有《易安文集》。

陈振孙《直斋书录解题》

《洛阳名园记》一卷，礼部员外郎济南李格非文叔撰，记开国以来公卿家园圃之盛。其末，言天下治乱之候，在洛阳之盛衰；洛阳盛衰之候，在名园之兴废，使人感慨。格非以不肯与编元祐章奏，入党籍。国史《文苑》有传。世所谓易安居士清照者，其女也。格非苦心为文，而集不传，馆中亦无有，惟锡山尤氏有之。《文鉴》仅存此跋，盖亦未尝见其全文也。

《金石录》三十卷，东武赵明诚德甫撰。其所藏二千卷，盖仿欧阳《集古》，而数则倍之。本朝诸家蓄古器物款式，其考订详洽，如刘原父、吕与叔、黄长睿多矣。大抵好附会古人名字，如"丁"字即以为祖丁，"举"字即以为伍举，方鼎即以为子产，仲吉匜即以为偪姞之类。邃古以来，人之生世夥矣，而仅见于简册者几何？器物之用于人亦夥矣，而仅存于今世者几何？乃以其姓氏名物之偶同而实焉。余尝窃笑之。惟其附会之过，并与其详洽者，皆不足取信矣。惟此书跋尾独不然，好古之通人也。明诚，宰相挺之之子。其妻易安居士为作《后序》，颇可观。

《打马赋》一卷，易安李氏撰。用二十马。以上三者各不同。今世打马大约与古之摴蒲相类。

《漱玉集》一卷，易安居士李氏清照撰。元祐名士格非文叔之女，嫁东武赵明诚德甫。晚岁颇失节。别本分五卷。

岳珂《蔡忠惠〈赵氏神妙帖〉跋》
录自其著《宝真斋法书赞》

右蔡忠惠公《赵氏神妙帖》三幅，待制赵明诚字德甫题跋真迹，共一卷。法书之存，付授罕亲，此独有德甫的传次第，而蒋仲远猷、晁以道说之、张彦智缜，俱书其后。中有彦远者，未详其为谁。承平文献之盛，是盖蔚然可观矣。德甫之夫人易安居士，流离兵革间、负之不释，笃好又如此！所憾德甫跋语，糜损姓名数字。《帖》故有石本，当求以足之。嘉定丁亥十月，予在京口，有鬻帖者，持以来。叩其所从得，靳不肯言。予既从售，亦不复诘云。

赞曰：公书在承平盛时，已售钱二十万，赵氏所宝也。题跋皆中原名士。今又一百年，文献足考也。易安之鉴裁，盖与以身存亡之鼎，同此持保也。予得之京口，将与平生所宝之真，俱供吾老也。

岳珂《米元章〈灵峰行记帖〉跋》
录自其著《宝真斋法书赞》

右宝晋米公《灵峰行记》真迹一卷。天下未尝无胜游，惟人与境称，而后传久，其次以文，其次以字画。考乎此亦可观矣。宝庆丙戌秋得之京口。故藏易安室，有元晖跋语系焉。

岳珂《米元章〈寿时宰词帖〉跋》
录自其著《宝真斋法书赞》

右宝晋米公《寿诗帖》真迹一卷。词不知上于何岁月。《山林集》有吕汲公生日诗,岂同时耶?嘉定辛巳二月,得之建康。元晖跋本他卷物,以同得,故并褾之。

魏仲恭《断肠诗集》序中语
录自朱淑真《断肠诗集》

尝闻摛藻丽句,固非女子之事。间有天姿秀发,性灵钟慧,出言吐句,有奇男子之所不如,虽欲掩其名,不可得耳。如蜀之花蕊夫人,近时之李易安,尤显显著名者。各有宫词、乐府行于世。然所谓脍炙者,可一二数,岂能皆佳也。

李心传《建炎以来系年要录》

右承奉郎监诸军审计司张汝舟属吏，以汝舟妻李氏讼其妄增举数入官也。其后有司当汝舟私罪徒，诏除名，柳州编管。十月己酉行遣。李氏，格非女，能为歌词，自号易安居士。

赵彦卫《云麓漫钞》

李氏自号易安居士，赵明诚德夫之室，李文叔女。有才思，文章落纸，人争传之。小词多脍炙人口，已版行于世。他文少有见者。《上韩公枢密诗序》云："绍兴癸丑五月，枢密韩公、工部尚书胡公使虏，通两宫也。有易安室者，父祖皆出韩公门下，今家世沦替，子姓寒微，不敢望公之车尘。又贫病，但神明未衰落。见此大号令，不能忘言，作古、律诗各一章，以寄区区之意，以待采诗者云。""三年夏六月，天子视朝久。凝旒望南云，垂衣思北狩。如闻帝若曰，岳牧与群后。贤宁无半千，运已遇阳九。勿勒燕然铭，勿种金城柳。岂无纯孝臣，识此霜露悲。何必羹舍肉，便可车载脂。土地非所惜，玉帛如尘泥。谁当可将命，币厚辞益卑。四岳佥曰俞，臣下帝所知。中朝第一人，春官有昌黎。身为百夫特，行足万人师。嘉祐与建中，为政有皋夔。匈奴畏王商，吐蕃尊子仪。夷狄已破胆，将命公所宜。公拜手稽首，受命白玉墀。曰臣敢辞难，此亦何等时。家人安足谋，妻子不必辞。愿奉天地灵，愿奉宗庙威。径持紫泥诏，直入黄龙城。单于定稽颡，侍子当来迎。仁君方恃信，狂生休请缨。或取犬马血，与结天日盟。胡公清德人所难，谋同德协心志安。脱衣已被汉恩暖，离歌不道易水寒。皇天久阴后土湿，雨势未回风势急。车声辚辚马萧萧，壮士懦夫俱感泣。闾阎嫠妇亦何知，沥血投书干记室。夷虏从来性虎狼，不虞预备庸何伤。衷甲昔时闻楚幕，乘城前日记平凉。葵丘践土非荒城，勿轻谈士弃儒生。露布词成马犹倚，崤函关出鸡未鸣。巧匠何曾弃樗栎，刍荛之言或有益。不乞隋珠与和璧，只乞乡关新信息。灵光虽在应萧萧，草中翁仲今何若。遗氓岂尚种桑麻，残虏如闻保城郭。嫠家父祖生齐鲁，位下名高人比数。当时稷下纵谈时，犹记人挥汗成雨。子孙南渡今几年，飘流遂与流人伍。欲将血泪寄山河，去洒东山一抔土。"又："想见皇华过二京，壶浆夹道万人迎。连昌宫里桃应在，华萼楼头鹊定惊。但说帝心怜赤子，须知天意念苍生。圣君大信明如日,长乱何须在屡盟。"又有《投内翰綦公崇礼启》:"清照启:素习义方,粗明诗礼。近因疾病,欲至膏肓,牛蚁不分,灰钉已具。尝药虽存弱弟,鹰门惟有老兵。既尔苍皇,因成造次。信彼如簧之说,惑兹似锦之言。弟既可欺,持官文书来辄信;身几欲死,非玉镜架亦安知。僶俛难言,优柔莫决。呻吟未定,强以同归。视听才分,实难共处,忍以桑榆之晚节,配兹驵侩之下才。身既怀臭之可嫌,惟求脱去;彼素抱璧之将往,决欲杀之。遂肆侵凌,日加殴击,可念刘伶之肋,难胜石勒之拳。局地扣天,敢效谈娘之善诉;升堂入室,素非李赤之甘心。外援难求,自陈何害,岂期末事,乃得上闻。取自宸衷,付之廷尉。被桎梏而置对,同凶丑以陈词。岂惟贾生羞绛灌为侪,何啻老子与韩非同传。但祈脱死,莫望偿金。友凶横者十旬,盖非天降;居囹圄者九日,岂是人为!抵雀捐金,利当安往;将头碎璧,失固可知。实自谬愚,分知狱市。此盖伏遇内翰承旨,搢绅望族,冠盖清流,日下无双,人间第一。奉天克复,本缘陆贽之词;淮蔡底平,实以会昌之诏。哀怜无告,虽未解骖;感戴鸿恩,如真出己。故兹白首,得免丹书。清照敢不省过知惭,扪心识愧。责全责智,已难逃万世之讥;败德败名,何以见中朝之士。虽南山之竹,岂能穷多口之谈;惟智者之言,可以止无根之谤。

高鹏尺鷃，本异升沈；火鼠冰蚕，难同嗜好。达人共悉，童子皆知。愿赐品题，与加湔洗。誓当布衣蔬食，温故知新。再见江山，依旧一瓶一钵；重归畎亩，更须三沐三薰。忝在葭莩。敢兹尘渎。"

翟耆年《籀史》

【赵明诚古器物铭碑十五卷】 明诚，字德夫，大丞相挺之季子。读书赡博，藏书万卷，悉亲是证，铅椠未尝去手。酷好书画，遇名迹，捐千金不少靳，畜三代鼎彝甚富。建炎南渡，悉为盗夺，所存者九牛之一毛。又无子能保其遗余，每为之叹息也。

元

袁桷《跋定武禊帖不损本》
录自其著《清容居士集》

赵明诚本,前有李龙眠蜀纸画右军像,后明诚亲跋。明诚之妻李易安夫人,避难寓吾里之奉化,其书画散落,往往故家多得之。后有绍勋小印,盖史中令所用印图画者。今在燕山张氏家。

脱脱等《宋史·李格非传》

李格非字文叔,济南人。其幼时,俊警异甚。有司方以诗赋取士,格非独用意经学,著《礼记说》至数十万言,遂登进士第。调冀州司户参军;试学官,为郓州教授。郡守以其贫,欲使兼他官,谢不可。入补太学录,再转博士,以文章受知于苏轼。尝著《洛阳名园记》,谓"洛阳之盛衰,天下治乱之候也"。其后洛阳陷于金，人以为知言。绍圣立局编元祐章奏，以为检讨，不就，戾执政意，通判广信军。有道士说人祸福或中，出必乘车，矼俗信惑。格非遇之涂，叱左右取车中道士来，穷治其奸，杖而出诸境。召为校书郎，迁著作佐郎、礼部员外郎，提点京东刑狱，以党籍罢。卒，年六十一。格非苦心工于词章，陵轹直前，无难易可否，笔力不少滞。尝言："文不可以苟作，诚不著焉，则不能工。且晋人能文者多矣，至刘伯伦《酒德颂》、陶渊明《归去来辞》，字字如肺肝出，遂高步晋人之上，其诚著也。"妻王氏，拱辰孙女，亦善文。女清照，诗文尤有称于时，嫁赵挺之之子明诚，自号易安居士。

伊世珍《琅嬛记》引《文粹拾遗》

李易安《贺人孪生启》中有云："无午未二时之分，有伯仲两楷之侣。既系臂而系足，实难弟而难兄。玉刻双璋，锦挑对褓。"注曰："任文二子孪生，德卿生于午，道卿生于未。张伯楷、仲楷兄弟，形状无二。白汲兄弟，母不能辨，以五采绳一系于臂，一系于足。"

伊世珍《琅嬛记》引《外传》[1]

易安以《重阳·醉花阴》词函致明诚。明诚叹赏，自愧弗逮，务欲胜之。一切谢客，忘食忘寝者三日夜，得五十阕，杂易安作，以示友人陆德夫。德夫玩之再三，曰："只三句绝佳。"明诚诘之。曰："莫道不销魂，帘卷西风，人似黄花瘦。"政易安作也。

赵明诚幼时，其父将为择妇。明诚昼寝，梦诵一书，觉来惟忆三句云："言与司合，安上已脱，芝芙草拔。"以告其父。其父为解曰："汝待得能文词妇也。'言与司合'，是'词'字，'安上已脱'，是'女'字。'芝芙草拔'，是'之夫'二字，非谓汝为词女之夫乎？"后李翁以女女之，即易安也，果有文章。易安结褵未久，明诚即负笈远游。易安殊不忍别，觅锦帕书《一剪梅》词以送之。词曰："红藕香残玉簟秋，轻解罗裳，独上兰舟。云中谁寄锦书来，雁字来时，月满西楼。　花自飘零水自流，一种相思，两处闲愁。此情无计可消除，才下眉头，却上心头。"

---

[1]《外传》不知何书。《琅嬛记》，明人藏书目录判其为伪书。

明

宋濂《题李易安所书〈琵琶行〉后》
录自其著《宋学七集》

乐天谪居江州,闻商妇琵琶,抆泪悲叹,可谓不善处患难矣。然其词之传,读者犹怆然,况闻其事者乎?李易安图而书之,其意盖有所寓。而永嘉陈傅良题识,其言则有可异者。余戏作一诗,正之于礼义,亦古诗人之遗音欤。其辞曰:"佳人薄命纷无数,岂独浔阳老商妇。青衫司马太多情,一曲琵琶泪如雨。此身已失将怨谁,世间哀乐常相随。易安写此别有意,字字似诉中心悲。永嘉陈侯好奇士,梦里谬为儿女语。花颜国色草上尘,朽骨何堪污唇齿。生男当如鲁男子,生女当如夏侯女。千年秽迹吾欲洗,安得浔阳半江水。"

瞿佑《香台集》

赵明诚，清献公之子。妻李氏，能文辞，号易安居士。有乐府词三卷，名《漱玉集》。明诚卒，易安再适非类，既而反目。有启与綦处厚学士："猥以桑榆之暮景，配兹驵侩之下才。"见者笑之。然其词颇多佳句。《如梦令》云"应是绿肥红瘦"，语甚新。又《九日》词"帘卷西风，人似黄花瘦"，亦妇人所难到也。"清献名家厄运乖，羞将晚景对非才。西风帘卷黄花瘦，谁与赓歌共一杯。"

叶盛《水东日记》

李易安《武陵春》词："风住尘香花已尽，日晚倦梳头。物是人非事事休，欲语泪先流。　闻说双溪春尚好，也拟泛轻舟。只恐双溪舴艋舟，载不动许多愁。"玩其辞意，其作于序《金石录》之后欤？抑再适张汝舟之后欤？文叔不幸有此女，德夫不幸有此妇。其语言文字，诚所谓不祥之具，遗讥千古者欤。

曹安《谰言长语》

李易安,赵丞相挺之之子赵德夫之内也。序德夫《金石录》,谓:"王播、元载之祸,书画与胡椒无异;长兴、元凯之病,钱癖与传癖何殊?名虽不同,其惑一也。"又谓:"萧绎江陵陷没,不惜国亡而毁裂书画;杨广江都倾覆,不悲身死而复取图书。岂人性之所嗜,生死不能忘之欤?"又谓:"有有必有无,有聚必有散,乃理之常。人亡弓,人得之,又胡足道?"夫女子,微也,有识如此,丈夫独无所见哉!

吴宽《易安居士画像题辞》
录自四印斋所刻《漱玉词》

金石姻缘翰墨芬,文箫夫妇尽能文。西风庭院秋如水,人比黄花瘦几分。

祝允明《金石录后序》评语
自录刘士鏻编《古今文致》

有此文才,有此智识,亦闺阁之杰也。

唐寅《金石录后序》评语
录自刘士鏻编《古今文致》

李易安,名清照,济南人。宋李格非之女,适东武赵抃之子明诚为妻。明诚字德甫。德甫早卒,再适张汝舟,未几反目。有启与綦处厚云:"猥以桑榆之晚景,配此驵侩之下才。"闻者无不笑。有《漱玉集》三卷行于世,佳句甚多。兹《金石录序》,乃其一斑耳。

郎瑛《七修类稿》

赵明诚,字德甫,清献公中子也。著《金石录》

一千卷[1]。其妻李易安，又文妇中杰出者。亦能博古穷奇。文词清婉，有《漱玉集》行世。诸书皆曰与夫同志，故相亲相爱之极。予观其叙《金石录》后，诚然也。但不知何为有再醮张汝舟一事。呜呼，去蔡琰几何哉！此色之移人，虽中郎不免。

朱凯《打马图》跋
录自茅一相刊《欣赏编》

打马为戏，其来久矣。宋易安李氏以为闺房雅戏。相传有格一卷，不著作者名氏。复有郑寅子敬撰《图式》一卷，用马三十。李氏《图经》用马二十。盖三者互有不同，大率与古摴蒱相似。今虽不行，而《图经》间存。李氏乃元祐文人格非之女，有才艺，适赵丞相挺之子明诚。明诚著《金石录》，乃共相考究而成。由是名重一时，此特其为戏耳。吾甥沈润卿氏得而锓木行之，以资好事者之多闻，岂欲人为博弈者乎？弘治乙丑二月之望，长州朱凯跋。

---

[1] "一千卷"系三十卷之误。赵明诚《金石录》三十卷，所收金石刻为二千卷。

归有光《题〈金石录〉后》
录自仁和朱氏刊本《金石录》

余少见此书于吴纯甫家，至是始从友人周思仁借钞，复借叶文庄公家藏本校之。观李易安所称其一生辛勤之力，顷刻云散，可以为后人藏书之戒。然余平生无他好，独好书，以为适吾性焉耳，不能为后日计也。文庄公书无虑万卷，至今且百年，独无恙。翻阅之余，手迹宛然，为之惊叹。嘉靖三十六年十月既望吴郡归有光题。

姜南《蓉塘诗话》

宋赵明诚内子李易安居士，有才致，能诗文，晦庵亦称之。其《祭湖州文》曰："白日正中，叹庞翁之机捷。坚城自堕，怜杞妇之悲深。"

朱大韶《宋本〈金石录〉题跋》
录自叶昌炽《滂喜斋藏书记》

丙辰秋，偶得古书数帙，中有《金石录》四册。然止十卷，后二十卷亡之矣。因勒乌丝，命侍儿录此序于后，以存当时故事。易安此序，委曲有情致，殊不似妇女口中语，文固可爱。予夙有好古之癖，且亦因以识戒云。丙辰七夕后再日，前史官华亭文石主人题于钦天山下学舍味道斋中。

胡应麟《少室山房笔丛》

李易安《金石录后序》云："……"右李氏夫妇雅尚，具见篇中。始余以明诚所癖，金石而已。读此，乃知其于书无弗聚，而亦无弗读也。亡轶之余，尚存万卷，则当其盛时，又何如耶！李于文稍愧雅驯，第其好而能专，专而能博，博而能读，殆有过于欧、苏两公所谓者。因颇采摭其语，著于篇。胡应麟曰：大书好而弗力，犹亡好也。故录庐陵《集古序》。夫书聚而弗读，犹亡聚也。

故录眉山《藏书记》。夫书好而聚，聚而必散，势也。曲士讳之，达人齐之，益愈见聚者之弗可亡读也。故录易安《金石志》终焉。

辛、李皆南渡前后人，相去不远，又二人皆词手，安得谓辛剿李语耶！

叶子、彩选之戏，今绝不可考。惟李易安《打马序》云：长行、叶子、博塞、弹棋，世无传者。藏酒、摴蒱、双蹙融，今渐废绝。大小象戏、弈棋，又止可容二人。独彩选、打马，特为闺房雅戏。尝恨彩选丛繁，劳于检阅，能通者少，难遇勍敌。打马简要，又苦无文云云。据此，则叶子与彩选，迥然不同。叶子，宋世已无能者。彩选，宋晚尚能为之。然李称彩选丛繁，难遇勍敌，则此戏政未易言，非若今官制之易。又今纸牌，童孺皆能。李何以有不传之叹？杨说之误，明矣。

李所举当时戏剧，又有打褐、大小、猪窝、族鬼、胡画、数仓、赌快等，今绝不知何状。又称选仙、加减、插关火，质鲁任命，无所施人巧智。按《选仙图》见《郑氏书目》，与彩选连类。而此以为"质鲁任命"者，详之，正与今《选官图》类。盖与彩选形制相似而实不同也。

亦犹序中所举长行、樗蒲、双（陆）三戏相类而实不同。《国史补》云："今世盛行长行之戏，生于握槊，变于双陆。"是也。《打马图》今尚传，吴中好事习之，迩年颇有能者。

郦琥《彤管遗编》

清照姓李氏，号易安居士，济南人。李格非之女。适东武赵抃[1]之子明诚为妻。明诚故，再适张汝舟。未几，反目。有启与綦处厚云："猥以桑榆之晚景，配兹驵侩之下材。"传者无不笑。有《漱玉集》三卷行于世，颇多佳句。

陈继儒《太平清话》

李易安，赵清献之子妇。赵挺之亦谥清献。莫廷韩云："曾买易安墨竹一幅。"余惜未见。

----

[1] 赵抃当为赵挺之之误。

田艺蘅《诗女史》

　　清照姓李氏，号易安居士，济南人。李格非之女，赵明诚之妻。幼有才藻，能文辞。明诚者，东武人，清献丞相中子也。德甫著《金石录》，其妻与之同志。乃共相考究而成，由是名重一时。赵没后，愍悼旧物之不存，乃作《后序》。……其舅正夫相徽宗朝。献诗曰："炙手可热心可寒。"且达于古今治体。其《咏史》云："两汉本继绍，新室如赘疣。"又云："所以嵇中散，至死薄殷周。"非妇人所能道者。然无检操，再适张汝舟，未几，反目。有启事与綦处厚云："猥以桑榆之晚景，配兹驵侩之下材。"传者笑之。晚节流落江湖间以卒。有文集十二卷。

周履靖《〈马戏图谱〉跋》
录自其著《夷门广牍》

　　《打马图》始自易安，号称雅戏。义诚有取，法久无传。良由则例未明，遵行罔措。近编《欣赏》，亦复废弛。日者，客从陪都来，手挟一图，指授诸法，颇为详具，多有纷更。用意牛毛，贻讥蛇足，固宜不终局而令人厌心生也。兹以游息余闲，特加参订。凡则例起自易安，见于《欣赏》者，疏其抵牾，补其略阙，付之厥手，藏之斋头。爰集友朋，以代博弈。闲我逸志，耗彼雄心，固匪徒为之犹贤，抑微独贻诸好事已也。

董复亨纂万历《章丘县志》

章城当山水盘踞之乡，负齐鲁文学之誉。于中，勋迹行谊翘楚一时者，别有人物传。而其间一察，自好先觉特秀，衷然名能文章者，亦代各有作。若安成领必间之前茅，文叔步子瞻之后尘，清照掞闺阁之秦、黄，敬简称文章之朱、李，名篇大章，光映后先。

李格非，字文叔，幼俊警异甚。有司方以诗赋取士，格非独用意经学，著《礼记说》至数十万言。遂登进士第，调冀州司户参军，试学官，为郓州教授。郡守以其贫，欲使兼他官，谢不可。入补太学录，再转为博士，以文章受知于苏轼。尝著《洛阳名园记》，谓："洛阳之盛衰，天下治乱之候也。"其后，洛阳陷于金人，以为知言。绍圣立局编元祐章奏，以为检讨，不就。厎执政意，通判广信军。有道士说人祸福或中，出必乘车，盱俗信惑。格非遇之涂，叱左右取车中道士来，穷治其奸，杖而出诸境。召为校书郎，礼部员外郎，提点京东刑狱，以党籍罢。卒，年六十一。格非苦心工于词章，陵轹直前，无难易可否，笔力不少滞。尝言："文章不可以苟作，诚不著则不能工。且晋人能文者多矣，至刘伯伦《酒德颂》、陶渊明《归去来辞》，字字如肺肝出。遂高步晋人之上，其诚著也。"妻王氏，拱辰孙女，亦善文。女清照，才情更丽，尤工于词。尝有《咏史》诗曰："两汉本继绍，新室如赘旒。所以嵇中散，至死薄殷周。"意见声调，绝响一代，班妤、左嫔、蔡文姬之流也。嫁赵丞相挺之男明诚，自号易安居士。董生曰：余按：《一统志》云格非济南人。《山东通志》云莱芜人。最后，见廉处士墓碑云里人，去处士家才三四里许。因节略《宋史》列之《文苑传》，而附其女清照。　　余又按：《宋史》所称格非言"诚不著则文不工"。嗟呼！此意寥寥谁解者，余盖甚味其言矣。

徐𤊹《徐氏笔精》

　　李易安，赵明诚之妻也。《渔隐丛话》云："赵无嗣，李又更嫁非类。"且云："其《启》曰：'猥以桑榆之晚景，配此驵侩之下材。'"殊谬妄不足信。盖易安自撰《金石录后序》，言"明诚两为郡守，建炎己酉八月十八日疾卒"。曾云："余自少陆机作赋之二年，至过蘧瑗知非之两岁，三十四年之间，忧患得失，何其多也。"作序在绍兴二年，李五十有二，老矣。清献公之妇，郡守之妻，必无更嫁之理。今各书所载《金石录序》，皆非全文，惟余家所藏旧本，序语全载。更嫁之说，不知起于何人，太诬贤媛也。《容斋随笔》及《笔丛》《古文品外录》俱非全文。

张丑《清河书画舫》引《画系》

周文矩画《苏若兰话别会合图卷》，后有李易安小楷《织锦回文》诗，并则天《璇玑图记》。书画皆精，藏于陈湖陆氏。

古来闺秀工丹青者，例乏丰姿。若李易安、管道昇之竹石，艳艳、阿环之山水，无忝于士气也。

张丑《清河书画舫》引《才妇录》

易安居士能书、能画,又能词,而又长于文藻。迄今学士每读《金石录序》,顿令精神开爽。何物老妪生此宁馨?大奇,大奇!

易安词稿一纸,乃清秘阁故物也。笔势清真可爱。此词《漱玉集》中亦载,所谓离别曲者耶?卷尾略无题识,仅有点定两字耳。录具于左:"红藕香残玉簟秋,轻解罗裳,独上兰舟。云中谁寄锦书来,雁字回时,月满西楼。　花自飘零水自流,一种相思,两处闲愁。此情无计可消除,才下眉头,却上心头。"右调《一剪梅》。

赵世杰选辑、江之淮等参订《古今女史》

自古夫妇擅朋友之胜,从来未有如李易安与赵德甫者,佳人才子,千古绝唱。迨德甫逝而归张汝舟,属何意耶?文君忍耻,犹可以具眼相怜。易安更适,真逐水桃花之不若矣。

朱锡虹《打马图序》评语：为博家作祖，亦不免为荡子作阮垫。

朱尔绣《金石录后序》评语：聚散无常，盈虚有数。达见者于富贵福泽，亦当作如是观。

钱希言《戏瑕》

唐太宗问一行世数，禅师制叶子格进之。叶子言二十世太子也，后适符其谶矣。唐朝叶子戏，疑昉于此矣。同昌公主一日大会韦氏族于广化里。韦氏诸家，好为叶子戏。夜则公主以红琉璃盘盛夜光珠，令僧祁捧立堂中，而光明如昼焉。其后南唐李后主妃周氏编《金叶子格》，即此戏也。按，叶子戏自唐咸通以来，天下尚之，即今之扯纸牌，亦谓之斗叶子。近又有马钓之名，则以四人为之者。唐格已不可考。今自钱索两门而外，皆《水浒传》中人。故余尝呼戏者曰宋江班。（或云：是厌胜之术，恐梁山泊三十六人复生世间耳。然则唐宋之世，以何为厌胜耳。）凡士人宴会，闺房杂聚，与夫歌台舞榭之间、酒坛博馆之下，盛行叶子，举擳蒲、象戏之乐，无以加于此矣。然三门皆以万为尊，以九为右。惟钱门自空而九，其首选、次选二色，加以朱采者，岂古六赤编金之遗意乎？奈何诸学士纷纷聚讼。《咸定录》以叶子为撰骰子选。《归田录》以为姓叶号子青。房千里以叶子为陞官图。李易安以长行、叶子为世无传者。杨用修则引李洞集中李郎中梦六赤因打叶子之事，谓今此戏不传。而胡元瑞矫杨氏之说直以叶子为今之投子，或如酒牌。至云叶子采选之戏，今绝不可考。岂用修、元瑞诸君子并未入少年场耶？联章累牍，证辨不休。梦中说梦，何殊蕉鹿。

陈宏绪《寒夜录》

李易安诗余，脍炙千秋，当在《金荃》《兰畹》之上。古文如《金石录后序》，自是大家举止，绝不作闺阁妮妮语。《打马图序》，亦复磊落不凡。独其诗歌无传。仅见《和张文潜浯溪中兴碑》二篇，亟录出之……二诗奇气横溢，尝鼎一脔，已知为驼峰、麟脯矣。古文、诗歌、小词并擅胜场。虽秦、黄辈犹难之，称古今才妇第一，不虚也。

| 史 料 |

毛晋《漱玉词》跋
录自汲古阁本《漱玉词》

　　黄叔旸云:《漱玉集》三卷。马端临云: 别本分五卷, 今一卷。考诸宋、元杂记, 大率合诗词杂著为《漱玉集》, 则鼇全集为三卷无疑矣。第国朝博雅如用修先生, 尚慨未见其全, 湮没不几久耶? 庚午仲秋, 余从选卿觅得宋词二十余种, 乃洪武三年抄本, 订正已阅数名家, 中有《漱玉》《断肠》二册, 虽卷帙无多, 参诸《花庵》《草堂》《彤管》诸书, 已浮其半, 真鸿宝也。急合梓之, 以公同好。末载《金石录后序》, 略见易安居士文妙, 非止雄于一代才媛, 直洗南渡后诸儒腐气, 上返魏、晋矣。后附遗事几则, 亦罕传者。湖南毛晋识。

徐士俊《古今词统》序中语

　　赵明诚梦得"言与司合, 安上已脱, 芝芙草拔"十二字, 卜其为词女之夫, 既而果娶易安, 定情金石。如"帘卷西风, 人比黄花瘦"等句, 即暗中摸索, 亦解人怜。此真能统一代之词人者矣。

徐伯龄《蟫精隽》

宋朱淑真,钱塘民家女也。能诗词,偶非其类,而悒悒不得志,往往形诸语言文字间。有诗云:"鸥鹭鸳鸯作一池,谁知羽翼不相宜。东君不与花为主,何事休生连理枝。"所著有《断肠诗》十卷传于世。王唐佐为之传。后村刘克庄尝选其诗,若"竹摇清影罩纱窗,两两时禽噪夕阳。谢却海棠飞尽絮,困人天气日初长"之句,为世脍炙。尝赋《咏史》诗云:"笔头去取万千端,后世从他恣意瞒。王伯谩分心与迹,到成功处一般难。"非妇人可造。当时赵明诚妻李氏,号易安居士,诗词尤独步,缙绅咸推重之。其"绿肥红瘦"之句暨"人与黄花俱瘦"之语传播古今。又"宠柳娇花"之言,为词话所赏识。晦庵朱子云:今时妇人能文,只有李易安与魏夫人。李有《咏史》诗云:"两汉本继绍,新室如赘疣。所以嵇中散,至死薄殷周。"中散非汤、武得国,引之以比王莽。如此等语,岂女子所能。以是方之,淑真似不及也。然易安晚年失节汝舟,而为其反目。至与綦处厚手剳言:"猥以桑榆之晚景,配兹驵侩之下才。"而淑真怨形流荡,至云:"欲将一庵伤心泪,寄与南楼薄幸人。"虽有才致,令德寡矣。

黄溥《闲中今古录》

予尝读《檀弓》,至子思之母死,子思哭于庙,门人至,曰:"庶氏之母死,何为哭于孔氏之庙乎?"子思曰:"吾过矣。"遂哭于他室。注曰:"伯鱼卒,其妻嫁于卫之庶氏。"以予论之,伯鱼先孔子卒,时年五十,其妻之年,必与之相似。且上有圣人为之翁,下有大贤为之子,况年已及艾矣,何得再嫁庶氏?此予之疑已久。兹观瞿宗吉所著《香台集》,有《易安乐府》之目,引《渔隐丛话》云:"赵明诚,清献公之子。妻李氏,能文词,号易安居士,有乐府词三卷,名《漱玉集》。明诚卒,易安再适非类,既而反目。有启与綦处厚学士:'猥以桑榆之暮景,配此狙侩之下才。'见者笑之。"此宗吉所以有"清献名家阤运乖,羞将晚景对非才"之句。予叹易安,翁则清献,为世名臣,夫则明诚,官至郡守,亦景薄桑榆,何为而再适耶?事类《檀弓》所记,故录之。

清

钱谦益《绛云楼书目》

赵明诚《金石录》三十卷，李易安后序。明诚之室，文叔之女也。其文淋漓曲折，笔力不减乃翁。

周亮工《书影》

予按李易安《打马图序》云：长行、叶子、博塞、弹棋，世无传焉。若云双陆即长行，则易安之时，已无传矣。岂双陆行于当时，易安独未之见？或不行于当时，反盛于今日耶？则长行非双陆明矣。

徐君义谓打马之戏，今不传。予友虎林陆骧武，近刻易安之谱于闽，以犀象蜜蜡为马，盛行其中。近淮上人颇好此戏，但未传之北地耳。

| 史 料 |

谢启光《〈金石录〉后序》
录自谢刻《金石录》

《金石录》，宋赵德父所著。原本于欧阳文忠公《集古录》，益广罗而确核之，盖竭一生之心力而成是书。德父自为序，没，而其室李易安又序其后。中间叙述购求之殷，收蓄之富，与夫勘校之精勤；即流离患难，犹携以远行，斤斤爱护不少置，深惋惜于后来之散失。余初得易安序，读之，嘉其夫妇同心，笃于嗜古，访求其全书未得也。后余季弟季弘于里中旧家市得刻本以遗余，余亟取卒业。考订精详，品骘严正，往往于残碑断简之中，指摘其生平隐慝，足以诛奸谀于既往，垂炯戒于将来，不特金石之董狐，实文苑之《春秋》也。恨脱落数叶，欲刻之，资考古者之一助，未能也。岁甲申，应召入都，遍语燕市之收藏古书者，最后得一抄本于计曹张主政。会箕儿出倅淮阴，乃授之以去。越两载，箕儿据以缮梓，寄一帙于京邸。时余已罢官解维潞河矣。携抵里门，见其中多错误：有题跋此碑而半入他碑者，甚且有题跋一碑而分载两处者。爰取旧本参阅改正，寄箕儿另为补刻。乃杀青甫竣，而箕儿以簿书劳瘁，一疾长逝矣！冬仲，梨枣与其旅榇同归，余见辄掩袂而泣，未忍启篚。旋思箕儿出常俸、罄橐装，以刻是书，人虽亡而书存，庶几藉是书以存姓名于后世。遂拉泪重阅，复更其数讹字，漫书数语以识其始末如此。至《集古录》，去夏，箕儿亦寄一抄本来，求余校正，与此书并刻。余以病未果，且无别本足正鱼豕，姑俟异日，以了箕儿生前未竟之志。易安为余邑人李格非文叔之女云。顺治癸巳春仲，阳丘谢启光题。

顾炎武《日知录集释》

山东人刻《金石录》，于李易安《后序》"绍兴二年玄默岁壮月朔"，不知"壮月"之出于《尔雅》八月为壮，而改为"牡丹"。凡万历以来所刻之书，多"牡丹"之类也。

谢世箕《〈金石录〉叙》
录自顺治谢刻《金石录》

一官淮海，仅免啼饥，繁齿尽食家园。从予游者，二三苍头耳。蔬水之外，不敢侈縻君禄；磬折之余，闲稍寓兴编摩。因检箧中，得家大人授所谓《金石录》若干卷，为宋人赵明诚辑著。历代制器、断碣、蚀文罔弗备焉。世无缮本，博雅恒慨之。爰出两载来，不敢糜之廪，悉以付诸梓人。德甫有知，或亦以予为千秋后一功臣，未可知也。绣江谢世箕识。

谢世箕《〈金石录〉跋》
录自顺治谢刻《金石录》

　　三代以还，器物、碑碣、款识、铭记，与夫高文典册之鸿篇，断简、残画之遗迹，从无辑而成书者有之。自欧阳文忠公《集古录》始，赵德父仿而为《金石录》。中所收罗，广至两千，一一手为题跋，是正伪谬，信而有征。余少见文忠公、德父与李易安所为序，甚爱之。每以不得睹其全书为恨。甲申秋，从家大人入都，访求二书。有人云：近有二书合刻者，为一嗜古荐绅购去。余为惋惜累日。后家大人觅得一抄本。余授官淮扬，乃携之而南，重加缮写，付诸剞劂，与海内博洽好古者共之。昔人谓：任官之所，令人写书，亦是风流罪过。余刻是书，计字酬值，一出日用节省常俸，丝毫不敢累及梓人。即有以此为余罪过者，亦甘心任之矣。

陈维崧《妇人集》

徐湘蘋（名灿），才锋遒丽，生平著小词绝佳，盖南宋以来闺房之秀，一人而已。其词娣视淑真，姒畜清照，至"道是愁心春带来，春又归何处"，又"衰杨霜遍灞陵桥，何处是前朝"等语，缠绵辛苦，兼摄屯田、淮海之胜，直可凭衿。

李澄中《易安居士画像题辞》
录自四印斋所刻《漱玉词》

小窗帘卷早凉初，幸傍词人旧里居。吟到黄花人瘦句，买丝争绣女相如。

王士禄《宫闺氏籍艺文考略》

《神释堂脞语》云：易安落笔即奇工。《打马》一赋，尤称神品，不独下语精丽也。如此人自是天授，湖州乃为"帘卷西风"损却三日眠食,岂不痴绝。又云:班、马作史,往往于琐屑处极意摹写,故文字有精神色态。易安《金石录后序》中间数处,颇得此意。至萧绎江陵陷没一段,文人癖好图书,过于家国性命,尤极浓至。洪容斋《夷坚》[1]所载,乃悉为节去,遂觉减色,粗具始末而已。《打马图序》尧、舜、桀、纣,掷豆起蝇一段,议论亦极佳,写得尤历落警至可喜。女子乃有此妙笔!易安动以千万世自期,以彼其才,想亦自信必传耳。昔人谓鸡林宰相,以百金购香山诗一篇,真赝辄能辨。文至易安,到眼自不同,如此语不虚也。乃其集十三卷,目见于史,而今所传不数篇,能毋珠玉销沈之叹哉!又善画,莫廷韩曾买得易安墨竹一幅。

王士禛《香祖笔记》

宋闺秀李清照,号易安居士,吾郡人,词家大宗。其集名《漱玉》,而诗不概见。兄西樵昔撰《然脂集》,采摭最博,止得其诗二句云:"少陵也是可怜人,更待明年试春草。"此外了不可得。陈士业《寒夜录》乃载其《和张文潜浯溪碑》歌诗二篇,未言出于何书。予撰《浯溪

[1]《夷坚》当为《容斋四笔》。

考》,因录入之。……二诗未为佳作,然出妇人手亦不易,矧易安之逸篇乎? 故著之。

宋李易安,名清照,济南李格非文叔之女,词中大家。其母,王状元拱辰女,亦工文章。

《闲中今古录》论李易安晚节改适云:翁则清献,为时名臣。又引翟佑《诗话》[1]"清献名家厄运乖,羞将晚景对非才"云云。以挺之为抃,谬矣。盖以阅道谥清献,而挺之谥清宪,故致此舛误耳。

余作《浯溪考》成,又得唐蔡京、郑谷、宋释惠洪数诗,录为补遗。适见《清波杂志》一条,姑录于此云:"浯溪《中兴颂碑》,自唐至今,题咏实繁。零陵近虽刊行,止荟萃已入石者,未暇广搜博访也。赵明诚待制妻易安李氏尝和张文潜二长句,以妇人而厕众作,非深有思致者能之乎?"李易安诗二篇,曩从陈士业宏绪《寒夜录》钞出,已入集中,忘其出处本周煇也。

---

[1] 黄溥所引应为翟佑《香台集》。

| 史 料 |

王士禛《池北偶谈》

赵明诚与其妇李易安作《金石录》，其书最传。曾子固亦集古篆刻作《金石录》五十卷，见子开所撰行状。今《元丰类稿》第五十卷所载《金石录》跋尾仅五十条，盖未竟之书也。曾书在赵前，而世罕知者。

李汉章《题李易安〈打马图〉并跋》
录自《黄檗山人诗集》

予幼读《打马赋》，爱其文，知易安居士不独诗余一道冠绝千古，且信晦翁之言，非过许也。长游齐鲁，犹睹其图，益广所未见。然予性暗于博，不解争先之术，第喜其措词典雅，立意名隽，洵闺房之雅制，小道之巨观，寓锦心绣口游戏之中，致足乐也。若夫生际乱离，去国怀土，天涯迟暮，感慨无聊，既随事以行文，亦因文以见志，又足悲矣。暇日检点完篇，手录一过，贻诸好事，庶有见作者之心焉。

国破家亡感慨多，中兴汉马久蹉跎。可怜淮水终难渡，遗恨还同说过河。

南渡偷安王气孤，争先一局已全输。庙堂只有和戎策，惭愧深闺《打马图》。

才涉惊涛梦未安，又闻房马饮江干。桑榆晚景无人惜，聊与骅骝遣岁寒。

冯金伯《词苑萃编》引裴畅按语

易安自恃其才，藐视一切，语本不足存；第以一妇人能开此大口，其妄不待言，其狂亦不可及也。

徐釚《词苑丛谈》

明诚卒，易安祭之云："白日正中，叹庞翁之机捷；坚城自堕，怜杞妇之悲深。"文亦惨暗。惜其再适张汝舟，为世所薄。易安既嫁汝舟，与之反目，尝作札寄人曰："猥以桑榆之暮景，配兹驵侩之下材。"见者绝倒。

王阮亭和《漱玉词》，有"郎似桐花，妾似桐花凤"

之句,长安盛称之,遂号为王桐花,几令郑鹧鸪不能专美。其词云:"凉夜沉沉花漏冻。欹枕无眠,渐听荒鸡动。此际闲愁郎不共,月移窗罅春寒重。　忆共锦裯无半缝。郎似桐花,妾似桐花凤。往事迢迢徒入梦,银筝断绝连珠弄。"

田雯《柳絮泉访李易安故宅》
录自其著《古欢堂集》

跳波溅客衣,演漾回塘路。清照昔年人,门外垂杨树。沙禽一只飞,独向前洲去。

任宏远《柳絮泉访李易安故宅》
录自其著《鹊华山人诗集》

为寻词女舍,却自柳泉行。秋雨黄花瘦,春流漱玉声。收藏惊浩劫,漂泊感生平。往昔风流在,犹传乐府名。

高宅旸《易安家柳絮泉》
录自其著《味蓼轩诗钞》

一斛清泉柳絮飏,萧萧故宅但斜阳。风流不独词人尽,金石飘零亦渐亡。

宋长白《柳亭诗话》

朱紫阳云:"今时妇人能文,只有李易安与魏夫人。李有诗曰:'两汉本继绍,新室如赘疣。所以嵇中散,至死薄殷周。'中散非汤武得国,引之以比王莽。如此等语,岂妇人所能!"愚按:易安在宋,自是闺房胜流。然以殷周比莽,殊觉不伦。况"桑榆"一札,未免被人点检耶!若魏夫人《咏虞美人草》,方见英雄气概。

| 史　料 |

赵执信《登州杂诗之一》
录自其著《饴山诗集》

朱榜雕墙拥达官，篇章虽在姓名残。有人齿冷君知否？静治堂中李易安。丹崖石刻姓名多毁。"静治堂"，赵明诚守郡时故额。

陈锡露《黄嬭余话》

李易安有句云："诗情如夜鹊，三绕未能安。"晁补之称之，见朱弁《风月堂诗话》。按，二句新色照人，却能抉出诗人神髓，而得之女子，尤奇。

李廷棨《易安居士故里诗》
录自卢见曾编《国朝山左诗汇钞》

闺秀钟灵处，停车落日时。溪光留宝镜，山色想蛾眉。九日黄花语，千秋幼妇辞。自随兵舫去，谁更续江蓠。

陈景云《金石录》注
录自钱谦益撰、陈景云注《绛云楼书目》

赵明诚《金石录》三十卷,李易安后序,明诚之室,文叔之女也。其文淋漓曲折,笔墨不减乃翁。"中郎有女堪传业",文叔之谓耶。

褚人获《渔隐丛话》
录自其著《坚瓠集》

赵明诚,清献公阅道抃子。妻清照,号易安居士,济南李格非之女,工诗词,有《漱玉集》三卷行世。明诚卒,再适张汝舟,未几,反目。易安《与綦处厚启》有"猥以桑榆之暮景,配兹驵侩之下才",传者笑之。按《氏族大全》亦以明诚为清献子。观东坡《清献公神道碑》载二子曰屼、曰岊,并无明诚。叶文庄盛《水东日记》:"明诚,赵挺之子。"曹以宁安《谰言长语》:"易安,赵挺之子德父之内。"《尧山堂》:"抃谥清献,挺之亦谥清宪,故有此误传。"挺之附媚蔡京,致位权要,或有此失节之妇。若为清献子妇,岂宜以桑榆晚景,再适非类,为天下笑耶?

卢见曾《重刊〈金石录〉序》
录自雅雨堂本《金石录》

赵德夫《金石录》三十卷,匪独考订之精核也,其议论卓越,时有足发人意思者。顾世鲜善本,济南谢世箕尝梓以行,今其本亦不可得见。独见有从谢氏本影钞者,并何义门手校吴郡叶文庄公本。此二本庶几称善。其他钞本猥多,目录率被删削,字句讹脱,不足观。学者未得见谢、叶二家本,得世俗所传,犹不惜捐多金购求缮写,珍弆为枕中秘,盖其书之可贵若此。余患其久而失真也,因刊此以正之。德夫之室李清照,字易安,妇人之能文者。相传以为德夫之殁,易安更嫁。至有"桑榆晚景""驵侩下材"之言,贻世讥笑。余以是书所作跋语考之,而知其决无是也。德夫殁时,易安年四十六矣。遭时多难,流离往来,具有踪迹。又六年,始为是书作跋,是时年已五十有二。匪夏姬之三少,等季隗之就木。以如是之年而犹嫁,嫁而犹望其才地之美、和好之情亦如德夫昔日,至大失所望而后悔,悔之又不肯饮恨自悼,辄谍谍然形诸简牍。此常人所不肯为，而谓易安之明达为之乎？观其洊经丧乱，犹复爱惜一二不全卷轴，如护头目，如见故人。其惓惓德夫，不忘若是，安有一旦忍相背负之理？此子舆氏所谓好事者为之，或造谤如《碧云騢》之类，其又可信乎？易安父李文叔，即撰《洛阳名园记》者。文叔之妻，王拱辰孙女，亦善文。其家世若此，尤不应尔。余因刊是书，而并为正之。母令后千载下，易安犹蒙恶声也。乾隆壬午，德州卢见曾序。

翁方纲《题宋椠〈金石录〉》
录自叶昌炽《滂喜斋藏书记》

十卷欲抵三十卷，三十卷即卷二千[1]。冯砚祥家此旧印，赵《金石录》之残编。也是园叟为著录，艺林艳羡逾百年。此书宋椠谁得见，菉竹堂写名空传。我见朱竹垞何义门手所校，谢刻卢刻讹犹沿。今晨阮公札远寄，秘笈新得邗江边。阮公积古迈欧赵，苏斋快与论墨缘。恰逢叶子仿篆记，宛如旧石冯家镌。重章叠和纸增价，长笺短幅红鲜妍。锦贉何减浚仪刻宋时浚仪刻本，

---

[1] 赵明诚《金石录》三十卷，滂喜斋藏宋刻《金石录》只十卷，故翁方纲有"十卷欲抵三十卷"之说。

囊楮倍压湖州船。叶子篆样又摹副,其一畀我苏斋筵。我斋赵录写本耳,幸有苏集珍丹铅。绍兴漕仓施顾注,传楷更在赵录前。奇哉漫堂实残泐,惜也邵补功微愆。钦州冯家有全帙,廿载借诺心拳拳。乞公借从穗城刻,什倍开府绵津贤。誓言此印为之质,万古虹月冲枬躔。明年仍还冯家椟,一月光又印万川。嘉庆丁丑腊月弟方纲草。

乐钧《青芝山馆诗集》

奇绝芝芙梦里情,先教夫婿识才名。一溪柳絮门前水,犹作青闺漱玉声。李易安故宅在西门外柳絮泉上。易安有《漱玉集》。

朱照《吊李易安故居》
录自其著《锦秋老屋笔记》

黄华泉间,宋、明时为李清照、谷继宗宅第,国朝钟学使性朴亦曾居住,由钟氏归于梦村伯祖及冰壑从叔,世居于此。梦村翁添建廊屋,有萧寒郡斋、红鸥馆,西院金线泉侧，有水明楼。竹木映窗，鸣泉绕砌，南对云山，乃历下第一佳境也。冰壑叔去世后，六十年来，楼房隤废，草木荒凉，近今卖花人以废基改为种花圃。每从经过，不胜今昔之感。因吊以词，云：

黄华依旧东流水，令人往事思量起；临流华屋，名流居住，不胜屈指。清照词新，继宗诗丽，作成锦里。且休论远代，即吾宗冰壑，又才几年才子。　当时何等丰标，享无穷艳福；清社竹楼翰墨，月廊箫鼓，红偎翠倚。转眼繁华，荆榛易长，斜阳影里！谁还识，那云山对处，是风流基址。

永瑢等《四库全书总目提要》

《漱玉词》一卷，宋李清照撰。清照号易安居士，济南人，礼部郎提点京东刑狱格非之女，湖州守赵明诚之妻也。清照工诗文，尤以词擅名。《苕溪渔隐丛话》称其再适张汝舟，未几反目，有启事上綦处厚云："猥以桑榆之晚景，配兹驵侩之下才。"传者无不笑之。今其启具载赵彦卫《云麓漫钞》中。李心传《建炎以来系年要录》载其与后夫构讼事尤详。此本为毛晋汲古阁所刊。卷末备载其轶事逸文，而不录此篇，盖讳之也。按陈振孙《直斋书录解题》载清照《漱玉词》一卷，又云："别本作五卷。"黄昇《花庵词选》则称《漱玉词》三卷，今皆不传。此本仅词十七阕，附以《金石录序》一篇，盖后人裒辑为之，已非其旧。其《金石录后序》，与刻本所载详略迥殊，盖从《容斋五笔》中钞出，亦非完篇也。清照以一妇人，而词格乃抗轶周、柳。张端义《贵耳集》极推其元宵词《永遇乐》、秋词《声声慢》，以为闺阁有此文笔，殆为间气，良非虚美。虽篇帙无多，固不能不宝而存之，为词家一大宗矣。

秦恩复《〈打马图〉跋》
录自石研斋钞本《打马图》

此书与《汉官仪》相类。余得宋椠半部，比之《说郛》所载，微有不同。因命钞手录出，续以《说郛》补之，遂成完书。易安著作甚少，可与《金石录》并传矣。丁丑除夕前二日，伯敦父呵冻书。

周中孚《郑堂读书记》

《打马图》一卷，宋李清照撰。清照，字易安，济南人。李格非之女，赵明诚之妻也。《书录解题》《文献通考》俱作《打马赋》。陈氏云："今世打马，大约与古之樗蒱相类。"则亦知打马非即樗蒱矣。是编凡为图二幅，为赋一篇，为例十一篇。考诸家著录，宋人撰打马书者非一，惟用五十马者居多，独此用二十马。观其前有绍兴四年易安自序，乃其晚年消遣之作，而文词工雅可观，非他人所及也。《说郛》亦收入之，佚其赋一篇云。

《金石录》三十卷。宋赵明诚撰。明诚，字德父，诸城人，历官知湖州军州事。《四库全书》著录，《书录解题》《通考》《宋志》俱载之。《宋志》又小学类别出之。德父以欧阳公《集古录》尚有漏落，又无岁月先后之次，因广而成书。上自三代，下讫五季，钟、鼎、甗、鬲、盘、匜、尊、敦之款识，丰碑大碣、显人晦士之事迹，凡见于金石刻者，略无遗矣。因次其先后，装成二十卷，编为目录十卷。详其撰书人名氏及时代年月，又撰为跋尾二十卷。凡五百二篇。盖德父有所考证，乃为题识，皆别白抵牾，是正讹谬，凡史传之失，乃欧公《集古》诸跋之误，亦因是以订定焉。然世绵千载，卷帙浩繁，千虑之中，不无一失。卢抱经为之参考《隶释》《隶续》《字原》《金石略》《金石文字记》《隶辨》等书，疏其得失，加按语于下，庶使瑕瑜各不相掩。前有德父原序，并卢雅雨见曾重刊序及凡例，末有政和丁酉河间刘跂《后序》，绍兴壬子德父之妻李易安清照《后序》，开禧乙丑浚仪赵不谫师厚跋，明成化癸巳吴郡叶仲盛志，并何焯记三则。

陆昶《历朝名媛诗词》

韩玉父，秦人，幼时家钱塘。李易安教之作诗，适林子安。

清照诗不甚佳，而善于词，隽雅可诵。即如《春残》绝句"蔷薇风细一帘香"，甚工致，却是词语也。

易安以词擅长，挥洒俊逸，亦能琢炼。最爱其"草绿阶前，暮天雁断"，极似唐人。其《声声慢》一阕，张正夫称为公孙大娘舞剑器手，以其连下十四叠字也。此却不是难处，因调名《声声慢》，而刻意播弄之耳。其佳处，后又下"点点滴滴"，叠四字，与前照映有法，不是草草落句。玩其笔力，本自矫拔，词家少有，庶几苏、辛之亚。

顾广圻《金石录》校记
录自黄丕烈撰、缪荃孙等辑《荛圃藏书题识》

《金石录》惟此最善，钱叔宝手钞者不能及也。近卢运使曾经刊行，然实无此两真本，故大要甚舛。今家兄抱冲既皆收得，因借以细校，特多是正。惟惜未并得吴文定家本相证。乾隆甲寅六月十一日广圻记。

右本为荛圃所校，而予续完之者。叶本妙处亦略择极精者，著标下方，余散在行间，皆可领得矣。雅雨堂书尚非恶刻，乃其舛如此。即一易安《后序》，已不胜指摘，而全书何论乎！义门虽知用《隶释》互勘，然所取仅载此跋尾之三卷耳。他如原碑全文，散在《隶续》中者，且未遑细较，又曷怪其多误改也。重读益叹叶本之妙。顾广圻校毕记。

陈文述《题查伯葵撰〈李易安论〉后》
录自其著《颐道堂诗选》

李清照再适之说，向窃疑之。宋人虽不讳再嫁，然考序《金石录》时，年已五十有余。《云麓漫钞》所载《投綦处厚启》，殆好事者为之。盖宋人小说，往往污蔑贤者，如《四朝闻见录》之于朱子，《东轩笔录》之于欧公，比比皆是。尝欲制一文以雪其诬，苦未得暇，今读伯葵所作，可谓先得我心。因题二绝，以当跋语；旧有题《漱玉集》四诗，因并载焉。

谈娘善诉语何诬？卓女琴心事本无。赖有琵琶查八十，清商一曲慰罗敷。

宛陵新序写乌丝，微雨轻寒本事诗。一样沉冤谁解雪，《断肠集》里《上元》词。

"去年元夜"一词，本欧公作，后人误编入《断肠集》，遂疑淑真为佚女，与此正同，亦不可不辨也。

俞正燮《癸巳类稿》

【易安居士事辑】 易安居士李清照，宋济南人。父格非，母王状元拱辰孙女，皆工文章。《宋史文苑传》。居历城城西南之柳絮泉上。《古欢堂集》有《柳絮泉访李易安故宅》诗。据《齐乘》，柳絮泉在金线泉东。易安幼有才藻。元符二年，年十八，适太学生诸城赵明诚。明诚父挺之，时为吏部侍郎。格非为礼部员外郎。俱《宋史》。明诚幼梦诵一书曰："言与司合，安上已脱，芝芙草拔。"挺之曰："此离合字，词女之夫也。"结褵未久，明诚出游，易安意殊不忍别，书《一剪梅》词于锦帕送之曰："红藕香残玉簟秋。轻解罗裳，独上兰舟。云中谁寄锦书来，雁字回时月满楼。花自飘零水自流。一种相思，两处闲愁。此情无计可消除，才下眉头，却上心头。"《琅嬛记》《草堂诗余》俱如此。《诗余图谱》前段秋字句，轻解罗裳作一句，月满下有西字。易安有小令云："昨夜风疏雨骤，浓睡不消残酒。试问卷帘人，却道海棠依旧。知否？知否？应是绿肥红瘦。"《苕溪渔隐丛话》。《壶中天慢》云："宠柳娇花寒食近，种种恼人天气。"黄昇评。其秋词《声声慢》云："守定窗儿，独自怎生得黑。"黑字真不许第二人押也。词云："寻寻觅觅，冷冷清清，凄凄惨惨寂寂。"一下十四叠字。后又云："梧桐更兼细雨，到黄昏点点滴滴。"《贵耳集》云是晚年作，非也。又尝以重阳《醉花阴》词函致明诚，明诚思胜之，一切谢客，废寝忘食者三日夜，得五十余阕，杂易安作以示友人陆德夫，德夫玩诵再三，曰："有三句乃绝佳。"明诚诘之。曰："莫道不消魂，帘卷西风，人比黄花瘦。"政易安作也。易安之论曰：唐开元天宝间，李八郎者，能歌擅天下。时新及第进士开宴曲江，榜中一名士先召李，使易服隐姓名，衣冠故敝，精神惨沮，与之宴所，曰："表弟，愿与坐末。"众皆不顾。既酒行乐作，歌者进，以曹元念谦为冠。歌罢，众皆嗟咨称赏。名士忽指李曰："请表弟歌。"众皆哂，或有怒者。及转喉发声，歌一曲，众皆泣下。起曰："此必李八郎也。"自后郑、卫声炽，流靡烦变，有《菩萨蛮》《春光好》《莎鸡子》《更漏子》《浣溪沙》《梦江南》《渔父》等词，不可遍举。五代时，江南李氏独尚文雅，有"小楼吹彻玉笙寒"之句，及"吹皱一池春水"，语虽甚奇，所谓亡国之音哀以思也。本朝柳屯田永，变旧声作新声，出《乐章集》，大得声称于世，虽协音律，而词语尘下。又有张子野、宋子京兄弟、沈唐、元绛、晁次膺辈继出，虽时时有妙语，而破碎何足名家。至晏丞相、欧阳永叔、苏子瞻，学际天人，作为小歌词，直如酌蠡水于大海，然皆句读不葺之诗耳，又往往不协音律。盖诗文分平侧，而歌词分五音，又分六律，又分清浊轻重。且如近世所谓《声声慢》《雨中花》《喜迁莺》，既押平声，又押入声；《玉楼春》平声，又押上、去声，又押入声。其本押侧韵者，如本上声协，押入声，则不可通矣。谓本平，可通侧，不拘上去入；若本侧，则上去入不可相通。王介甫、曾子固文章似西汉，若作小歌词，则人必绝倒，不可读也。乃知词别是一家，知之者少。后晏叔原、贺方回、黄鲁直出，始能知之。而晏苦无铺叙，贺苦少典重，秦少游专主情致，而少故实，譬如贫家美女，虽极妍丽丰逸，而终乏富贵态。黄即尚故实，而多疵病。譬如良玉有瑕，价自减半矣。以上皆《渔隐丛话》。易安议弹前辈，既中其病，《老学庵笔记》。而词日益工。李、赵宦族，然素贫俭，每朔望，明诚太学谒告出，质衣取半千钱，步入相国寺，市碑文果实归，夫妻相对展玩咀嚼，尝自谓葛天氏之民也。后二年，明诚出仕宦，挺之为宰相，居政府。亲旧在馆阁者，多有亡诗逸史、汲冢鲁壁所未见之书，尽力传写；或古今名人书画，三代奇器，质衣物市之。崇宁时，有人持徐熙牡丹图，求钱二十万，留信宿，计无所出，卷还之；夫妇相对惋怅者数日。《金石录后序》。挺之在徽宗时，易安进诗曰："炙手可热心可寒。"挺之排元祐党人甚力。格非以党籍罢。易安上诗挺之曰："何况人间父子情。"读者哀之。《郡斋读书志》。尝和张文潜《浯溪中兴颂碑》诗曰："五十年功如电扫，华清花柳咸阳草。五坊供奉斗鸡儿，酒肉堆中不知老。胡兵忽自天上来，逆胡亦自奸雄才。勤政楼前走胡马，珠翠蹋尽香尘埃。六师出战辄披靡，前致荔支马多死。尧功舜德诚如天，安用区区纪文字。著碑刻铭真陋哉，乃令神鬼磨山崖。子仪光弼不自猜，天心悔祸人心开。夏为殷鉴当深戒，简策汗青今具在。君不见当时张说最多机，虽生已被姚崇卖。"又和曰："君不见惊人废兴唐天宝，中兴碑上今生草。不知负国有奸雄，但说成功尊国老。谁令妃子天上来，虢秦韩国皆仙才。苑中羯鼓玉方响，春风不敢生尘埃。姓名谁复知安史，健儿猛将安眠死。去天尺五抱瓮峰，峰头凿出开元字。时移势去真可哀，奸人心魄深如崖。西蜀万里尚能返，南内一闭何时开。可怜孝德如天大，反使将军称好在。呜呼！奴辈胡不能道辅国用事张后专，只能道春荠长安作斤卖。"《清波杂志》《寒夜录》。春荠长安作斤卖，乃高力士诗。易安自少年兼有诗名，才力华赡，逼近前辈。《碧鸡漫志》。传诵者"诗情如夜鹊，三绕未能安"，"少陵也是可怜人，更待明年试春草"。《风月堂诗话》。世又传"两汉本继绍，新室如赘疣，所以嵇中散，至死薄殷周"。以为佳境。朱子《游艺论》引评。又《春残》诗云："春残何事苦思乡，病里梳头恨发长，梁燕语多终日在，蔷薇风细一帘香。"《彤管遗篇》。明诚后屏居乡里十年，衣食有余，及起知青、莱二州，皆政简，日事铅椠；易安与共校勘，作《金石录》，考证精凿，多足正史书之失。每获一书，即校勘整集签题；得书画彝鼎，摩玩舒卷，指摘疵病，夜尽一烛为率。所藏纸札精致，字画完整，冠诸收书家。易安性强记，每饭罢，与明诚坐归来堂烹茶，指堆积书史，言某事在某书几卷几叶几行，以中否决胜负，为饮茶先后，中即举杯，往往大笑，茶倾覆怀中，反不得饮而起。其收藏既富，归来堂起书库大橱，簿甲乙，置书册。当讲读，即请钥上簿关出卷帙，或少损污，必惩责揩完涂改。又置副本便翻讨，书史百家，字不刓本不误谬者，常兼三四本，皆精绝。家传《周易》《左氏春秋》，两家文籍尤备，几案罗列枕藉，意会心谋，目注神授，乐在声色狗马之上。靖康二年春，《金石录后序》作建炎丁未，是年五月始为建炎，今正之。明诚奔母丧于金陵，《金石录后序》作建康，其名建炎三年始改，今从其初。半弃所藏。其年十二月，金人陷青州，火其书十余屋。建炎二年，明诚起复，知江宁府。以上皆《金石录后序》。《后序》亦作建康，盖追称之，今改。易安自南渡以后，常怀京洛旧事，元宵赋《永遇乐》词曰："落日镕金，暮云合璧。"又曰："染柳烟轻，吹梅笛怨，春意知几许。"后叠曰："于今憔悴，风鬟霜鬓，怕向花间重去。"《贵耳集》。在江宁日，每值天大雪，即顶笠披蓑，循城远览，得句必邀赓和，明诚每苦之。《清波杂志》。三年，明诚罢，将家于赣水。《金石录后序》。四月，高宗如江宁，五月，改为建康府。《宋史》纪。《后序》云，至行在，又言葬事，故依史实其地。诏明诚知湖州。明诚赴行在，感暑痁发，易安自明诚赴召时，暂住池阳，得病信，解缆急东下，至建康，病已危。八月，明诚卒。《金石录后序》。易安为文祭之，有曰："白日正中，叹庞公之机敏；坚城自堕，怜杞妇之悲深。"《四六谈麈》。祭文唐人俱用骈体，官祭文亦不用韵也。闰八月，高宗如临安。《宋史》纪。易安既葬明诚，乃遣送书籍于洪州。易安欲往洪。初，学士张飞卿者，于明诚至行在时，以玉壶示明诚，语久之，仍携壶去；时建康置防秋安抚使，扰攘之际，或疑其馈璧北朝也。言者列以上闻，或言赵、张皆当置狱。易安方大病，仅存喘息，欲往洪不能，闻玉壶事，大惧。《金石录后序》。十一月，尽以其家所有，赴越州行在投进，而高宗已奔明州。《宋史》《金石录后序》。时中书舍人綦崇礼左右之。《宋史》。按《云麓漫钞》云：徽猷阁直学士沈该《翰苑题名壁记》云：綦崇礼建炎四年五月，以吏部侍郎兼权直院。十月，除徽猷阁直学士，知漳州。则学士在明年十月。且启云："内翰承旨。"故从《宋史》本传，称"中书舍人"。事解，清照以与綦旧亲情，作启谢之曰："清照素习义方，粗明诗礼，近因疾病，欲至膏肓。牛蚁不分，灰钉已具。岂期末事，乃得上闻。取自宸衷，付之廷尉。"序欲投进家器曰："抵雀捐金，利当安往？将头碎璧，失固可知。实自缪愚，分知狱市。"序綦为解释曰："内翰承旨，搢绅望族，冠盖清流，日下无双，人间第一。奉天收复，本缘陆贽之词；淮蔡底平，共传昌黎之笔。哀怜无告，义同解骖；越石父事。戴感洪恩，事真出己。知莹事。故兹白首，得免丹书。"序颂金事无形迹曰："虽南山之竹，岂能穷多口之谈；惟智者之言，可以止无根之谤。"据《云麓漫钞》。綦字叔一作存。厚，高密人也。《宋史》。十二月，金人破洪州，易安所寄辎重尽失，遂往台州，依其弟敕局删定官李迒，泛海由章安辗转至越州，四年，放散百官，遂偕迒至衢。《金石录后序》。时綦崇礼以徽猷阁直学士知漳州。《翰苑题名壁记》《建炎以来系年要录》。绍兴元年，易安之越。二年，之杭，年五十有一矣。作《金石录后序》曰："右《金石录》三十卷，赵侯德甫所著书也。取上自三代，下迄五季，钟、鼎、甗、鬲、盘、匜、尊、敦之款识，丰碑大碣、显人晦士之事迹，凡见于金石刻者二千卷，皆是正讹谬，去取褒贬，上足以合圣人之道，下足以订史氏之失者，皆载之，可谓多矣。呜呼！自王播、元载之祸，书画与胡椒无异；长舆、元凯之病，钱癖与传癖何殊。名虽不同，其为惑则一也。"本书。又自序遭离变故本末甚悉。《容斋四笔》。曰："靖康丙午岁，侯守淄川，闻金人犯京师，四顾茫然，书画溢箱箧，且恋恋，且怅怅，知必不为己物矣。建炎丁未春三月，五月始为建炎，此追溯之号。奔太夫人丧南来，谓江宁。既长物不能尽载，乃先去书之重大印本者，又去画之多幅者，又去古器之无款识者；后又去书之有监板者，画之平常者，器之重大者。凡屡减去，尚载书十五车，至东海，连舻渡淮，至建康。亦追称。时青州故第尚锁书册什物用屋十余间，期明年春具舟载之。十二月，金人陷青州，遂为灰烬。戊申九月，侯起复，知建康。己酉三月罢。具舟上芜湖，入姑孰，将卜居于赣水上。

五月,至池阳,被旨知湖州,过阙上殿;建康为行在。遂住家池阳,独赴召。六月十三日,负担舍舟坐岸上,葛衣岸巾,精神如虎,目光烂烂射人,望舟中告别。余意甚恶,呼曰:忽传闻城中缓急,奈何? 戟手遥应曰:从众。必不得已,先去辎重,次衣服,次书册卷轴,次古器;独所谓宗器者,自抱负与身存亡,勿忘也。遂驰马去。途中奔驰,冒大暑,感疾,至行在,病痁。七月末,书报卧病。余惊怛,念侯性素急,奈何病痁!或热,必服寒药,疾可忧。遂解舟下,一日夜行三百里,比至,果大服柴胡、黄芩,疟且痢,病危在膏肓。余悲泣,仓皇不忍问后事。八月十八日,遂不起,取笔作诗,绝笔而逝,殊无分香卖履之态。葬毕,余无所之。时朝廷已分遣六宫,《宋史》言:七月,隆祐太后如洪州,宫人从之。又传江当禁渡,《宋史》言:闰八月,杜充守建康,韩世忠守镇江,刘光世守池州。后光世移屯江州。犹有书二万余卷,金石刻二千卷,器皿裀褥,可待百客,他长物称是。余又大病,仅存喘息,事势日迫。念侯有妹婿任兵部侍郎,从卫在洪州,从卫六宫。遂遣二故吏,先部送行李往投之。十二月,金人陷洪州,遂尽委弃。独余少轻小卷轴书帖,写本李、杜、韩、柳集,《世说》《盐铁论》,汉、唐石刻副本数十轴,三代鼎彝十数事,又唐写本书十数册,偶病中把玩在卧内者独存。上江既不可往,又虏势叵测,有弟迒，任敕局删定官，遂往依之。到台，台守已遁。此建炎四年事。之剡，出睦。弃衣被，走黄岩，扁舟入海，奔行朝，时驻跸章安，台州府治西南章安市。谓舟次于此，自此之温。从御舟之温，又之越。庚戌四年十二月，放散百官。百官自便，不扈从。谓自郎官以下。遂之衢。以上建炎四年以前事。绍兴辛亥元年三月，复赴越。壬子二年，又赴杭。以上绍兴二年事，作《后序》年也。此下复记建炎三年事。先，侯病亟时，建炎三年八月。有张飞卿学士，携玉壶过示侯，复携去，其实珉也。不知何人传道，妄言有颂金之语，或言有密论列者。余大惶怖，不敢言，亦不敢遂已，尽将家中所有铜器等物，欲赴外廷投进。到越，已幸四明。建炎三年十一月。不敢留家中，并写本书寄剡。此建炎四年事。后官军收叛卒取去，闻尽入李将军家，惟有书画砚墨六七簏，常在卧榻下，手自开合。在会稽，卜居土民钟氏宅，忽一夕穿壁负五簏去。此绍兴元年事。余悲痛不欲活，立重赏收赎。后二日，邻人钟复皓出十八轴求赏，故知其盗不远，万计求之，其余遂牢不可出。今尽为吴说运使贱价得之。所余一二残零，不成部帙书册三数种，平平书帖，犹复爱惜，如护头目，何愚也耶！今开此书，如见故人，因忆侯在东莱静治堂，装卷初就，芸签缥带，束十卷作一帙，每日晚吏散，辄校勘二卷、题跋一卷。此二千卷，有题跋者五百二卷耳。

今手泽如新，而墓木已拱，悲夫！昔萧绎江陵陷没，不惜国亡，而毁裂书画；杨广江都倾覆，不悲身死，而复取图书；岂以性之所著，生死不能忘欤？或者天意以其菲薄，不足以享此尤物耶！抑死者有知，犹斤斤爱惜，不宜留人间耶？何得之难而失之易也！噫！余自少陆机作赋之二年，至过蘧瑗知非之两岁，三十四年之间，忧患得失，何其多也！然有有必有无，有得必有失，乃理之常。人亡弓，人得之，又何足道。所以区区记此者，亦欲为后世博雅好古者之戒云尔。绍兴二年玄黓岁壮月甲寅朔，易安室题。"本书。三年，行都端午，易安亲联有为内夫人者，代进帖子，《皇帝阁》曰："日月尧天大，璇玑舜历长；侧闻行殿帐，多集上书囊。"《皇后阁》曰："意帖初宜夏，金驹已过蚕；至尊千万寿，行见百斯男。"意帖用上官昭容事。《夫人阁》曰："三宫催解粽，团箭彩丝萦；便面天题字，歌头御赐名。"团箭用唐开元内宫小角弓射粽事。于是翰林止金帛之赐，《浩然斋雅谈》。咸以为由易安也。时直翰林者秦楚材忌之。五月，命签应作金，押也。诸书皆从竹。书枢密院事韩肖胄、字似夫。工部尚书胡松年，字茂老，海州怀仁人。二人以七月行。充奉表通问使、副使，使金，通两宫也。刘时举《续通鉴》。又按《宋朝事实》其事在七月。其后八年十二月，韩又使金。易安上韩诗曰："三年夏六月，天子视朝久；凝旒望南云，垂衣思北狩。如闻帝若曰，岳牧与群后，贤宁违半千，运已过阳九。勿勒燕然铭，勿种金城柳，岂无纯孝臣，识此霜雪悲。何必舍羹肉，便可载车脂；土地非所惜，玉帛亦尘泥。谁可当将命，币重辞益卑；四岳佥曰俞，臣下帝所知；中朝第一人，春官有昌黎；身为百夫特，行为万人师。嘉祐与建中，为政有皋夔；汉家贵王商，唐室重子仪。见时应破胆，将命公所宜。肖冑，韩琦曾孙。公拜手稽首，受命白玉墀。曰臣敢辞难，此亦何等时；家人安足谋，妻子不复辞。愿奉宗庙灵，愿奉天地威；径持紫泥诏，直入黄龙城。北人怀旧德，侍子当来迎；圣孝定能达，勿复言请缨。倘持白马血，与结天日盟。"上胡诗曰："胡公清德人所难，谋同德协置器安；解衣已道汉恩媛，离诗不怯关山寒。皇天久阴后土湿，雨势未回风势急；车声辚辚马萧萧，壮士懦夫俱感泣。闾阎嫠妇亦何知，沥血投诗干记室。葵邱莒父非荒城，勿轻谈士弃儒生，愤王墓下马犹倚，史言：项羽葬鲁，在今穀城。寒号城边鸡未鸣。《水经注》：韩侯城，在金地。巧匠亦曾顾樗栎，刍荛之询或有益，不乞随珠与和璧，但乞乡关新信息。灵光虽在应萧条，草中翁仲今何若？遗民定尚种桑麻，败将如闻保城郭。嫠家祖父生齐鲁，位下名高人比数，当年稷下纵谈时，犹记人挥汗如雨。子孙南渡今几年，漂零遂与流人伍。愿将血泪寄河山，去洒青州一抔土。"其序云：

"以上二公，亦欲以俟采诗者。"《云麓漫钞》。易安又有句云："南来犹怯吴江冷，北狩应知易水寒。"又云："南渡衣冠思王导，北来消息少刘琨。"《渔隐丛话》《诗说隽永》。忠愤激发，意悲语明，所非刺者众。又为诗诮应举进士曰："露花倒影柳三变，桂子飘香张九成。"《老学庵笔记》。九成，绍兴二年进士。应举者服其工对，传诵而恶之。其《感怀》诗曰："寒窗败几无书史，公路生平竟至此，青州从事孔方兄，终日纷纷喜生事。作诗谢绝聊闭门，虚室香生有佳思。静中吾乃见真吾，乌有先生子虚子。"《彤管遗编》。此诗上、去两押，所谓诗止分平、侧。四年，避乱西上，过严子陵钓台，有"巨舰因利、扁舟为名"之叹。《打马图》《钓台集》。或以其二十字韵语为恶诗，盖口占聊成之，非诗也，不复录。至金华卜居焉。《打马图》。有《晓梦》诗曰："晓梦随疏钟，飘然跻云霞；因缘安期生，邂逅萼绿华。秋风正无赖，吹尽玉井花，共看藕如船，同食枣如瓜。翩翩垂发女，貌妍语亦佳，嘲辞斗诡辩，活火烹新茶。虽乏上元术，游乐亦莫涯。人生能如此，何必归故家？起来敛衣坐，掩耳厌喧哗，心知不可见，念念犹咨嗟。"《彤管遗编》。诗秀朗有仙骨也。又作《打马图》曰："慧则通，通则无所不达；专则精，精则无所不妙。故庖丁解牛，郢人运斤；师旷之听，离娄之察；大至尧舜之仁，桀纣之恶；小至掷豆起蝇，巾角拂棋，皆臻其极者，妙而已。

夫博无他，争先术耳。故专者胜。余性专博，凡所谓博者，皆耽之。南渡流离，尽散博具。今年冬十月朔，闻淮上警报，江、浙之人，自东走西，自南走北，居山林者谋入城市，居城市者谋入山林，旁午络绎，莫知所之。余亦自临安溯流，过严滩，抵金华，卜居陈氏第，乍释舟楫而见窗轩，意颇适然。更长烛明，如此良夜何，于是乎博弈之事讲矣。且长行叶子，博塞弹棋，世无传者，打褐、大小猪窝、族鬼、胡画、数仓、赌快之类，皆鄙俚不经见，藏酒、摴蒱、双蹙融，近渐废绝，选仙、加减、插关火质鲁任命，无所施智巧，大小象戏、弈棋，又止容二人。独采选、打马，特为闺房雅戏。尝恨采选丛烦，劳于检阅，又能通者少，难遇劲敌，打马简要，而苦无文采。按打马世有二种，一种一将十马者，谓之关西马；一种无将二十马者，谓之依经马。流传既久，各有图经、凡例可考，行移赏罚互有同异。宣和间人，取二种马参杂加减，大约交加侥幸，古意尽矣，所谓宣和马者是也。余独爱依经法，因取其赏罚互度，每事作数语，随事附见，使儿辈图之，不独施之博徒，亦足贻诸好事，使千百世后，知命辞打马，始自易安居士也。时绍兴四年十有二月二十四日。"其《打马赋》曰："岁令聿徂，卢或可呼。千金一掷，百万十都。尊俎列陈，已行揖让之礼；主宾言洽，不有博弈者乎？打马爱兴，摴蒱者退，实小道之上流，竞深闺之雅戏。齐驱骥骒，疑穆王万里之行；别起玄黄，类杨氏五家之队。珊珊佩响，方惊玉镫之敲；落落星罗，忽讶连钱之碎。若乃吴江枫落，燕山叶飞，玉门关闭，沙苑草肥，临波不渡，似惜障泥。或出入腾骧，猛比昆阳之战；或从容磐控，正如涿鹿之师；或闻望久高，脱复庚郎之失；或声名素昧，倏惊痴叔之奇。亦有缓缓而归，昂昂而驻，鸟道惊驰，蚁封安步。崎岖峻坂，慨想王良；局促盐车，忽逢造父。且夫邱陵云远，白云在天，心无恋豆，志在著鞭。蹴蹄黄叶，画道金钱。用五十六采之间，行九十一路之内，明以赏罚，核其殿最。运指挥于方寸之中，决胜负以几微之介。且好胜人之常情，争筹者道之末技。说梅止渴，稍苏奔竞之心；画饼充饥，亦寓踣腾之志。将求远效，故临难而不回；留报厚恩，或相机而豫退。亦有衔枚缓进，已踰关塞之艰；岂致奋足争先，莫悟穿堑之坠。至于不习军行，必占尤悔，当知范我之驰驱，勿忘君子之箴佩。况乃为之贤已，事实见于正经；行以无疆，义必合乎天德。牝乃叶地类之贞，反亦记鲁姬之式。鉴髻堕于梁家，溯浒循于岐国。故宜绕床大叫，五木皆卢，沥酒一呼，六子尽赤。平生不负，遂成剑阁之勋；别墅未输，决破淮淝之贼。今日岂无元子，明时不乏安石。又何必陶长沙博局之投，正当师袁彦道布帽之掷也。乱曰：佛狸定见卯年死，是岁甲寅。贵贱纷纷尚流徙，满眼骅骝及驿耳，时危安得真致此。木兰横戈好女子，老矣不复志千里，但愿相将过淮水。"本书。时易安年五十三矣。居金华，有《武陵春》词曰："风住尘香花已尽，日晚倦梳头。物是人非事事休，欲语泪先流。闻说双溪春尚好，也拟泛轻舟。只恐双溪舴艋舟，载不动许多愁。"流寓有故乡之思，《水东日记》云：玩其词意，作于序《金石录》之后。其事非闺闱文笔自记者莫能知。或曰：依弟远，老于金华。后人集其所著为文七卷、词六卷，行于世。《宋史艺文志》。其《金石录后序》稿，在王厚之顺伯家，洪迈见之，为述其大概。《容斋四笔》。朱文公言：本朝妇人能文章者，曾相布妻魏，及李易安二人而已。《词综》。后有人于闽漠口铺见女子韩玉父题壁诗序：幼在钱塘，师事易安。《彤管遗编》。易安能诗、词、文、四六，又能画。明人陈查良藏有易安画琵琶行图，宋濂《学士集》。莫廷韩买得易安画墨竹一幅。《太平清话》。张居正在政府日，见部吏钟姓浙音者，问曰："汝会稽人耶？"曰："然。"居正色变久之。吏曰："新自湖广迁往耳。"然卒黜之。《玉茗琐谈》。文忠盖以钟复皓故。时不悉其意，以为乖暴。而其时无学者不堪易安讥诮，改易安与綦学士启，以张飞卿为张汝舟，以玉壶为玉台，谓官文书使易安嫁汝舟，后结讼，又诏离之，有文案。详赵彦卫《云麓漫钞》、胡仔《苕溪渔隐丛话》、李心传《建炎以来系年要录》。宋方扰离，不纠言妖也。述曰：《宋史·李格非传》云：女清照，诗文尤有称于时，嫁赵挺之之子明诚，自号易安居士，无他说也。《艺文志》有易安词六卷，《通考·经籍考》引《直斋书录解题》止《漱玉集》一卷。《解题》云：别本分五卷，词今存。《书录》《打马赋》一卷，《解题》云：用二十马，今世打马，大约与樗蒲相类。《艺文志》言文集七卷，明焦竑《国史经籍志》云十二卷，则并词五卷，惜其文未见。《琅嬛记》《四六谈麈》《宋文粹拾遗》并载易安《贺孪生启》云："无午未二时之分，有伯仲两楷之似；既系臂而系足，实难弟而难兄。玉刻双璋，锦挑对袜。"注言：任文二子孪生，德卿生于午，道卿生于未；张伯楷、仲楷兄弟相似，形状无二；白伋兄弟，母不能辨，以五色采绳一系于臂，一系于足。其用事明当如此。读《云麓漫钞》所载《谢綦崇礼启》，文笔劣下，中杂有佳语，定是窜改本。又夫妇讦讼，必自证之，启何以云无根之谤。余素恶易安改嫁张汝舟之说，雅雨堂刻《金石录序》，以情度易安不当有此事。及见李心传《建炎以来系年要录》，采鄙恶小说，比其事为文案，尤恶之。后读《齐东野语》论韩忠缪事云：李心传在蜀，去天万里，轻信记载，疏舛固宜。又《谢枋得集》亦言：《系年要录》为辛弃疾造韩侂胄寿词，则所言易安文案、谢启事可知。是非天下之公，非望易安以不嫁也。不甘小人言语，使才人下配驵侩，故以年分考之。凡诗文见类部小说诗话者，考合排次，至绍兴四年，易安年五十三。又绍兴十一年五月十三日，綦崇礼婿阳夏谢伋，寓家台州，自序《四六谈麈》，时易安年已六十，伋称为赵令人李，若崇礼为处张汝舟婚事，伋其亲婿，不容不知。又下至淳祐元年，时及百年。张端义作《贵耳集》，亦称易安居士，赵明诚妻。易安为嫠，行迹章章可据。赵彦卫、胡仔、李心传等，不明是非，至后人貌为正论。《碧鸡漫志》谓易安词于妇人中为最无顾藉，《水东日记》谓易安词为不祥之具，此何异谓直不疑盗嫂乱伦，狄仁杰谋反当诛灭也？且《启》言："牛蚁不分，灰钉已具。弟既可欺，持官文书来辄信；身几欲死，非玉镜架亦安知。呻吟未定，强以同归。猥以桑榆之末景，配兹驵侩之下才。"易安，老命妇也，何以改嫁复与官告？又言："视听才分，实难共处，惟求脱去，决欲杀之，遂肆欺凌，日加殴击。岂期末事，乃得上闻，取自宸衷，付之廷尉。"是又闺房鄙论，竟达阙廷，帝察隐私，诏之离异。夫南渡仓皇，海山奔窜，乃舟车戎马相接之时，为一驵侩之妇，从容再降玉音，宋之不君，未应若此。审视《金石录后序》，始知颂金事白，綦有湔洗之力，小人改易安《谢启》，以飞卿玉壶为汝舟玉台，用轻薄之词，作善谑之报，而不悟牵连君父，诬衊庙堂，则小人之不善于立言也。刘时举《续通鉴》云：绍兴四年八月，赵鼎疏言：草泽行伍，求张浚不遂者，人人投牒，丑诋及其母妻。《四朝闻见录》有劾朱文公闱闼中秽事疏及朱谢罪表，盖其时风气如此。《齐东野语》又云：黄尚书由妻胡夫人蕙斋居士，时人比之易安。尝指摘赵师㒟放生池文误，蕙斋已卒，赵为临安府，诱其逃婢证蕙斋前与棋客郑日新通，遂黥配日新，而尚书以帷薄不修罢。按《白獭髓》云：师㒟初居吴郡及尹天府日，延乔木为门客，乔教师㒟子希苍制古礼器，于家释菜，黄尚书欲发遣之，师㒟乃毁器而逐乔。是师㒟与由以黥配门客相报，又值蕙斋有摘文之事，乃并诬蕙斋，其事与易安同。夫小人何足深责，吾独惜易安与蕙斋以美秀之才，好论文以中人忌也。易安《打马图》言："使儿辈图之。"合之《上胡尚书诗》，盖易安无所出，儿辈乃格非子孙，故其事散落。今于词之经批隙及好事传述者亦辑之，于事实有益，可备好古明理者观览。其仅见《漱玉集》者，此不载也。

沈涛《瑟榭丛谈》

次云出所藏元人李易安小像索题，余为赋二绝句云："漱玉声疑响佩环，春残幽恨苦相关。（易安有《春残》诗）伤心柳絮泉头水，种出蘼芜绿遍山。""月上新词最断肠，缠绵儿女意堪伤。不应人比黄花瘦，却道全无晚节香。"尝谓朱淑真《菊花》诗"宁可抱香枝上老，不随黄叶舞秋风"，实郑所南《自题画菊》"宁可枝头抱香死，何曾吹落北风中"二语所本。志节皦然，即此可见。《断肠》一集，特以儿女缠绵写其幽怨。"月上柳梢"，词见《欧阳公集》，明人选本嫁名淑真，致蒙不洁之名，亟应昭雪。易安何等女子，况未亡时年已垂暮，汝舟之适，亦恐近诬。

《老学庵笔记》："张子韶对策，有'桂子飘香'之语，赵明诚妻李氏嘲之曰：'露花倒影柳三变，桂子飘香张九成。'"放翁不曰"张汝舟妻"而曰"赵明诚妻"，可见易安无改适之事。

梁绍壬《两般秋雨庵随笔》

吴蘋香女史，初好读词曲，或劝之曰："何不自作？"遂援笔赋《浪淘沙》一阕，云："莲漏正迢迢，凉馆灯挑。画屏秋冷一枝箫。真个曲终人不见，月转花梢。　　何处暮砧敲？黯黯魂销。断肠诗句可怜宵。欲向枕根寻旧梦,梦也无聊。"轻圆柔脆,脱口如生。一时湖上名流,传诵殆遍。自后遂肆力长短句,不二年,著《花帘词》一卷,逼真《漱玉》遗音。……蘋香父、夫俱业贾,两家无一读书者,而独呈翘秀,真夐世书仙也。又尝作《饮酒读骚》长曲一套,因绘马图;己作文士妆束,盖寓速变男儿之意。余马题图,有句云:"南朝幕府黄崇嘏,北宋词宗李易安。"盖非虚誉也。

诗有一句叠三字者,吴融《秋树》诗"一声南雁已先红,槭槭凄凄叶叶同"是也。有一句连三字者,刘驾诗"树树树梢啼晓莺"、"夜夜夜深闻子规"是也。有两句连三字者,白乐天诗"新诗三十轴,轴轴金石声"是也。有一句四叠字者,古诗"行行重行行"、《木兰诗》"唧唧复唧唧"是也。有两句互叠字者,"年年岁岁花常发,岁岁年年人不同"是也。有三联叠字者,古诗"青青河畔草"六句是也。有七联叠字者,昌黎《南山》诗"延延离又属"十四句是也。至李易安词"寻寻觅觅,冷冷清清,凄凄惨惨戚戚",连下十四叠句,则出奇胜格,匪夷所思矣。

《漱玉》《断肠》二词,独有千古。而一以"桑榆晚景"一书致诮,一以"柳梢月上"一词贻讥。后人力辨易安无此事,淑真无此词。此不过为才人开脱。其实改嫁本非圣贤所禁。《生查子》一阕，亦未见定是淫奔之词。此与欧公簸钱一事，今古哓哓辨论，殊可不必。不若竹垞翁之直截痛快：吾宁不食两庑豚，不删《风怀》二百韵也。

易安《一剪梅》词起句"红藕香残玉簟秋"七字，便有吞梅嚼雪，不食人间烟火气象，其实寻常不经意语也。

冯金伯《词苑萃编》引《红树楼选》

宋女子韩玉，李易安教以作词，有《番枪子》词云："莫把团扇双鸾隔。要看玉溪头、春风客。妙将风骨潇闲，翠罗金缕瘦宜窄。转面两眉攒，青山色。　到此月想精神，花生秀质。待与不清狂、如何得。奈向难驻朝云，易成春梦恨又积。送上七香车、春草碧。"

吴衡照《莲子居词话》

妃子沼吴，重归少伯。美人亡息，再醮荆王。简牍工讹，殊难理遣。世传易安居士再适张汝舟，卒至对簿，有《与綦处厚启》云云，为时讪笑。今以《金石录后序》

考之。易安之归德甫，在建中辛巳，时年一十有八。后二年癸未，德甫出仕宦。越二十三年靖康丙午，德甫守淄川。其明年建炎丁未，奔母丧。又明年戊申，德甫起复知建康府。又明年己酉春，罢职。夏，被旨知湖州。秋，德甫遂病不起，时易安年四十有六矣。越五年，绍兴甲寅，作《金石录后序》，时年五十有一。其明年乙卯，有《上韩胡二公》诗，犹自称闾阎嫠妇，时年五十有二。岂有就木之龄已过，隳城之泪方深？顾为此不得已之为，如汉文姬故事。意必当时嫉元祐君子者，攻之不已，而及其后。而文叔之女多才，尤适供谣诼之喙。致使世家帷薄，百世而下，蒙诟抱诬，可慨也已。

易安居士再适张汝舟，卒至对簿，有《与綦处厚启》云云，宋人说部多载其事。大抵彼此衍袭，未可尽信。《宋史·李文叔传》附见易安居士，不著此语。而容斋去德甫未远，其载于《四笔》中，无微词也。且失节之妇，子朱子又何以称乎？反复推之，易安当不其然。

易安《武陵春》，其作于祭湖州以后欤？悲深婉笃，犹令人感忾俪之重。叶文庄乃谓语言文字诚所谓不祥之具，遗讥千古者矣，不察之论也。南康谢苏潭方伯启昆《咏史》诗云："风鬟尚怯胥江冷，雨泣应含杞妇悲。回首静治堂旧事，翻茶校帖最相思。”措语得诗人忠厚之致。

易安“眼波才动被人猜”，矜持得妙。淑真“娇痴不怕人猜”，放诞得妙。均善于言情。

今马吊戏，或谓唐叶子之遗。按《唐书·同昌公主传》：韦氏诸宗，好为叶子戏。郑谷、李洞俱有《打叶子上龙州韦郎中》诗。焦竑《国史经籍志》：南唐李后主妃周氏著《击蒙小叶子格》一卷。马端临《文献通考》亦载《叶子格戏》一卷，不著撰者姓氏。翟灏《通俗编》据易安《打马赋序》，谓今马吊当属易安所谓打马，叶子在北宋时已无传矣。彭羡门《延露词》云“南朝旧谱翻新思”，想是借用语。

宋黄尚书由夫人，胡给事晋臣女也。能草书，诗文亦可观，琴棋写竹皆精，自号惠斋居士。时人以比易安居士。尚书帅蜀，夫人偕行，因几上尘，戏画梅一枝，赋《百字令》云云。见《皇宋书录外篇》。赵师罿知临安府，浼少司成高文虎作《西湖放生池记》，误以鸟兽鱼鳖咸若属商事。无名子有词以嘲之，实夫人首摘其谬也。师罿衔之。会夫人卒，其婢窃物以逃，捕送临安府。师罿鞫令指言主母平时与弈者郑日新通，所失物乃主母自与。遂逮郑，系狱黥之。未几，尚书以帷薄不修去国。睚眦细故，致令夫人负不白之冤于其身后，又何怪乎易安居士矣！后十余年，师罤死，其家亦以暧昧被累。信乎！人之存心不可以不厚，而报复之理昭昭不可掩也。

刘文如《宋刻〈金石录〉跋》
录自叶昌炽《滂喜斋藏书记》

易安此序，言德甫夫妇之事甚详。《宋史·赵挺之传》传后无明诚之事，若非此序，则德甫一生事迹年月，今无可考。按《后序》作于绍兴四年，易安自言："余自少陆机作赋之二年，至过蘧伯玉知非之两岁，三十四年之间，忧患得失，何其多也！"是作序之年，五十二矣。序言十九岁归赵氏时，先君作礼部员外郎，侯年二十一。按德甫卒于建炎三年，是德甫卒年四十九也。易安十九岁为建中靖国元年。是年挺之为礼部侍郎。是赵李同官礼部时联姻也。序言建炎丁未。按丁未三月，犹是靖康，五月始有建炎之号，戊申方是建炎之元也。又《文选》注引《陆机传》云：年二十而吴灭，退临旧里，与弟云勤学，积十一年。是士衡二十岁时乃归里之年，不能定为作赋年。或是易安别有所据，或是离乱之时，偶然忘记耳。嘉庆戊寅，阮刘文如跋。

陆以湉《冷庐杂识》

【李易安　朱淑真】 德州卢雅雨鹾使见曾作《金石录序》，力辨李易安再适之诬，谓德夫殁时，易安年四十六矣。又六年，始为是书作跋，是时年已五十有二。非夏姬之三少，等季隗之就木。以如是之年而犹嫁，嫁而犹望其才地之美，和好之情，亦如德夫昔日；至大失所望而后悔之，又不肯饮恨自悼，辄谍谍然形诸简牍。此常人所不肯为，而谓易安之明达为之乎？观其洊经丧乱，犹复爱惜一二不全卷轴，如护头目，如见故人。其惓惓德夫，不忘若是！安有一日忍相背负之理？此子舆氏所谓好事者为之，或造谤如《碧云騢》之类，其又可信乎？陈云伯大令亦云：宋人小说往往污蔑贤者，如《四朝闻见录》之于朱子、《东轩笔录》之于欧阳公，比比皆是。……李易安再适赵汝舟[1]事，详赵彦卫《云麓漫钞》，诸家皆沿其说。卢氏独力为辨雪，其意良厚。特录之，以俟论世者取裁焉。

---

[1] 文中"赵汝舟"当系"张汝舟"之误。

李易安《声声慢》词："寻寻觅觅，冷冷清清，凄凄惨惨戚戚。"连叠七字，昔人称其造句新警。其源盖出于《尔雅·释训篇》，篇中自"明明"至"秩秩"，叠字凡一百四十四，"殷殷惸惸"一段连叠十字，此千古创格，亦绝世奇文也。

李易安词："寻寻觅觅，冷冷清清，凄凄惨惨戚戚。"乔梦符效之，作《天净沙》词云："莺莺燕燕春春，花花柳柳真真，事事风风韵韵，娇娇嫩嫩，停停当当人人。"叠字又增其半，然不若李之自然妥帖。大抵前人杰出之作，后人学之，鲜有能并美者。

王赠芳等编道光《济南府志》

李格非，字文叔，济南人。幼甚俊异。时方以诗赋取士，格非独用意经学，著《礼记说》数十万言。遂登第，调冀州司户参军、试学官，为郓州教授。郡守以其贫，欲其兼他官，谢不可。入补太学录，再转为博士。以文章受知于苏轼。尝著《洛阳名园记》，谓"洛阳之盛衰，天下治乱之候也"。其后，洛阳入于异域，人以为知言。绍圣时，立局编元祐章奏，以为检讨，不就。因不合执政意，通判广信军。有道士说人祸福或中，出必乘车，眐俗信惑。格非遇于涂，叱左右取车中道士来，穷治其奸状，出诸境。召为校书郎，累迁至提点京东刑狱，以党籍罢。格非苦心工于词章，尝论左、马、班、韩之才，语奇而确。又谓"文不可苟作，诚不著则不能工"。妻王氏，拱辰孙女，亦善文。子远，南渡后任敕局删定官。女清照，自号易安居士，亦有才藻。

李氏名清照，号易安居士，礼部员外郎格非女，诸城翰林承旨赵明诚妻。幼有才藻。既长，适明诚。结褵未久，明诚即负笈出游，清照书词锦帕送之。尝以所作词函致明诚，明诚叹息愧弗逮，谢客忘寝食者三日夜，得五十阕，杂清照词示友人陆德夫。德夫称绝佳者，正清照作也。其舅挺之，相徽宗，清照献诗有云："炙手可热心可寒。"挺之排元祐党人甚力，格非以党籍罢。清照上诗救格非有云："何况人间父子情！"识者哀之。明诚好储经籍及三代鼎彝书画金石刻，连知莱、淄二州，竭俸入以事铅椠。清照与共校勘。明诚作《金石录》，考据精确，多足正史书之失，清照实助成之。靖康二年春，明诚奔母丧于建康，半弃所藏。其年十二月，金人陷青州，火其藏书十余屋。明诚，诸城人而家于青也。建炎二年起复，知建康府。三年，召知湖州。至行在，病卒。清照自为文祭之。既葬，清照赴台州依其弟远，辗转避难于越、衢诸州。绍兴二年，又赴杭州，所携古器物以次失去，乃为《金石录后序》，自述流离状。清照为词家大宗，尝谓词自唐、五代无合格者。宋柳永虽协音律，而语尘下。张子野、宋子京兄弟、沈唐、元绛、晁次膺有妙语而破碎。晏元献、欧阳永叔、苏子瞻所作，似诗之句读不葺者。盖词别是一家，知之者少。晏叔原、贺方回、秦少游、黄鲁直能知之。晏苦无铺叙，贺少典重，秦专主情致而少故实，黄尚故实而多疵病。世以为名论。

陆蓥《问花楼词话》

欧阳公，宋代大儒，诗文外，喜为长短调。凡小词多同时人作，公手辑以存者，与公无涉。一时忌公者藉口以兴大狱。司马温公，儿童走卒咸共尊仰。轻薄子捏造艳词以为公作，转相传诵。小人之无忌惮如此。至乃赵明诚妻易安居士，黄尚书妻惠斋居士，皆以人才藻蒙污。易安文词具在全集中。雅雨堂《金石录序》曾为之辨。近世俞君理初就易安全集考证年月，引据旧闻，力为昭雪。易安被谤之由，始白于世。惠斋居士胡氏始以尚书与赵师罿有隙，继以指摘碑文。师罿守临安，惠斋前卒，遂坐罪其门客，斥罢尚书。先广文云：南渡风气，每藉端闺阃，陷人于罪。流传至今，耳食者引为故实，可慨之尤甚者也。

周乐《题李易安遗像并序》
录自冷雪盦本《漱玉集》

李清照，自号易安居士，济南格非之女也。幼有才藻，为词家大宗。嫁赵明诚。明诚好储书籍，作《金石录》，考据精凿，清照实助成之。遭靖康乱，图书散失，避乱于越。明诚卒，乃作《金石录后序》，自述其流离状，人皆悯之。按，明诚诸城人，而家于青，此图之在诸城也，宜矣。观其笔墨古雅，迥非近代画手所能及，或即当时真本亦未可知。第不知何年藏于县署楼中，贮以竹筒，为一邑绅所得，宝而藏之。今又入其邑裴玉樵手，携归济南，得快睹数百年故物，不可谓非深幸也。披览之余，并系短章，以志景仰。道光庚戌重九日，历下周乐二南识。

曲眉云髻屏铅华，《漱玉词》高自一家。几阅沧桑遗像在，果然人瘦似黄花。

金石搜罗未觉疲，香焚燕寝伴吟诗。披蓑顶笠装尤好，风雪循城觅句时。

重叙遗编感故侯，艰难历尽几经秋。凄凉柳絮泉边老，漫妒才人老不休。

吴连周《绣水诗钞》

吾邑东郡亦一都会也，自汉迄唐为阳邱、为朝阳、为亭山、临济、高唐，移置不一。而史家所著人物绝希，岂以地经屡易，旧隶平陵，但著其所隶者难考欤。宋李文叔作述一家，而女子清照以词显。元文忠公云庄肆雅章，已而文穆、文简二公诗不传。自明以来，诗家林立。中麓与历下争执牛耳，而华、袭则激赏于沧溟，高、张复见知于元美。后若元明、石发、翰臣诸家，俱经阮亭题序。以迄于今，宗风未坠。

李清照，格非女，适诸城赵明诚，自号易安居士。合诗词杂著为《漱玉集》三卷。其词超绝古今，诗不多见。其舅挺之相徽宗，清照献诗，有云："炙手可热心可寒。"格非以党籍罢，清照上诗救格非，有云："何况人间父子情。"识者哀之。建炎初，从秘阁守建康，作诗云："南来尚怯吴江冷，北狩应悲易水寒。"王西樵撰《然脂集》，只得其诗二句云："少陵亦是可怜人，更待明年试春草。"《风月堂诗话》载二句云："诗情如夜鹊，三绕未能安。"愚按：易安多以文字中人忌。如建安诗："南渡衣冠少王导，北来消息欠刘琨。"讥刺甚众。张子韶对策，有"桂子飘香"之语，易安嘲之曰："露花倒影柳三变，桂子飘香张九成。"应举者服其工而心忌之。绍兴三年端午，易安亲联有为内夫人者，代进帖子，于是翰林止金帛之赐，咸以为由易安也。时直翰林秦楚材尤忌之。呜呼，此改嫁秽说之所由来也。

黄友琴《书雅雨堂重刊〈金石录〉后并引》
录自恽珠编《闺秀正始集》

李易安作《金石录跋》，时年已五十有二。国朝雅雨卢公重梓是书，序中决其必无更嫁事，谓是好事者为之，殆造谤为《碧云騢》之类。数百年覆盆，遂得昭雪，自是易安可免被恶声矣。诗以咏之：

李氏本清门，赵亦大族裔。淹通敌儒冠，文采蔑侪类。讵踹就木年，而违泛舟誓。金为口所铄，夔竟足不卫。卓哉都转公，一语抉蒙翳！披云始见天，渳雪洵快事。词怜《漱玉》新，图爱《打马》慧。旷代有知己，九原当破涕。

王培荀《乡园忆旧》

友人何平子维絜在济南故书局买美人一轴，乃李易安小像。纸已黯然，状似憔悴，所谓"人比黄花瘦"也。按易安随其夫赵明诚来牧吾淄，北兵已逼，仓皇行遁，家室不能相保，《金石录后序》言之甚详。方明诚在太学时，有人持徐熙《牡丹》求售，以价重不能买，还之，夫妻怅惋累日。余见徐熙花鸟与黄筌花卉并陈，黄画似胜于徐，疑徐画为赝作，当日徐画品实在黄上也。易安夫妇鉴赏，故应不谬。李易安故宅在济南柳絮泉上。

卢雅雨先生《重刊金石录叙》谓李易安作《金石录跋》，时年已五十有二，必无更嫁之事，殆造谤如《碧云騢》之类。宛平女史黄友琴，喜易安数百年覆盆昭雪，赋诗云："李氏本清门，赵亦大族裔。淹通敌儒冠，文采蔑侪类。讵踹就木年，而违泛舟誓。金为口所铄，葵竟足不卫。卓哉都转公，一语抉蒙翳。披云始见天，渑雪洵快事。词怜《漱玉》新，图爱《打马》慧。旷代有知己，九原当破涕。"按，易安不再嫁，前人已辨之，观此诗益知卢公高识，非私于乡人也。

李易安故居在柳絮桌上。撰《打马图》自为赋云："绕床大叫，五木皆卢；沥酒一呼，六子尽赤。生平不卜，遂成剑阁之师；别墅未输，已破淮淝之贼。"意气豪荡，不类巾帼人语。若其词则妍丽婉曲，情深一往矣。田山姜《访易安故宅》云："跳波溅客衣，演漾回塘路。清照昔年人，门外垂杨树。沙禽一只飞，独向前洲去。"

伍崇曜《〈打马图经〉跋》
录自粤雅堂丛书本《打马图经》

右《打马图经》一卷，宋李清照撰。按：清照，济南人，号易安居士，礼部郎格非之女。湖州守赵明诚妻也。《苕溪渔隐丛话》称其再适张汝舟反目，有启上綦处厚，具载《云麓漫钞》。李心传《建炎以来系年要录》载其诇讼事尤详。毛子晋刊其词集，备载其轶事而不录此段，盖讳之也。易安为词家一大宗。张端义《贵耳录》称其闺阁有此词笔，殆为间气。然《云麓漫钞》又录其上枢密韩公、工部尚书胡公两诗并序。《诗说隽永》又称其从秘阁守建康，作诗云："南来尚怯吴江冷，北狩应悲易水寒。"又云："南渡衣冠少王导，北来消息欠刘琨。"则固工于诗矣。《四六谈麈》又记其《祭赵湖州文》："白日正中，叹庞公之机捷；坚城自堕，怜杞妇之悲深"云云。《宋稗类钞》又记其《贺人孪生启》"玉刻双璋，锦挑对褓"云云。则又工于俪体文矣。又《四朝诗集》：闺秀韩玉父，秦人，家于杭，李易安教以诗。又《太平清话》：莫廷韩云："向曾置李易安墨竹一幅。"亦奇女子矣。而《老学庵笔记》又称：张子韶对策，有'桂子飘香'语，易安以诗嘲之，曰："露花倒影柳三变，桂子飘香张九成。"《宋稗类钞》又称："明诚在建康日，易安每值天大雪，必戴笠披蓑，循城远览，以寻诗为事。"亦风流放诞人矣。打马戏今不传。周栎园《书影》称"予友虎林陆骧武近刻李易安之谱于闽，以犀象蜜蜡为马，盛行。近淮上人颇好此戏"云云。而今实未见，殆失传矣。此为亡友黄石溪明经手写本。序称撰于绍兴四年，固《贵耳录》所称，南渡来常怀京洛旧事，晚年赋词，有"于今憔悴，风鬟雾鬓"时也。时咸丰辛亥春尽日，南海伍崇曜跋。

陆心源《〈癸巳类稿·易安事辑〉书后》
录自其著《仪顾堂题跋》

　　李易安改嫁，千古厚诬。歙人俞理初为《易安事辑》以辨之，详矣，备矣。惟张汝舟崇宁五年进士，毗陵人，见《咸淳毗陵志》。钦宗时，知绍兴府，见《会稽志》。建炎三年，以朝奉郎直秘阁，知明州。十二月，召为中书门下检正诸房文字。四年，兼管安抚使。复以直显谟阁知明州，见《四明图经》。五月，上过明州，历奉俭简迁一官。六月乞祠，主管江州太平观。绍兴元年三月，往池州措置军务，寻为监诸军审计司。二年九月，以妻李氏讼其妄增举数入官，有司当汝舟私罪，徒，诏除名，柳州编管，见《建炎以来要录》。则汝舟既确有其人，以李氏讼编管，亦确有其事。理初仅以怨家改启，证易安无改嫁事，几若汝舟亦属子虚，不足以释千古之疑，而折服李心传之心。愚按：汝舟即飞卿之名，妻字上当夺赵明城三字耳。高宗性好古玩，与徽宗同，汝舟必以进奉得官，因进奉而征及玉壶，因玉壶之失而有献璧北朝之诬，因献璧北朝之诬，而易安有妄增举数之报。复不然，妄增举数，与妻何害？既不应兴讼，朝廷亦岂为准理耶？惟李氏被献璧北朝之诬，人人代抱不平，故李氏一控，而汝舟即夺职编管。汝舟无可泄愤，改其谢启，诬为改嫁，认为伊妻。其启即汝舟所改，非别有怨家也。请列五证以明之：汝舟先官秘阁直学士，复官显谟直学士，故曰飞卿学士。其证一也。颂金之谤，崇礼为之左右得解，事在建炎三年，是时崇礼官中书舍人，故曰内翰承旨。汝舟之贬，事在绍兴二年，则崇礼已为侍郎，翰林学士当曰学士侍郎，不得曰内翰承旨矣。其证二也。若《要录》原本无赵明诚三字，注文既叙明李格非女矣，何不叙赵明诚妻改嫁汝舟乎？其证三也。男女婚嫁，世间常事，朝廷不须问，官吏岂有文书。启云：弟既可欺，持官文书来即信。当指詟语上闻，置狱而言。改嫁不必由官，有何官文书之有？其证四也。献璧北朝，可称不根之言。若改嫁确有其事，何得云不根之言？其证五也。心传误据传闻之辞，未免疏谬，若谓采鄙恶小说，比附文案，岂张汝舟亦无其人乎？必不然矣。

李慈铭《书陆刚甫观察〈仪顾堂题跋〉后》
录自其著《越缦堂乙集》

陆氏心源《仪顾堂题跋》十六卷，其中可取者甚多。

其书癸巳类稿·易安事辑后》谓张汝舟，毗陵人，崇宁五年进士，见《咸淳毗陵志》。又引《建炎以来系年要录》，绍兴二年九月，张汝舟为监诸军审计司，以妻李氏讼其妄增举数入官，诏除名，柳州编管。则汝舟既确有其人，以李氏讼编管，亦确有其事。汝舟即飞卿之名，妻字上当脱赵明诚三字。高宗性好古玩，汝舟必以进奉得官，因进奉而征及玉壶，因玉壶失而有献璧北朝之诬，因献璧之诬而易安有妄增举数之报。盖献璧之诬，人人代抱不平，故李氏一控，而汝舟即夺职编管；汝舟无可泄愤，改其谢启，诬为改嫁，认为伊妻，其启即汝舟所改，非别有怨家也。则殊臆决不近理。按《嘉泰会稽志》载：宣和五年，张汝舟以降授宣教郎直秘阁，知越州。越为望郡，是汝舟在徽宗时已通显。《乾道四明图经》载：建炎四年，张汝舟以直显谟阁知明州，兼管内安抚使，数月即罢。《图经》载，是年汝舟之前，已有刘洪道、向子忞二人。汝舟之后，为吴懋，以建炎四年八月到任。是汝舟在州不过一、二月。《系年要录》载：绍兴二年九月，汝舟除名，时官止右承奉郎，则仕宦颇极沈滞，安见其以进奉得官？高宗颇好书画，未闻其好器玩。易安《金石录后序》言：闻张飞卿玉壶事发，在建炎三年九、十月间，时明诚甫于八月卒，高宗方为金人所迫，流离奔窜，即甚荒暗之主，尚安得留心玩好，令人以进奉博官。汝舟之名，与飞卿之字，亦不相配合。且序言：飞卿所示玉壶，实珉也，旋复携去，则壶并不在德甫所，安得妄告朝廷，征之赵氏？且《要录》言：时建康置防秋安抚使，扰攘之际，或疑其馈璧北朝，言者列以上闻。或言：赵、张皆当置狱。是明谓言官所发，飞卿方有对狱之惧，岂有自发而自诬之理？易安《后序》亦谓：何人传道，妄言颂金。是并无怨飞卿之事，安得谓人人代抱不平，易安故讼其妄增举数以为报复。至谓其启即汝舟所改，尤非情理。汝舟以进士历官已显，岂肯自谓驵侩下才，及视听才分，实难共处。且人即无良，岂有冒认嫠妇以为己妻。赵、李皆名人贵家，易安妇人之杰，海内众著，又将谁欺？虽丧心下愚，亦不至此。《要录》大书"右承奉郎、监诸军审计司张汝舟属吏，以汝舟妻李氏讼其妄增举数入官也"。其文甚明，安得谓妻上脱"赵明诚"三字？陆氏谓：妄增举数，何与妻事，朝廷亦岂为准理？则闺房之内，事有难言，增举入官，欺罔朝廷，安得置之不理？此等事惟家人得知之，故发即得实。若它人之妇，何从知之。惟易安必无再嫁之事，理初排比岁月，证之甚明。今即《要录》所载此一节，核其年月，更可了然。易安《金石录后序》，自题绍兴二年玄黓岁壮月甲寅朔，易安室题。《要录》系讼增举事于绍兴二年九月戊午朔，相去一月，岂有三十日内，忽在赵氏为嫠妇，忽在张氏讼其夫，此不待辨者也。又易安于绍兴三年五月上使金工部尚书胡松年诗，有"嫠家祖父生齐鲁"之句，则易安以老寡妇终，已无疑义。《要录》又载：绍兴二年八月丙辰，是二十九日。是月戊子朔，《后序》题甲寅朔，盖笔误。甲寅是二十七日，或是戊子朔甲寅，脱戊子二字。又朔甲寅误倒，古人题月日，多有此例。易安好古，观其用岁阳纪岁，月名纪月可知。直秘阁、主管江州太平观赵思诚守起居郎。思诚，明诚兄也，则是时赵氏尚盛，尤不容有此事。《要录》又载：建炎三年闰八月，和安大夫开州团练使致仕王继先，尝以黄金三百两，从故秘阁修撰赵明诚家市古器，兵部尚书谢克家言：恐疏远闻之，有累盛德，欲望寝罢。上批令三省取问继先，则所云征及玉壶，传闻置狱，当在此时。王继先本奸黠小人，时方得幸，必有恫喝赵氏之事。而綦崇礼为左右之，得白，故易安作启以谢。至张汝舟妻李氏，或本易安一家，与夫不咸，讼讦离异，当时忌易安之才如学士秦楚材者，秦桧之兄名梓。及被易安诮刺如张九成等者，因将此事移之易安。张九成为绍兴二年进士第一人，其对策有"桂子飘香"之语，易安因有"桂子飘香张九成"之谑，亦足证其嫠居无事。若方与后夫争讼仳离，岂尚有此暇力弄狡狯乎？或汝舟之妻，亦娴文字，作文自述被夫欺凌殴击之事，其讼妄增举数时，亦必牵及闺门乖忤，自求离绝。及置狱根勘得实，并遂其请，后人因其适皆李姓，遂牵合之，李微之亦不察而误采之。俗语不实，流为丹青，遂以漱玉之清才，古今罕俪，且为文叔之女，德甫之妻，横被恶名，致为千载宵人口实。余故申而辨之，补俞氏之阙，正陆氏之误，可为不易之定论矣。

况周仪按：易安如有改嫁之事，当在建炎三年明诚卒后，绍兴二年汝舟编管以前。今据俞、陆二家所引，建炎三年七月，易安至建康，八月，明诚卒，四年，易安往台州，之越州，十二月，至衢州，绍兴元年，复之越，二年，之杭。汝舟，建炎三年知明州，四年，复知明州，六月，主管江州太平观，绍兴元年，往池州措置军务，寻为监诸军审计司。二年九月，以增举入官，除名，编管。此四年中，两人踪迹判然，何得有嫁娶之事？旧说冤谬，不辨而明矣。因校越缦跋尾，书此以广所未备。

李慈铭《越缦堂读书记》

余于词非当家，所作者真诗余耳，然于此中颇有微悟。盖必若近若远，忽去忽来，如蛱蝶穿花，深深款款；又须于无情无绪中，令人十步九回，如佛言食蜜，中边皆甜。古来得此旨者，南唐二主、六一、安陆、淮海、小山及李易安《漱玉词》耳。屯田近俗，稼轩近霸，而两家佳处，均契渊微。

阅赵明诚《金石录》，其首有李易安《后序》一篇，叙致错综，笔墨疏秀，萧然出町畦之外。予向爱诵之，谓宋以后闺阁之文，此为观止。赵氏援碑刻以正史传，考据精慎，远出欧阳文忠《集古录》之上。于唐代事尤多订《新》《旧》唐两书之失。当时新史方行，而德夫屡斥其谬误，悉心釐正，务得其平，于《旧书》亦无所偏徇，真善读书者也。

符兆纶《藕神祠诗》
录自《历下咏怀古迹诗钞》

雨余湖水碧涵空，酒晕轻衫浣茜红。合约佳人湖上住，朝朝消受藕花风。祠神已毁，同人拟以李易安其祀。

符兆纶《明湖藕神祠移祀李易安居士记》
录自《历下咏怀古迹诗钞》

由鹊华桥下买舟泛明湖中，橹声摇数里许。风日转清，烟波愈阔，绿荷万柄，宕漾水面，舟往来穿花中。遥望千佛、鹊、华诸山，夕翠朝烟，髻鬟乱拥，此中疑有词女才人，呼之欲出也。湖侧旧有屋一楹，曰"藕神祠"，不知所祀何神。神像久毁。同人以湖山佳丽，主持宜得其人，因以易安居士代之。居士，济南人，姓李氏，名清照，别号易安居士。宋文叔先生爱女，而诸城赵明诚之嘉偶也，其始终本末前人已别为列传。生平著述甚富，填词若干卷，尤脍炙人口，非当日苏、秦诸公所及，后来词人沾污不少，固宜其俎豆不祧矣。世之少之者，独以其晚年改适一节，此事自关伦纪，而居士生平大端所系，予不可无辨。居士以文叔为父，得力于庭训居多。而所适赵明诚，又以才人为显宦。其夫妇相笃，风雅相深，固宜超出寻常万万。惟刻烛裁笺，拈花索句，无愁不媚，脱口生香，放诞风流，宜若不自检束，而不知居士乃才而深于情者也。情之深者，不能无所钟，而必不妄有所钟，妄钟其情，非情也。所谓发乎情、止乎礼义也。以其深于情，而即疑其薄于行，将世之口谈周孔之书，躬履夷齐之行者，其生平宜断断无他，而所为往往非人意计所及料。又何说邪！抑当时范希文、辛稼轩、欧阳永叔诸人，以芬芳恻怛之怀，作为缠绵倩丽之词，而卒不失其为正人君子，此尤章章也。明诚以建炎二年重起出山，三年召知湖州，于行在所病剧。居士闻信仓皇往视，至则明诚已卒。乃泣血磨墨，自为文祭之。其后辗转避难，所携古器物半皆失去。便恐丧亡都尽，因取明诚在日所同著《金石录》，序而藏之。自述流离，备极凄惨，至今读之，尤觉怦怦。其去明诚之没盖已六年，年且五十有二矣。夫人当家国琐尾之秋，艰难备尝之际，睹物怀人，忧来不绝。又春秋代谢，行且就木，而犹欲依倚村夫，重调琴瑟，此寻常闺阁所不为，而谓居士之才而为之乎？且再适一事，亦非确有证据，不过就居士所书白乐天《琵琶行》中"老大嫁作商人妇"之语，遂疑其重过别船，江湖流落。此事前明宋文恪已为辨之，不知此乃才人偶尔寄兴。今有人焉，手录郑卫诗一册，以资吟讽，见者遂谓其有桑间濮上之行，如之何其可也。嗟呼，风俗寖薄，人事难齐，古今来易节改行者，屈指良亦不少。即始宋祚鼎革，佥名降表，首列则谢道清，彼固一女子也。而绝世才华如赵王孙，隐忍偷活，亦复易仕他姓，尤甚太息。遭逢不幸，自立良难，丈夫且然，于弱女子何？有惟就居士之生平揆之，断知其不出于是，万一有之，吾不能不为之惜。顾其香艳之才，沈博绝丽之学，何能不爱而慕之乎？或曰，子爱之慕之宜也，爱之慕之而即祀之，不宜也。是又非也。居士昔家柳絮泉上，故宅久荒，过者每低回不能去。今居士相去久矣，假如有居士之才，沦落不偶，而此时尚在，为结屋数椽于湖光山色间以居之，亦怜才者所不能已已也。且独不闻夫大别山之有桃花夫人庙乎？以彼无言有泪，儿女成行，一妇人而破灭二国，其视居士薰莸之别也。汉阳庙祀犹且不绝，何独于居士靳之？夫吾辈青衫作客，长铗依人，亦岂能重居士？特以漱其余芳，且换凡骨，受居士之益素深，爱居士之心因益甚；生平烦恼，聊仗千佛为之忏除；无数谤诬，亦借明湖为之湔雪。而他日寻诗湖上，蓉裳蕙带，不又想见其姗姗来迟耶？谨诹某月某日仍酹以柳絮之泉，荐以碧藕之节，妥居士之灵于旧祠之中。廖豸峰为文以祭，王秋槎祝瓣香成礼，梅子执祀事，而予为文，勒诸石。宜黄符兆纶记。

符兆纶《有竹堂怀李文叔》
录自《历下咏怀古迹诗钞》

胸原成竹有，万绿罨兹堂。榻展云阴落，窗深雨意凉。清声忧雏凤，谓易安居士。旧梦冷潇湘。无恨名园感，何劳记洛阳。

俞樾《茶香室三钞》

国朝钱谦益《绛云楼书目》地志类，有李文叔《洛阳名园记》。陈景云注云：张琰序，绍兴八年也。序中并及文叔女易安上诗宰相救父事，盖文叔亦尝坐元祐邪党远谪也。宰相即易安之舅赵挺之。按今人于易安，但言其有改嫁事，不知有此事，亦可谓不成人之美者也。

丁丙《善本书室藏书志》

《漱玉词》一卷，旧抄本，宋李清照撰。清照姓李氏，号易安居士，济南人，李格非之女，适东武赵挺之仲子[1]明诚。有《漱玉词》一卷，颇多佳句。末附《金石录后序》，毛晋刻附六十家词。世谓清照于明诚故后，再适张汝舟，未几反目。其事见《云麓漫钞》及《系年要录》。近俞理初有《事辑》，凡七千言，辨诬析疑，洵足为易安吐气也。

---

[1] 赵明诚非"仲子"。

韩崇《宝铁斋诗录》

蒋大令因培燕园,为李易安故宅,赋此柬赠一首:"眉柳依然黛色横,林泉今又属元卿。东篱对客黄花瘦,南阮看人青眼明。金石已随尘世散,梧桐犹作雨风声。寓公自有渊源在,池上重题漱玉名。"

缪荃孙《云自在龛随笔》

唐白居易书《楞严经》一百幅,三百九十七行,唐笺楷书,系第九卷后半卷。赵明诚跋云:"淄川邢□氏之村,丘地平弥,水林晶淯,墙麓硗确布错,疑有隐君子居焉。问之,兹一村皆邢姓,而邢君有嘉,故潭长,好礼,遂造其庐。院中繁花正发。主人出接,不厌余为兹州守,而重余有素心之馨也。夏首后相经过,遂出乐天所书《楞严经》相示。因上马疾驱归,与细君共赏。时已二鼓下矣。酒渴甚,烹小龙团,相对展玩,狂喜不支,两见烛跋,犹不欲寐,便下笔为之记。赵明诚。"前后有绍兴玺,末幅止角上半印,存"御府"二字。后有"宝庆改元花朝后三日重装于宝易楼，逊志题"。此册想见赵德夫夫妇相赏之乐。自序云："靖康丙午，侯守淄川。"当跋于此时，固俞理初未见者。

缪荃孙《〈金石录〉跋》
录自仁和朱氏刊本《金石录》

赵氏《金石录》，宋本止存十卷，国初为嘉兴冯砚祥所得，刻一印曰"《金石录》十卷人家"，帖尾书头，往往钤用，传之艺苑，以为美谈。后流转于江玉屏、阮文达、韩小亭，最后归潘文勤公郑盦。文勤师尝出以相视，推为天壤间惊人秘笈。今尚在仲午比部所。至旧钞不乏流传之本，大半出于明叶文庄所藏。至刻本向推雅雨堂卢校为最精，而三长物斋等刻，不足道矣。一日二楞观察手一编示余，钞手极旧，书签题云"津逮秘书"。人皆惊讶其不符。余笑而应之曰：不观津逮秘书目第六集，《金石录》未刊，即此书也。首有刘跂序、明诚自序，后有李易安后序、开禧赵不谫跋、明叶仲盛跋、归有光跋。跳行空格，均据宋本。其间黏签甚多，大半据卢本以校本书之误，间有两通之字，亦备列焉。爰借吾友章硕卿大令藏校宋十卷本，并自藏明钞校本，成札记一卷。虽未能全见宋刻，然似可与雅雨堂本相颉颃矣。光绪乙巳清明后六日，江阴缪荃孙。

顾文彬《过云楼书画记》
录自缪荃孙《云自在龛随笔》

易安墨竹、淑真画菊，并见记载。属在闺幨，易于名世。故下至马守真、薛素素，亦分片席。然安知无饰粉黛于壮士，蒙衣袂于妇人者？过而存之，宁不为翠袖红裙匿笑地下！

谢章铤《赌棋山庄集》

论曰：……若夫学士"微云"，郎中"三影"，尚书"红杏"之篇，处士"春草"之什。柳屯田"晓风残月"，文洁而体清；李易安"落日""暮云"，虑周而藻密。综述性灵，敷写气象，盖骎骎乎大雅之林矣。

兴公[1]谓易安未尝改嫁，以为易安作《金石录后

---
[1] 兴公，明人徐𤊹字。

序》在绍兴二年，年五十有二，老矣。清献公之妇，清献应为清宪。王阮亭《分甘余话》曰:《闲中今古录》论李易安晚节改适，云翁则清献，为时名臣。……而挺之谥清宪；故致此舛讹耳。郡守之妻，必无更嫁之理。持论精审，足为贤媛洗冤。

樊增祥《题李易安遗像并序》
录自徐宗浩《石雪斋诗稿》

丁巳小春，武进徐君养吾以所藏易安居士小像见示，征题。道光庚戌周二南诗跋谓：赵明诚籍诸城而居于青。此图设色古雅，或即当时原本，不知何年贮以竹筒，藏于诸城县署。后为邑绅某所得，今又转入济南裴玉樵家云云。易安生于北而殁于南。此图阅八百余年，复由济南而入于吴。倘亦艳魄有灵，不忘江南烟水故耶？易安才高学赡，好诋词人，遂为忌者诬谤。幸得卢雅雨、俞理初辈为之昭雪。其所为古诗，放翁、遗山且犹不逮，诚斋、石湖以下勿论矣。寒夜无俚，为制长句，以雪其冤，且伸夙昔论断之意云尔。樊山樊增祥识。

赵侯一枕芝芙梦，难得鸳衾词女共。金堂茶事见恩弥，锦帕梅词觉情重。亭亭玉立倾城姝，文采风流盖世无。自信真心贯金石，浪言晚节失桑榆。父为元祐党人最，母是祥符状元裔。母王氏，拱辰女孙。外氏亲传懿恪衣，小时熟读《名园记》。归来堂里小鸳鸯，翁佐崇宁政事堂。郎典春衣携果饵，妾斶珠翠市琳琅。古今无此闺房艳，携手成欢分手念。无钱怅忆牡丹图，惜别悲吟红藕簟。乘舆北狩太仓皇，犹保余生守建康。烟水吴兴教管领，图书东武半存亡。此时间道趋行在，六月池阳具鞍辔。目光如虎射船窗，不作世间儿女态。秋雁衔来病里书，深忧疧作误苓胡。江路兰桡三百里，旧思锦帐卅年余。易安以十八归明诚，四十七而寡。旅中相见忧还怖，疟痢既绵伤二竖。当年顾影比黄花，今日招魂埋玉树。从此流移历数州，缥缃彝鼎付沈浮。故知富贵能风雅，无福双栖到白头。绍兴壬子临安寓，已了玉壶蜚语事。一篇《后序》二千言，雾鬓风鬟五十二。序文详密媲欧苏，语语蘼芜念故夫。只雁何心随驵侩，求凰谁见用官书？才高众忌人情薄，蛾眉从古多谣诼。歌阳且有盗甥疑，第五犹蒙箬翁恶。眼波电闪无余子，谤议由人亦由己。积怨龙头张九成，伪投鱼素綦崇礼。知命衰年宰相家，肯同商妇抱琵琶。憔悴已同金线柳，荒唐谁信《碧云騢》。姿才俊逸由天授，太白东坡比高秀。忆随夫婿守金陵，已是思陵南渡后。骑出江天白凤凰，雪中戴笠金钗溜。归倒奚囊索报章，西风吟得萧郎瘦。晚年侨寄金华城，明烛摇窗博乃兴。玉轴三千俱扫地，海棠重五尚投琼。见《打马图经》。曹蓝谢絮犹难匹，万古闺襜推第一。余之夙论如此。松年、肖胄两篇诗，南宋以来无此笔。妙绘犹传墨竹图，绮词欲夺金荃席。龙辅妆楼枉费才，鸥波柔翰惭无力。今见芙蓉出镜中，姑山冰雪拟清容。孤嫠八百年来泪，重洒苍梧夕照红。

叶廷琯《鸥陂渔话》

《颐道堂诗外集》有《题查伯葵撰〈李易安论〉后》绝句，序云："李清照再适之说，向窃疑之。宋人虽不讳再嫁，然考易安作《金石录后序》，时年已五十余。《云麓漫钞》所载《投綦处厚启》，殆好事者为之。尝欲制一文以雪其诬，今读伯葵所作，可谓先得我心矣。"诗云："谈娘善诉语何诬，卓女琴心事本无。赖有琵琶查八十，清商一曲慰罗敷。"但今所传查梅史撰《筼谷集》并无《李易安论》，诗中亦无一字辨及易安者，不知何故？考乾隆中，卢雅雨都转尝作《金石录序》，已为易安辨冤；查君殆虑以蹈袭见讥，因此自删所作。近见皖中俞理初孝廉正燮《癸巳类稿》有《易安居士事辑》一篇，亦力辨其再嫁之事，征引详博，似过卢序。微嫌文太繁冗。兹节采其大略附此，云：……此段旁推曲证，尤见明畅。一篇名论，足洗漱玉沉冤。虽使查君出手，应亦不过如是，即云翁亦不为虚赋题词矣。

萧道管《汇集易安居士诗文词叙》
录自其著《道安室杂文》

昔人有云：自逊、抗、机、云之死，天地清灵之气，不钟于男而钟于女，此訾言也。其实自牝鸡无晨之说起，雄飞雌伏，本有偏重之势。故即文章一事，妇女者流，寥寥天壤。一有其人，誉之者遂为过情之言，诟之者反为负俗之累。誉与诟，皆由于少所见而多所诧而已。易安再适之说，根于恃才凌物，忌者造言。为之辨者，若卢雅雨之《金石录序》，俞理初之《癸巳类稿》，吴子津之《莲子居词话》，亦详且尽矣。然实有不烦言解者。世传再适事，据所窜《上綦崇礼启》耳。而中有内翰承旨之称。按沈该《翰苑题名壁记》，建炎四年，崇礼除徽猷阁直学士，且出知漳州。而《金石录后序》乃作于绍兴二年。又明年《上胡韩二公诗》犹称嫠妇，则其他尚何足与辨！夫易安五十三岁以前所作诗文，俱有年月事迹可考，忌之者何不即其后之无可考者而诬之耶？殆所谓天夺之魄耶？易安所作，非寻常妇人女子批风抹月者所能。归来堂之斗茶，建康城上之披蓑戴笠，亦酸寒之乐事也。不幸而寡，又值天下大乱，奔遁靡有宁居，殆为造物所忌使然耶？抑悲与乐之相寻，固消长之理有必然者耶？余向者尝谓：人生子嗣，一身忧乐，不系乎是。而怪世之愚妇人，有子则不问贤愚美恶，爱惜有逾身命，无则终身大恨，凡百如意，不足以解忧，直若空生一世者。今观易安之被诬，且诗文词零落殆尽，论者以为皆无子嗣之故。然则向之所谓愚妇人者，固不愚耶？抑子嗣之不肖者，亦虽有不必可恃耶？易安文字虽零落，而散见者犹复有此，故都为一集，叙而存之。癸未七月，道管书。

徐宗浩《题李易安看竹图小像》
录自其著《石雪斋诗稿》

宣统辛亥，得易安居士小像于京师。图高晋尺五尺八寸，阔二尺六寸五分，有周二南诗跋。易安晚节，世多訾议，卢见曾、俞理初、金伟军三先生已为之辨诬。后征题于樊山、仁安两先生，藉雪其冤。同时得王幼霞、钱纳蘧两刻本《漱玉集》，纳蘧附录二卷，考证尤详。余览其词，悲其遇，为重书影印，索俞涤烦抚《看竹图》小照冠于卷首，并录诸题于后。发潜阐幽，庶几无憾。漫缀一绝，用志欣快。

高节凌云自一时，婵娟已有岁寒姿借东坡句。霜竿特立谁能撼，寄语西风莫浪吹。

叶德辉《〈打马图经〉序》
录自丽廔丛书重刊宋李易安《打马图经》

宋李易安《打马图经赋》一卷，《宋史·艺文志》不载。陈振孙《直斋书录解题》有之。明陶宗仪刻入《说郛》，今鲜传本。南海伍氏崇曜刻《粤雅堂丛书》内有此书。据其后跋，乃以其友人黄石谿明经手写本付刊。又引周栎园《书影》云：虎林陆骧武近刻之于闽。今陆刻世未之见，仅此伍刻，又在丛书中，未必人人共读也。余获明正德中沈津所编《欣赏编》十集，其癸集即此书。因影写刊成，随取伍刻校之，乃知此本胜于伍本倍蓰。伍本脱去《打马图》一叶，此本有之；伍本色样例分直行，又多错简夺误，此本列作横表，犹是原书款式。昔吴门黄荛圃主事丕烈，尝谓"书旧一日好一日"，真见闻有得之言。即如此书，非伍氏传刻，世已莫知其存亡。又孰知更有古本流传人间，俾世之好古者，得睹庐山真面也耶？光绪三十二年丙午八月秋分，长沙叶德辉序。

胡薇元《岁寒居词话》

南北宋之际，有赵明诚妻李清照所作《漱玉词》，抗轶周、柳。张端义《贵耳》录元宵词《永遇乐》《声声慢》，以为闺阁有此文笔，良非虚语。明诚，宋宗室[1]，父为宰辅。易安自记：在汴京与夫共撰《金石录》。典钗钏，得一碑版，互相搜校。家藏旧书画极夥。乱离买舟南下，择其精本携之在西湖，尤相乐。夫死，戚友谋夺不得者，李心传、赵彦卫，造为蜚谤，诬其再适驵侩。《云麓漫钞》《建炎以来系年要录》，即彦卫、心传之笔。小人不乐成人之美如此。况明诚守湖州，已中年。夫卒，年六旬[2]，安有再适之理，矧在驵侩耶。

又海宁朱淑真，乃文公族侄女，有《断肠词》，亦清婉。作传，乃因误入欧阳永叔《生查子》一首"月上柳梢头，人约黄昏后"云云，遂诬以桑濮之行，指为白璧微

---

[1] 赵挺之、赵明诚非宋宗室。
[2] 明诚卒时，清照年四十六，言其"六旬"，误。

瑕。此词今尚见《六一集》中，奈何以冤淑真？宋两女才人著作所传，乃均造谤以诬之，遂为千载口实。而心地欹斜者，则不信辨白之据，喜闻污蔑之言，尤不知是何心肝矣！

叶维幹《〈马戏图谱〉序》
录自观自得斋本《马戏图谱》

易安居士《打马图经》，世鲜传本。《四库全书》亦未著录。咸丰辛亥，南海伍氏始以所得钞本刊入《粤雅堂丛书》中。顾讹脱失次，莫可是正，览者弗善也。岁丙戌，与吾友徐君子静同客海上。子静蓄旧椠甚富，一日出所藏《马戏图谱》见示。其谱乃明人手辑。前有《打马图》，则易安所赋之九十一路在焉。后有总论，卷末有跋，备述局戏及作书之大恉。至所图各采，朗若列眉，尤足勘正粤雅堂本踳驳。执此以求古人马戏之制，即未能铢黍悉合，而当日行移赏罚之意，固已十得八九矣。盖明人所见，犹是旧本，故可据以推衍成书。惜旧本经作谱者窜易，不复可辨。不知所谓疏其抵牾，补其阙略者安在？且中间叙次凌杂，恐尚有如《水经》之经注溷淆者。安得好古之士，更取易安原书，一一订正之也？

适子静汇刻观自得斋各书，谋以此谱付梓，命为之序。因摭其书之得失，弁诸简端，以谂观者。光绪十二年四月，仁和叶维干幹。

杨士骧《山东通志·艺文志》

《金石录》二十卷，赵明诚撰。明诚，字德父，密州诸城人，历官知湖州军州事。是书文渊阁著录。《四库提要》曰：是书以所藏三代彝器及汉唐以来石刻，仿欧阳修《集古录》例，编排成帙。绍兴中，其妻李清照表上于朝。张端义《贵耳集》谓清照亦笔削其间。理或然也。有明诚《自序》并清照《后序》。前十卷皆以时代为次；自第一至二千，咸著于目，每题下注年月撰书人名；后二十卷，为辨证。凡跋尾五百二篇中，邢义、李澄、义兴茶舍、般舟和尚四碑，目录中不列其名，或编次偶有疏舛，或所续得之本末及补入卷中欤？初锓版于龙舒，开禧元年，浚仪赵不谫又重刻之。其本今已罕传。故归有光、朱彝尊所见皆传钞之本。或遂指为未完之书，其实当时有所考证，乃为题识。故李清照跋称：二千卷中有题跋者五百二卷耳。原非卷卷有跋，未可以残阙疑也。清照跋据洪迈《容斋四笔》，原为龙舒刻本所不载，迈于王顺伯家见原稿，乃撮述大概载之。此本所列乃与迈所撮述者不同，则后人补入，非清照之全文矣。自明以来，转相钞录，各以意为更移。或删除其目内之次第，又或窜乱其目之年月。第十一卷以下，或并削每卷之细目，或竟佚卷末之《后序》。沿讹踵谬，弥失其真。顾炎武《日知录》载章丘刻本，至以《后序》"壮月朔"为"牡丹朔"，其书之舛谬，可以概见。近日所传，惟焦竑从秘府钞出本，文嘉从宋刻影钞本、昆山叶氏本、闽中徐氏本、济南谢氏重刻本，又有长州何焯、钱塘丁敬诸校本，差为完善。今扬州刻本，皆为采录，又于注中以《隶释》《隶续》诸书增附按语，较为详核。别有范氏天一阁，惠氏红豆山房诸校本，皆稍不及。故今从扬州所刊著于录焉。按陈振孙《宝刻丛编》序云：赵德父《金石录》自三代秦汉而下叙次之，而不著所在郡邑。按《山东通志》，赵明诚又撰《诸道石刻目录》十卷，见《宋志》。陈振孙《宝刻丛编序》云：《诸道石刻录》、访碑录之类，于所在详矣，而考订或缺。

《打马图经》一卷，李清照撰。清照，格非女，自号易安居士，诸城赵明诚妻。是编有清照自序……《历城志》云：按清照自序，本名《打马图》，而《通考》载《打马赋》一卷，本一书也。或因图中有赋而讹耳。图载今俗刻《说郛》中，然亦非全本。按伍崇曜粤雅堂刊本作《打马图经》，今依以标目。

《李易安集》十二卷，李清照撰。清照有《打马图经》，见子部艺术类。其集《宋志》作《易安居士文集》七卷，兹依《读书志》标题。朱子《游艺论》云："本朝妇人能文，只有李易安与魏夫人。李有诗，大略云：'两汉本继绍，新室如赘疣。所以嵇中散，至死薄殷周。'中散非汤武得国，引之以比王莽，如此等语，岂女子所能？"《四六谈麈》云："李易安《祭赵湖州文》曰：'白日正中，叹庞公之机捷；坚城自堕，怜杞妇之悲深。'妇人四六之工者。"吴连周《绣水诗钞·清照小传》云："其词超绝古今，诗不多见。其舅挺之相徽宗。清照献诗，有云：'炙手可热心可寒。'格非以党籍罢，清照上诗救格非，有云：'何况人间父子情。'识者哀之。建炎初，从秘阁守建康，作诗云：'南来尚怯吴江冷，北狩应悲易水寒。'王西樵撰《然脂集》，只得其诗二句云：'少陵亦是可怜人，更待明年试春草。'《风月堂诗话》载二句云：'诗情如夜鹊，三绕未能安。'"又按语云："易安多以文字中人忌。如《建康》诗：'南渡衣冠少王导，北来消息欠刘琨。'讥刺甚众。张子韶对策有'桂子飘香'之语，易安嘲之曰：'露花倒影柳三变，桂子飘香张九成。'应举者服其工而心忌之。绍兴三年端午，易安亲联有为内夫人者，代进帖子，于是翰林止金帛之赐，咸以为由易安也。时直翰林秦楚材尤忌之。呜呼，此改嫁秽说之所由来也。"按：清照诗《宋诗纪事》载八首，《绣水诗钞》较《纪事》多八首，而无《纪事》所采《钓台集》"夜发岩滩"一首。

《李文叔集》四十五卷，李格非撰。格非有《礼记精义》。见经部。《礼类通考》载是集，引后村刘氏曰："诗文四十五卷，文高雅条鬯有义味，在晁秦之上……文潜志云：'长女能诗，嫁赵明诚。'又曰：李文叔'笔势与淇水相颉颃'。"

赵明诚妻李氏，名清照，历城人。礼部员外郎格非女，文学得其家传。建中辛巳，归明诚。……明诚著《金石录》三十卷，卒后，易安表上之。为《后序》千余言，述其家藏书散佚及遭难流离事甚悉。所著《漱玉集》传于世。

况周颐《蕙风词话》

易安居士三十一岁照立轴，藏诸城某氏。诸城，古东武，明诚乡里也。余与半塘各得抚本。易安手幽兰一枝半塘所藏改画菊花，右方政和甲午德父题辞清丽其词，端庄其品。归去来兮，真堪偕隐。左方吴宽、李澄中各题七绝一首。按沈匏庐先生涛《瑟榭丛谈》：长白普次云太守俊出所藏元人画易安小照索题，余为赋二绝句云云。未知即此本否？易安别有"荼蘼春去"小影。

易安照初临本，诸城王竹吾前辈志修旧藏。竹吾又蓄一奇石，高五尺，玲珑透豁，上有"云巢"二字分书，下刻"辛卯九月，德父、易安同记"，见置王氏仍园竹中。辛卯，政和改元。是年，易安二十八岁。

胡玉缙《〈打马图经〉跋》
录自其著《许庼学林》

《打马图经》一卷，宋李清照撰。清照号易安居士，有《漱玉词》，《四库》已著录。是书记打马之戏，有图、有例、有论。论皆骈语，颇工雅。前有绍兴四年自序，及《打马赋》一篇。序称："打马世有二种，一种一将十马者，谓之关西马；一种无将二十四马者，谓之依经马。流传既久，各有图经、凡例可考。余独爱依经马，因取其赏罚互度,每事作数语,随事附见,使千万世后,知命辞打马,始自易安居士也。"据此,则打马虽旧法,而是书则清照创新意为之矣。打马未详所昉,其赋但云:"打马爱兴,摴蒱遂废。"今考《唐书·地理志》:遂州遂宁郡,土贡摴蒱绫丝布。必其时摴蒱尚盛行,故有此布。今俗所称骰子块布,殆其类。而李翱《五木经》,顾大韶以为借古摴蒱、卢白、雉犊之名,以行打马之法,然则其殆始自唐欤?周亮工《书影》称陆氏有刻本,今未之见。此为粤雅堂所刊,伍崇曜跋。历引诸书,谓清照工诗,工俪体文,又能画墨竹,而独于更嫁事,未知卢见曾刻《金石录序》已辨其诬,谓如《碧云騢》之类,乃犹袭《四库提要·漱玉词》下所说。伍序类皆谭莹代撰,不解莹何以疏舛若此也。俞正燮《癸巳类稿》有《易安事辑》,视卢详核,其后陆心源《仪顾堂题跋·〈事辑〉书后》、李慈铭《越缦日记·书〈仪顾堂题跋〉后》,遽加精密,为伍、谭所不及见。